Qualitätsmanagement

Reihenherausgeber: F. Mikosch

Springer
Berlin
Heidelberg
New York
Barcelona
Budapest
Hongkong
London
Mailand
Paris
Santa Clara
Singapur
Tokio

Horst Wildemann (Hrsg.)

Controlling im TQM

Methoden und Instrumente zur Verbesserung
der Unternehmensqualität

MIT 86 ABBILDUNGEN

 Springer

Reihenherausgeber
Dr.-Ing. Falk Mikosch
Kernforschungszentrum Karlsruhe
PFT
Postfach 3040
76021 Karlsruhe

Bandherausgeber
Prof. Dr. Horst Wildemann
Technische Universität München
Lehrstuhl f. Betriebswirtschaftslehre
Leopoldstraße 145
80804 München

„Das diesem Buch zugrundeliegende Vorhaben wurde mit Mitteln des Bundesministeriums für Bildung, Wissenschaft, Forschung und Technologie gefördert. Die Verantwortung für den Inhalt dieser Veröffentlichung liegt bei den Autoren"

ISBN-13:978-3-642-80159-4   e-ISBN-13:978-3-642-80158-7
DOI: 10.1007/ 978-3-642-80158-7

CIP-Code beantragt

Einbandgestaltung: Künkel + Lopka, Ilvesheim
Satz: Datenkonvertierung durch Lewis & Leins, Berlin
Herstellung: Springer Produktions-Gesellschaft, Berlin

SPIN: 10478027   7/3020-5 4 3 2 1 0 – Gedruckt auf säurefreiem Papier.

Vorwort des Reihenherausgebers

Gibt es im Bereich des Qualitätsmanagements Themen und Fragestellungen mit großer Bedeutung für die Industrie, die durch Grundlagenforschung von Instituten bearbeitet werden sollten? Diese Frage wurde bei der Vorbereitung des Programms „Qualitätssicherung 1992-1996" von dem Bundesministerium für Bildung, Wissenschaft, Forschung und Technologie und dem mit der Durchführung des Programms beauftragten Projektträger Fertigungstechnik und Qualitätssicherung, Forschungszentrum Karlsruhe, mit Experten aus Industrie, Wissenschaft, Tarifvertragsparteien und Verbänden diskutiert. Dabei wurden acht Fragestellungen gefunden:

Welche Wechselwirkungen bestehen zwischen Qualitätsmanagement und Organisation der Arbeit in den Betrieben? Wie sollten Betriebe organisiert werden, um Qualität zu gewährleisten?

Wie kann die Qualität logistischer Leistungen in einem Produktionsbetrieb gesichert werden? Wie verknüpft man logistisches und technisches Qualitätsmanagement?

Können Qualitätsmanagementmethoden durch wissensbasierte Systeme effizient unterstützt werden? Ist eine Nutzung des im Unternehmen verteilten Qualitätswissens durch eine Verknüpfung dieser Systeme möglich?

Wie sollte das Qualitätsmanagement im Dienstleistungsbereich gestaltet werden? Wie können die aus dem technischen Bereich bekannten Qualitätsmanagementmethoden hier eingesetzt werden?

Welche Informationsflüsse müssen durch ein Qualitätsinformationssystem unterstützt werden? Wie integriert man ein Qualitätsinformationssystem in das vorhandene Informationssystem des Unternehmens?

Wie kommt man zu einer Null-Fehler-Produktion nicht nur bei Einzelprozessen, sondern auch in der Prozeßkette? Welche Möglichkeiten bestehen zur Fehlervermeidung und zur Fehlerkompensation?

Wie müssen Personalpolitik, Marketing, Kostenrechnung und Controlling verändert werden, um den Anforderungen eines umfassenden Qualitätsmanagements zu genügen? Wie kann Qualitätscontrolling die Unternehmensleitung bei Entscdungen über Verbesserungsmaßnahmen unterstützen?

Wie kann Qualitätswissen in den Unternehmen besser verwertet und angewendet werden? Welche Schlüsselfaktoren und Erfahrungen bestimmen die innerbetriebliche und die überbetriebliche Umsetzung?

Zur Bearbeitung dieser Fragen wurden acht interdisziplinäre und überregionale Forschergruppen mit Projektlaufzeiten von etwa drei Jahren gegründet. Insgesamt waren 47 verschiedene Arbeitsgruppen aus wissenschaftlichen Instituten beteiligt, wobei die verschiedensten Fachgebiete aus den Arbeits-, Sozial-, Betriebs-, Ingenieur- und Rechtswissenschaften, aus Psychologie und Informatik vertreten waren. Diese interdisziplinäre Zusammenarbeit hat sich als sehr fruchtbar erwiesen. Die überregionale Zusammensetzung ermöglichte es, daß sich für die verschiedenen Fragestellungen jeweils die geeignetsten Partner finden konnten. Die Arbeiten der acht Forschergruppen hatten viele Berührungspunkte und wurden miteinander abgestimmt. Bei der Koordination der Arbeiten wurde der Projektträger Fertigungstechnik und Qualitätssicherung durch einen Fachkreis von Experten aus Industrie und Wissenschaft unterstützt.

Die einzelnen Forschergruppen haben ihre Forschungsarbeiten bewußt anwendungsorientiert gestaltet und Untersuchungen und Fallstudien in den verschiedensten Unternehmen durchgeführt, wobei sie z. T. von Industriearbeitskreisen begleitet wurden. In der vorliegenden Buchreihe werden diese Ergebnisse zusammenfassend dargestellt. Jeder Einzelband ist ein in sich geschlossener praktischer Leitfaden, der nicht nur den Stand des Wissens übersichtlich und einprägsam vermittelt, sondern auch Wege zur wesentlichen Verbesserung und Weiterentwicklung des Qualitätsmanagements aufzeigt und erläutert.

Allen Autoren möchte ich für ihren Einsatz und die gute Zusammenarbeit danken. Mein Dank gilt besonders den Bandherausgebern, die als federführende Wissenschaftler für die Erarbeitung einer gemeinsamen Sprache zwischen den beteiligten Fachdisziplinen und für die konsequente Verfolgung der gemeinsamen Ziele verantwortlich zeichneten, sowie den mit der Koordination beauftragten Mitarbeitern, die aus den z. T. sehr heterogenen Kooperationen effektive Teams formten. Ebenso danke ich den Mitgliedern des „Fachkreises Forschergruppen Qualitätssicherung" und dem Springer-Verlag für ihr großes Engagement für die Sache und dem Bundesministerium für Bildung, Wissenschaft, Forschung und Technologie, vertreten durch Herrn Min.Rat Bertuleit und seinen Nachfolger Herrn Min.Rat Dr. Grunau, ohne dessen Unterstützung die Forschergruppen ihre wegweisenden Ergebnisse nicht hätten erarbeiten können.

Karlsruhe, im Frühjahr 1995   FALK MIKOSCH

Vorwort des Bandherausgebers

Eine Grundvoraussetzung, um im Wettbewerb bestehen zu können, ist die Erfüllung von Kundenanforderungen. Qualität ist dabei nicht lediglich die Erfüllung von Produktspezifikationen, sondern die Erfüllung aller von externen Kunden gestellten und abgeleiteten, internen Anforderungen. Ein hohes Qualitätsniveau ist jedoch nicht automatisch mit hohen Kosten verbunden. Vielmehr sind durch eine präventive Qualitätssicherungsstrategie sowohl die Minimierung von Änderungs- und Fehlerfolgekosten als auch die Verbesserung der Unternehmensleistung möglich. Qualität muß in jeder Aktivität des Unternehmens sichtbar sein und jede Aktivität hat zu der Erfüllung der Qualitätsziele beizutragen. Für die Planung, Steuerung und Kontrolle der Aktivitäten ist daher ein umfassendes Controlling erforderlich. In jüngerer Zeit wird gefordert, das betriebswirtschaftlich ausgeprägte Controlling und das Qualitätsmanagement inhaltlich und methodisch aufeinander abzustimmen und zu integrieren. Dies ermöglicht, die Leistungsbeiträge im Sinne der Unternehmensqualität und gleichermaßen unter Effizienzgesichtspunkten steuern zu können. Erforderlich ist dazu, den Beitrag von Qualität zum Unternehmenserfolg aufzuzeigen, Qualitätsziele in operative Vorgaben umzusetzen sowie die Leistungen mittels einer Qualitätskosten- und Leistungsrechnung sowie qualitätsbezogenen Kennzahlen zu steuern. Ferner ist die Schaffung von Qualitätsfähigkeit für alle Prozesse der Leistungserstellung unabdingbar.

Die Erkenntnis, daß qualitätsbezogene Fragestellungen bislang in der Betriebswirtschaftslehre nicht in ausreichendem Umfang behandelt wurden, war Anlaß für die Einrichtung einer Forschergruppe „Qualitätscontrolling", die vom Bundesministerium für Bildung, Wissenschaft, Forschung und Technologie (Förderkennzeichen 02QF7005/3) von 1993 bis 1995 gefördert wurde. Die beteiligten Partner sind Prof. Dr. F.W. Bliemel, Prof. Dr. R. Bühner, Prof. Dr. A.G. Coenenberg, Prof. Dr.-Ing. G.F. Kamiske und Prof. Dr. H. Wildemann. Dieses Forschungsprojekt hat zum Ziel, die konzeptionellen und methodischen Grundlagen für ein anwendungsorientiertes Qualitätscontrolling zu erarbeiten. Für die Förderung des Forschungsprojektes bedanke ich mich in Namen der Forschergruppe sehr herzlich.

Im vorliegenden Buch sind wesentliche Erkenntnisse für die Konzeption und Fundierung des Qualitätscontrollings zusammengefaßt. Wir sind dabei dem Bestreben gefolgt, das Verständnis für ein Qualitätscontrolling zu fördern und praxisrelevante Empfehlungen für den Aufbau und die Einführung des Qualitätscontrollings zu geben.

Im Rahmen des Forschungsprojektes wurden in Zusammenarbeit mit Industrieunternehmen für einzelne Fragestellungen und die Überprüfung von Hypothesen empirische Untersuchungen vorgenommen und Fallstudien ausgewertet. Unser Dank gilt den Vertretern der beteiligten Unternehmen für die Bereitschaft zur Mitarbeit und zur offenen Diskussion, ohne die eine praxisorientierte Konzeption nicht möglich wäre. Der Dank der Forschergruppe gilt auch dem Projektträger des BMBF, der Projektträgerschaft Fertigungstechnik und Qualitätssicherung des Forschungszentrums Karlsruhe. Insbesondere sind die wertvollen Diskussionsbeiträge von Herrn Dr.-Ing. F. Mikosch und Frau Dipl.-Wirt.-Ing. C. Schwab eingeflossen, die dadurch wesentlich zum Projektfortschritt und zur Erstellung dieses Buches beigetragen haben.

Den an der Forschungskooperation und der Erstellung dieses Buches beteiligten Mitarbeitern möchte ich für die konstruktive und fruchtbare Zusammenarbeit in den letzten drei Jahren danken. Für die Koordination des Projektes und die redaktionelle Betreuung des Buches bedanke ich mich sehr herzlich bei meinem wissenschaftlichen Mitarbeiter Dipl.-Ing., Dipl.-Wirtsch.-Ing. Stefan Keller.

München, im Frühjahr 1996   Univ.-Prof. Dr. Horst Wildemann
                                        federführender Wissenschaftler der
                                        Forschergruppe „Qualitätscontrolling"

Mitarbeiterverzeichnis

Bliemel, Friedhelm W.; Prof. Dr.   Universität Kaiserslautern
Lehrstuhl für Betriebswirtschaftslehre
mit Schwerpunkt Marketing

Bühner, Rolf.; Prof. Dr.   Universität Passau
Lehrstuhl für Betriebswirtschaftslehre
mit Schwerpunkt Organisation
und Personalwesen

Coenenberg, Adolf G.; Prof. Dr   Universität Augsburg
Lehrstuhl für Wirtschaftsprüfung
und Controlling

Kamiske, Gerd F.; Prof. Dr.-Ing.   Technische Universität Berlin
Institut für Werkzeugmaschinen
und Fertigungstechnik
Bereich Qualitätswissenschaft

Wildemann, Horst; Prof. Dr.   Technische Universität München
Lehrstuhl für Betriebswirtschaftslehre
mit Schwerpunkt Logistik

Mit Unterstützung von:

Breitkopf, Daniela; Dipl.-Kfm.   Universität Passau
Lehrstuhl für Betriebswirtschaftslehre
mit Schwerpunkt Organisation
und Personalwesen

Fillip, Stefan; Dipl.-Wirtsch.-Ing.   Universität Kaiserslautern
                                      Lehrstuhl für Betriebswirtschaftslehre
                                      mit Schwerpunkt Marketing

Fischer, Thomas M.; Dr.   Universität Augsburg,
                                      Lehrstuhl für Wirtschaftsprüfung
                                      und Controlling

Keller, Stefan;   Technische Universität München
Dipl.-Ing,Dipl.-Wirtsch.-Ing.   Lehrstuhl für Betriebswirtschaftslehre
                                      mit Schwerpunkt Logistik

Schmitz, Jochen; Dipl.-Kfm.   Universität Augsburg,
                                      Lehrstuhl für Wirtschaftsprüfung
                                      und Controlling

Schnerring, Michael; Dipl.-Kfm.   Technische Universität München
                                      Lehrstuhl für Betriebswirtschaftslehre
                                      mit Schwerpunkt Logistik

Stahl, Patrick; Dipl.-Kfm.   Universität Passau
                                      Lehrstuhl für Betriebswirtschaftslehre
                                      mit Schwerpunkt Organisation
                                      und Personalwesen

Strich, Dieter; Dr.   Technische Universität München
                                      Lehrstuhl für Betriebswirtschaftslehre
                                      mit Schwerpunkt Logistik

Theden, Philipp; Dipl.-Ing.   Technische Universität Berlin
                                      Institut für Werkzeugmaschinen
                                      und Fertigungstechnik
                                      Bereich Qualitätswissenschaft

Abkürzungen

ACA	Adaptive Conjoint Analysis
BDE	Betriebsdatenerfassung
bzw.	beziehungsweise
CA	Conjoint Analyse
CBC	Choice-based Conjoint Analysis
CIM	Computer Integrated Manufacturing
CLCC	Costumer Life Cycle Costing
DBW	Die Betriebswirtschaft
DFA	Design for Assembly
DFM	Design for Manufacturing
DGQ	Deutsche Gesellschaft für Qualität
DIN	Deutsches Institut für Normung
DoE	Design of Experiments
EDI	Electronic Data Interchange
et al	und andere
ff.	fortfolgende
fir	Forschungsinstitut für Rationalisierung
FMEA	Fehlermöglichkeits- und -einflußanalyse
GmbH	Gesellschaft mit beschränkter Haftung
HEP	Human Error Probability
HoQ	House of Quality
HWB	Handwörterbuch der Betriebswirtschaft
i.d.R.	in der Regel
i.e.S.	im eigentlichen Sinn
i.w.S.	im weiteren Sinn
io	Industrielle Organisation
ISO	International Standard Organization
Jg.	Jahrgang
krp	kostenrechnungspraxis
M7	Die Sieben Managementwerkzeuge

o.V.	ohne Verfasser
PDCA	Plan, Do, Check, Act
PI	Performance Index
PLCC	Product Life Cycle Costing
PPS	Produktionsplanung und -steuerung
PR	Public Relations
Q7	Die Sieben Qualitätswerkzeuge
QC	Quality Control
QFD	Quality Function Deployment
QP	Quality Progress
QPI	Quality Performance Index
QS	Qualitätssicherung
QZ	Qualität und Zuverlässigkeit
REFA	Verband für Arbeitsstudien und Betriebsorganisation e.V.
RoI	Return on Investment
RPZ	Risikoprioritätszahl
SN	Signal-Rauschverhältnis
sog.	sogenannte
Sp.	Spalte
SPC/SPR	Statistische Prozeßregelung
TPM	Total Productive Maintenance
TQC	Total Quality Control
TQM	Total Quality Management
TU	Technische Universität
u.U.	unter Umständen
VDA	Verband der Automobilindustrie e.V.
VDI-Z	Zeitung des Vereins Deutscher Ingenieure
vgl.	vergleiche
Vol.	Volume
WBZ	Wiederbeschaffungszeit
ZfB	Zeitschrift für Betriebswirtschaft
z.T.	zum Teil
ZwF	Zeitschrift für wirtschaftliche Fertigung

Inhaltsverzeichnis

6. Qualitätsorientiertes Personalcontrolling mit Kennzahlen

7. Qualitätsbezogene Kosten und Kennzahlen

8. Einführungsstrategien des Qualitätscontrollings als
Erfolgsvoraussetzung (H. WILDEMANN/S. KELLER)

1 Konzeption und Aufgabenfelder des Qualitätscontrollings

HORST WILDEMANN
MITARBEIT: STEFAN KELLER

Hauptaufgabe eines wettbewerbsbezogenen Qualitätsmanagements, bei dem Qualität als Erfüllung von Kundenanforderungen definiert wird, ist die Umsetzung der marktbezogenen Qualitätsforderungen in interne Führungsgrößen für eine optimale Produkt- und Prozeßqualität. Dabei ist es unumgänglich, das Qualitätsmanagement auf die gesamte Wertschöpfungskette auszurichten und die Qualitätszielsetzungen in allen Unternehmensbereichen transparent zu machen. Qualitätssicherung setzt intern nicht erst bei der Fertigung ein, sondern bereits bei Marketing, Konstruktion und Entwicklung, Auftragsabwicklung und Disposition. Extern kommt der Qualitätssicherung von Zulieferungen eine immer größere Bedeutung zu, die nach den gleichen Grundprinzipien nicht mehr über eine Wareneingangsprüfung, sondern über den sicher beherrschten Prozeß beim Lieferanten erfolgt. Eine Erfüllung der kundenspezifischen Anforderungen ermöglicht es, bestimmte Qualitätsnischen im Markt zu sichern. Hierzu ist eine Differenzierung unterschiedlicher Aspekte der Qualität erforderlich. Um diese zu ermitteln, sind folgende Fragen zu beantworten:

- Wie kann ein ausreichendes Qualitätsniveau für den Kunden bestimmt werden?
- In welchen Unternehmensbereichen müssen Maßnahmen zur Qualitätssicherung ansetzen, um einen maximalen Nutzen zu erzielen?
- Wie können Kundenanforderungen in konkrete Handlungsanweisungen für die Mitarbeiter, Produkt- und Prozeßmerkmale und Wettbewerbsstrategien für das Unternehmen umgesetzt werden?

- Qualität ist die Erfüllung von Kundenanforderungen

- Qualitätsmanagement bezieht sich auf die ganze Wertschöpfungskette

- Kundenanforderungen müssen in konkrete Handlungsziele umgesetzt werden

• Defizite in der
Diskussion um das
Qualitätsmanagement

• Qualitätssteigerung
ist nicht zum Nulltarif
zu erhalten

• Qualität heißt, die
richtigen Dinge richtig
zu tun, und das beim
ersten Mal

• Defizite bei der
Integration des Quali-
tätsmanagements in
die Unternehmens-
führung

Allerdings sind in der Diskussion um ein Qualitätsmanagement, das die Bedeutung dieses Wettbewerbsfaktors
für Unternehmen effektiv und effizient in operationale
Zielvorgaben umsetzt und realisiert, noch Mißverständ-
nisse und Defizite zu verzeichnen ([WIL94a], S. 4f.) Dies betrifft einerseits die Aussage von Crosby, Qualität koste
nichts ([CRO90], S. 15). Qualität im Sinne der Übereinstimmung von Kundenwünschen und der Gestaltung des
Leistungsprogramms erfordert Aufwendungen, die als Investition in die Zukunft des Unternehmens zu sehen sind.
Daß eine höhere Qualität Mehrkosten im Sinne von länge-
ren Bearbeitungszeiten, teureren Einsatzstoffen und höheren Preisen verursachen würde, ist ebenso unzutref-
fend, wie an die Qualitätssteigerung zum Nulltarif zu glau-
ben. Ziel ist somit nicht, die Einhaltung eines hohen
Produktstandards bei Minimierung der Qualitätssiche-
rungskosten, sondern die Einhaltung eines hohen Standards bei Minimierung der Fehlerfolgekosten. Damit erfolgt eine Strukturverschiebung der Qualitätssicherung weg
von laufenden Prüfkosten hin zu präventiven Fehlerver-
meidungskosten. Ein weiteres Mißverständnis liegt in der
Verwendung einer Qualitätsdefinition, die Qualität als die
Übereinstimmung von Spezifikation und Merkmalsausprägung auffaßt. Diese Betrachtungsweise stellt zu stark
auf technische Probleme ab und unterstellt, daß Qualität
meßbar sei. Vielmehr ist Qualität als die effiziente Realisierung einer Leistung in all ihren Dimensionen zu verstehen, die von Kunden im Verhältnis zum Preis als ange-
messen beurteilt wird ([KOT95], S. 70). Qualität bedeutet folglich, die richtigen Dinge richtig zu tun, und das
beim ersten Mal. Mit diesem Verständnis der Qualität wird
auch das Dilemma zwischen Qualität, Kosten und Zeit auf-
gelöst. Hohe Qualität führt zu niedrigeren Kosten und kür-
zeren Zeiten und nicht umgekehrt.
    Weitere Defizite bestehen in der Definition und Nutzung
geeigneter Kenngrößen zur Unterstützung des Qualitätsmanagements ([SIN95], S. 44.) sowie in der Integration der
Unternehmensplanung und des Qualitätsmanagements
([BUT95], S. 106) Vielfach sind Qualitätsziele nur unzureichend operationalisiert, interne Kunden-Lieferanten-
Beziehungen und Geschäftsprozesse nicht hinreichend

definiert und der Methodeneinsatz im Qualitätsmanagement zu stark auf klassische Aufgaben der Qualitätssicherung ausgerichtet ([SCHIL93], S. 24). Auch die Integration von Qualitätsmanagement und Personalführung weist Defizite auf ([BÜH95], S.4). Die Betriebswirtschaftslehre hat sich mit der Qualitätssicherung noch nicht in dem Umfang auseinandergesetzt wie dies angesichts der dadurch erzielbaren Erfolge notwendig erscheint ([SEG95], S. 676). Die theoretische Durchdringung des Qualitätsphänomens in der Betriebswirtschaftslehre bedarf zusätzlicher Anstrengungen, um Management-Methoden zur Qualitätsverbesserung bereitzustellen; die Frage der Wirtschaftlichkeit etwa ist bei weitem nicht durchgehend behandelt ([KAM93], S. 43; [WIL92], S. 762).

• Die Betriebswirtschaftslehre muß sich stärker mit dem Qualitätsmanagement befassen

In der Betriebswirtschaftslehre ist die Frage der Planung, Steuerung und Kontrolle für eine effektive und effiziente Leistungserstellung Bestandteil der Controlling-Konzeption ([COE87], S. 11). Traditionelle Controlling-Konzepte sind gekennzeichnet durch einen ausgeprägten Kostenfocus, die Tendenz zur funktionalen Spezialisierung und zentralen Führung, eine wenig an den Bedürfnissen der Leistungsbereiche ausgerichtete Informationsversorgung sowie ein einseitig ausgeprägtes Methodenspektrum, das wenig zur Erhöhung der Qualitätsfähigkeit der betrieblichen Aktivitäten beiträgt ([WIL 94b], S. 44f.). Zur Beseitigung der Defizite in Qualitätsmanagement und Controlling ist daher die Entwicklung eines Qualitätscontrolling notwendig, das unter Anwendung von Methoden aus dem Controlling und der Qualitätssicherung Ansätze zur qualitätsorientierten Unternehmenssteuerung liefert ([KAM93], S. 42). Das Qualitätscontrolling hat die Aufgabe, die Unternehmensleistung im Sinne der vom Kunden wahrgenommenen Eigenschaften wirtschaftlich zu planen, zu steuern und zu kontrollieren. Es ist charakterisiert durch eine ganzheitliche Betrachtungsweise, die sich auf die Produkt und Prozeßgestaltung, strategische und operative Ziele, qualitative und quantitative Bewertungsdimensionen und im Sinne des Qualitätsregelkreises auf die Planung, Steuerung und Kontrolle bezieht (Bild 1.1). Der Ansatz ist in Veröffentlichungen begrifflich und konzeptionell aufgenommen worden ([HOR90]; [FRÖ91]),

• Controlling ist zu stark auf Kosten und zu wenig auf Qualität ausgerichtet

• Qualitätscontrolling integriert das Controlling und das Qualitätsmanagement

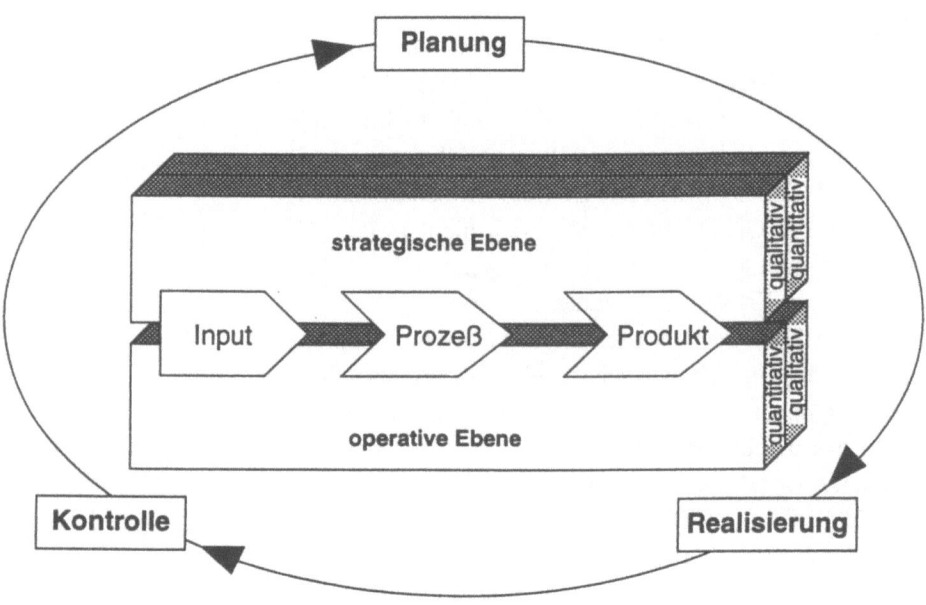

Bild 1.1 Ganzheitliche Betrachtungsweise des Qualitätscontrollings

• Qualitätscontrolling umfaßt alle Maßnahmen zur Realisierung des Erfolgsfaktors Qualität

bedarf aber inhaltlich und methodisch einer weiteren Fundierung.

Qualitätscontrolling ist nicht nur die Planung, Steuerung und Kontrolle der klassischen Aktivitäten der Qualitätssicherungsabteilung, sondern umfaßt alle Maßnahmen zur Realisierung des Potentials, das aus dem Wettbewerbsfaktor Qualität resultiert. Damit ist das Qualitätscontrolling einerseits als Bestandteil eines qualitätsorientiertes Unternehmenscontrollings, das die Sicherstellung der Kundenorientierung in allen Prozessen unterstützt ([HOR94], S. 2) aufzufassen. Andererseits ist es Bestandteil eines umfassenden Qualitätsmanagements, das die Aktivitäten zur Qualitssicherung und Schaffung von Qualitätsfähigkeit aller Unternehmensprozesse umfaßt. Ausgangspunkt eines Qualitätscontrollings ist die Überlegung, daß nicht einzelne Methoden, sondern spezifische Erfolgsfaktoren für erfolgreiche Qualitätskonzepte bedeutend sind (Kapitel 2). Ein Qualitätscontrollingsystem ist erst dann erfolgversprechend, wenn unterschiedliche

• Unterschiedliche Elemente sind zusammen zu realisieren

Elemente wie etwa Prozeßorientierung, Kundenorientierung, kontinuierliche Verbesserung und umfassende Meßsysteme kombiniert werden. Die Ausprägung und Erfolgsrelevanz der Elemente sollen anhand von empirischen Untersuchungen validiert werden. Ein zweites Element des Qualitätscontrollings stellt der Einsatz von Qualitätstechniken dar, der durch eine Kosten-Nutzen-Betrachtung zu rechtfertigen ist (Kapitel 3). Erst wenn es gelingt, den Nutzen von Qualitätstechniken abzubilden, kann der Methodeneinsatz im Sinne eines umfassenden Controllings gesteuert und den Verantwortlichen Hilfestellung für einen zielgerichteten Methodeneinsatz gegeben werden. Auch diese Überlegungen gilt es, anhand empirischer Daten zu überprüfen.

• Die Bewertung von Qualitätstechniken ist für einen gezielten Methodeneinsatz erforderlich

Die Qualitätswirkungen der Produktqualität beim Kunden müssen für die Gestaltung der Produktqualität zurückgemeldet werden (Kapitel 4). Denn davon, wie der Kunde die Produktqualität wahrnimmt, beurteilt und empfindet, hängt letztlich ab, ob er das Produkt kauft und welchen Preis er zu zahlen bereit ist. Aufgrund der Zunahme von Qualitätsunterschieden wird es für den Hersteller immer wichtiger zu wissen, wie Kunden Produktqualität beurteilen, auf Qualitätsunterschiede reagieren und welche Meßinstrumente zur Ermittlung solcher Informationen zur Verfügung stehen.

• Davon, wie der Kunde Produktqualität wahrnimmt und beurteilt, hängt ab, ob er das Produkt kauft

Das Qualitätscontrolling von Leistungsprozessen (Kapitel 5) hat die Aufgabe, alle Prozesse im Unternehmen und an der Schnittstelle zum Absatz und Beschaffungsmarkt so zu gestalten, daß sie effektiv im Sinne der Erfüllung von Unternehmenszielen und effizient im Sinne des Ressourceneinsatzes und des Zeitverbrauchs gestaltet werden. Das Qualitätscontrolling erschöpft sich also nicht darin, die Qualität von Prozessen und Teilleistungen zu optimieren. Vielmehr geht es darum, ein Optimum aus Wirtschaftlichkeit, Zeiteffizienz und Erfüllung der Qualitätsanforderungen zu erreichen. Dazu muß ein geeignetes Instrumentarium bereitgestellt werden und die entscheidungsrelevanten Informationen bedarfsgerecht aufbereitet werden.

• Prozesse sind so zu gestalten, daß ein Optimum aus Wirtschaftlichkeit, Zeiteffizienz und Erfüllung von Qualitätsanforderungen erreicht wird

Das Qualitätscontrolling muß in die Lage versetzen, Fehlallokationen von Kapital und personelle Fehlbesetzungen sowie Unter- und Überqualifikationen zu erkennen und zu vermeiden. Mitarbeiter, die unter- oder überqualifiziert sind und deren Entwicklungspotentiale nicht systematisch gefördert werden, können keine qualitativ hochwertige Arbeit leisten. Ein qualitätsorientiertes Personalcontrolling (Kapitel 6) greift daher auf Kennzahlen zurück, die eine Verbindung zwischen mitarbeiterbezogenen Leistungen und Unternehmenserfolg herstellen.

Um die angestrebten Qualitätsziele wirtschaftlich zu erreichen, sind mit Hilfe qualitätsbezogener Kosten und Kennzahlen (Kapitel 7) systematisch Informationen zu erzeugen, um die Umsetzung der Qualitätsziele auf verschiedenen Steuerungsebenen zu unterstützen. Dazu ist es erforderlich, die tatsächlichen Strukturen qualitätsbezogener Kosten über die gesamte Wertschöpfungskette unter Einbeziehung der Zulieferer abzubilden, wobei zu berücksichten ist, daß die vom Kunden geforderte Qualität nicht nur während der Produkterstellung, sondern auch während der nachfolgenden Nutzung und Entsorgung zu gewährleisten ist. Weiterhin ist es geboten, finanzielle und nichtfinanzielle Kennzahlen zu verknüpfen, um die Erfolgswirkungen nichttechnischer Qualitätsparameter abbilden zu können. Schließlich gilt es, die einzelnen Elemente eines Qualitätscontrollings systematisch und zielgerichtet in den Unternehmen einzuführen. Der Erfolg des Qualitätscontrollings ist, da dieses mit Strukturveränderungen und einer Neudefinition von Aufgaben einhergeht, wesentlich von der angemessenen Einführungsstrategie (Kapitel 8) abhängig.
Damit lassen sich die wesentliche Aufgaben eines Qualitätscontrollings definieren:

– Definition der Erfolgsfaktoren und Qualitätsziele,
– methodische Ermittlung von Kundenanforderungen und
   Umsetzung in interne Vorgaben,
– Koordination und gezielte Informationsversorgung zur
   Erhöhung der Effizienz und Effektivität des Qualitäts-
   managements,
– Gewinnung von qualitätsrelevanten Informationen und
   Förderung der Kommunikation,
– Abbau von Informationsasymmetrien und Verständnis-
   problemen in qualitätsrelevanten Fragestellungen,
– Bewertung und Steuerung des Methodeneinsatzes zur
   Qualitätsverbesserung,

Marginalien:

• Qualitätscontrolling bezieht sich auch auf die Personalarbeit

• Qualitätskennzahlen und qualitätsbezogene Kosten müssen auf verschiedenen Ebenen erfaßt werden

• Die Einführungsstrategie ist Basis des Erfolgs

• Qualitätscontrolling umfaßt ein vielschichtiges Aufgabenfeld

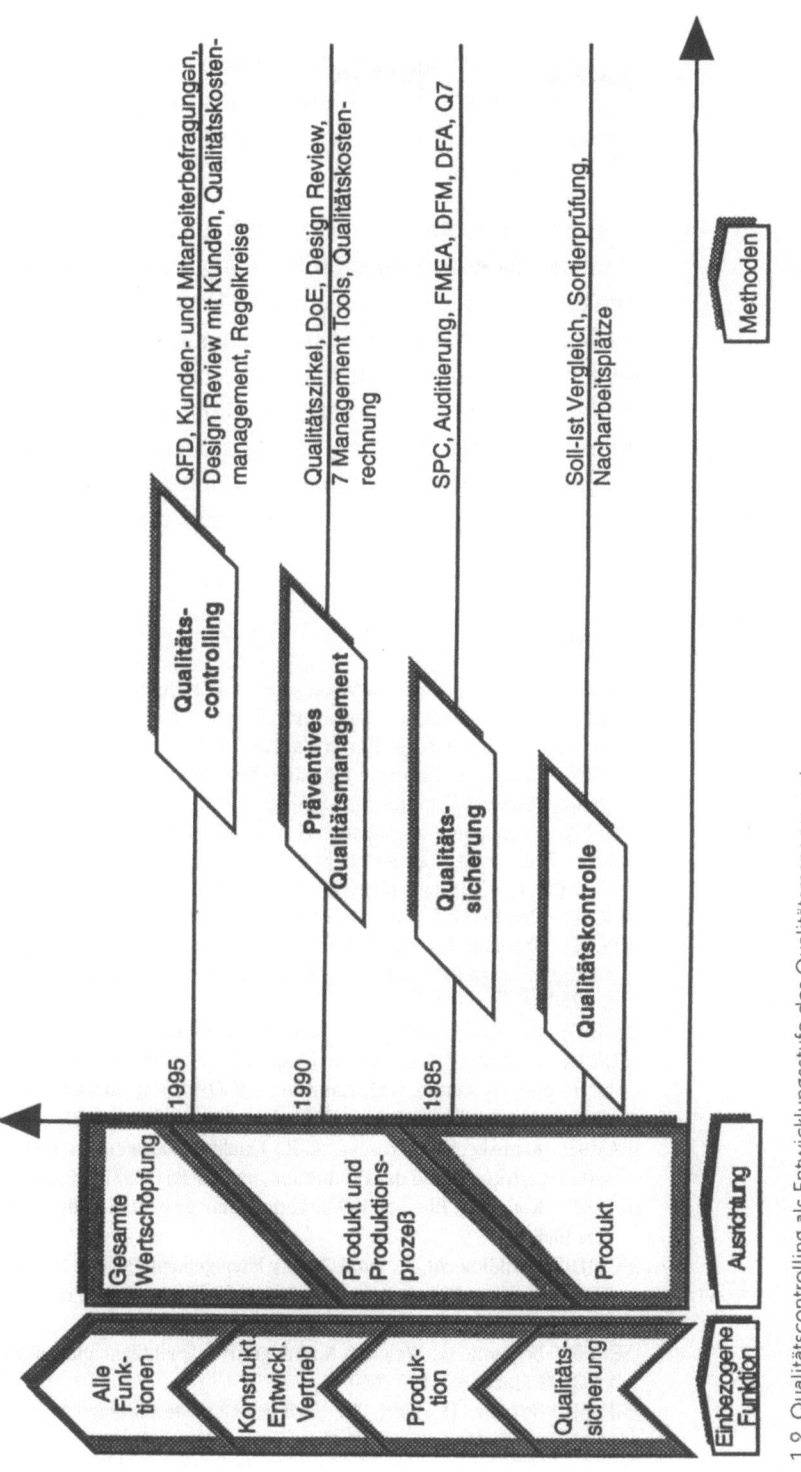

1.2 Qualitätscontrolling als Entwicklungsstufe des Qualitätsmanagements

– Umsetzung der Qualitätsziele mittels einer qualitätsbezogenen Kosten- und Leistungsrechnung,
– Qualitätskennzahlen und -berichtswesen,
– qualitätsgerechte Gestaltung der Leistungsprozesse und
– qualitätsorientierte Bereitstellung und Einsatz der Mitarbeiterressourcen.

Das Qualitätscontrolling bezieht sich folglich auf den
gesamten Wertschöpfungsprozeß und alle betrieblichen
Funktionen. Im zeitlichen Verlauf ist Qualitätscontrolling
als Weiterentwicklung des Qualitätsmanagements, bei
dem in erster Linie die Qualitätssicherung und präventive
Fehlervermeidung im Vordergrund stand, zu
interpretieren (Bild 1.2), bei dem betriebswirtschaftliche
Lösungsansätze und Methoden des Controllings mit
denen des Qualitätsmanagements integriert werden.

Literatur

[BÜH95] Bühner, R.: Führungsauditierung als Erfolgsbeitrag zum Total
Quality Management, in: Berndt, R. (Hrsg.): Total Quality Management als Erfolgsstrategie, Berlin u.a. 1995, S. 3-25

[BUT95] Butz, H.E.: Strategic Planning: The Missing Link in TQM, in:
Quality Progress 28 (1995) 5, S. 105-108

[COE87] Coenenberg, A.G.; Baum, H.-G. (1987): Strategisches Controlling - Grundfragen der strategischen Planung und Kontrolle, USW-
Schriften für Führungskräfte, Band 12, Stuttgart 1987

[CRO90] Crosby, Ph.D.: Qualität ist machbar, Hamburg 1990

[FRÖ91] Fröhling, O.; Wullenkord, A.: Qualitätsmanagement als Herausforderung an das Controlling, in: Kostenrechnungspraxis (1991) 4,
S. 171-178

[HOR90] Horváth, P.; Urban, G.: Qualitätscontrolling, Stuttgart 1990

[HOR94] Horváth, P.; Gentner, A.; Lingscheid, A.: Qualitätscontrolling,
in: Hansen, W.; Jansen, H.H.; Kamiske, G.F. (Hrsg.): Qualitätsmanagement im Unternehmen, Berlin, Heidelberg 1994, Abschn. 08.07, S. 1-30

[KAM93]: Kamiske, G.F.; Tomys, A.-K.: Qualitätsmanagement verbessert den Wirkungsgrad der Produktion, in: ZwF 88 (1993) 1, S: 41-43

[KOT95] Kotler, P.; Bliemel, F. Marketing Management, 8. Aufl., Stuttgart 1995

[SCHIL93] Schildknecht, R.: Total Quality Management: State of the Art -
Eine Bestandsaufnahme in bundesdeutschen Unternehmen, in: QZ 38
(1993) 1, S. 19-24

[SEG95] Seghezzi, H.; Bleicher, K.: Integriertes Qualitätsmanagement,
in: QZ 40 (1995) 6, S. 675 - 680

[SIN95] Sinclair, D.; Zairi, M.: Performance Measurements as an
obstacle to TQM, in: The TQM Magazine 7 (1995) 2, S. 42-45

[WIL92]   Wildemann, H.: Kosten- und Leistungsbeurteilung von Qualitätssicherungssystemen, in: ZfB, 69 (1992) 7, S. 761-782
[WIL93]   Wildemann, H.: Unternehmensqualität: Einführung einer kontinuierlichen Qualitätsverbesserung, München 1993
[WIL94a] Wildemann, H.: Kosten- und Leistungsrechnung für präventive Qualitätssicherungssysteme, München 1994
[WIL94b] Wildemann, H.: Produktionscontrolling: Systemorientiertes Controlling schlanker Produktionsstrukturen, 2. Aufl., München 1994

Elemente des Qualitäts-controlling

ADOLF G. COENENBERG UND JOCHEN SCHMITZ

Ziel dieses Kapitels ist es, Elemente eines Qualitätscon-trollingsystems und die empirische Prüfung ihrer Umset-zung in der Elektronikindustrie zu beschreiben. Als Daten-basis diente die Studie „Excellence in Electronics I", die von McKinsey & Company in Zusammenarbeit mit der Uni-versität Augsburg, der Stanford University und dem Stan-ford Japan Center durchgeführt wurde.

2.1 Elemente eines Qualitätscontrolling-systems

Eine Literaturauswertung umfassender Qualitätskonzep-te zeigt, daß die inhaltlichen Schwerpunkte der verschie-denen Ansätze weitestgehend in den nachfolgenden Ele-menten zusammengefaßt werden können:

- Ganzheitlichkeit ([ISH85], S. 90ff.),
- Prozeßorientierung ([HER93], S. 30)
- Mitarbeiterorientierung ([BLÄ92], S. 400),
- Kundenorientierung ([BLÄ92], S. 400),
- Lieferantenorientierung ([DEM86], S. 23),
- Konkurrenz-/Umfeldorientierung ([SCH92], S. 102ff.),
- Prävention ([CRO79], S. 133),
- kontinuierliche Verbesserung ([DEM86], S. 23),
- Meßkonzepte ([CRO79], S. 133).

Zum besseren Verständnis werden im folgenden kurz die Inhalte der einzelnen Elemente erläutert:

GANZHEITLICHKEIT: Ganzheitlichkeit ([ULR91], S. 11ff.) im Sinne des TQM beinhaltet zum einen, daß alle Bereiche, alle Mitarbeiter, das Umfeld etc. eines Unternehmens in

• Elemente eines um-fassenden Qualitäts-managementsystems

• Ganzheitlichkeit

die Betrachtung einbezogen werden, um der komple-
xen Problematik Qualität gerecht zu werden. Zum anderen soll hiermit zum Ausdruck gebracht werden, daß eine Übernahme bestimmter Einzelkonzepte (wie z. B.
Quality Circles) alleine nicht ausreicht. Es besteht die
Notwendigkeit, eine auf den speziellen Einzelfall abge-
stimmte Gesamtkonzeption von Maßnahmen zu verwenden, um eine qualitätsorientierte, d.h. anforderungsgerechte Unternehmensgesamtleistung zu ver-
wirklichen ([GAR91], S. 83)

PROZEßORIENTIERUNG: Zur Überwindung von Schnittstel-
lenproblemen in funktional organisierten Unternehmen,
die für eine grundsätzlich horizontal verlaufende Wertschöpfung nicht förderlich sind, ist eine Organisationsform, die sich an Prozessen orientiert, vonnöten. Dies
ermöglicht die optimierte Umsetzung der aus dem Umfeld und aus dem Unternehmen abgeleiteten Anforderungen ([HIN93], S. 97ff.), da eine Aufteilung der Anforderungen aus dem Umfeld auf einzelne Funktionsbereiche nicht möglich ist.

MITARBEITERORIENTIERUNG: Die Mitarbeiter als wichtige
Potentialfaktoren des Unternehmens sind bei der Realisierung eines umfassenden Qualitätskonzeptes unbedingt einzubeziehen. Insbesondere die Mitarbeiterparti-
zipation dient dazu, größere Frei- und Mitwirkungs-
spielräume zu schaffen, um eine höhere Motivation zu erreichen und Formen der Selbstkontrolle zu ermöglichen.

KUNDENORIENTIERUNG: Die Ausrichtung der Unternehmensgesamtleistung auf den Kunden steht im Mittelpunkt vieler Qualitätsmanagementansätze. Dabei bezieht sich der Kundenbegriff sowohl auf alle externen
Kunden, die außerhalb des Unternehmens stehen, als
auch auf den internen Kunden im Anschluß an jede
unternehmensinterne Prozeßstufe.

LIEFERANTENORIENTIERUNG: Im Rahmen des Qualitätscontrollings kommt den Lieferanten eine herausragen-
de Bedeutung zu, da sie durch ihren Beitrag den Ausprä-
gungsgrad der Qualität im Wertschöpfungssystem erheblich beeinflussen. In diesem Zusammenhang ist eine
betriebsübergreifende, kooperative Abstimmung zwi-

• Prozeßorientierung

• Mitarbeiterorien-
tierung

• Kundenorientierung

• Lieferantenorien-
tierung

schen Zulieferer und Abnehmer notwendig, die häufig – insbesondere bei Systemlieferanten – in ein sog. „single sourcing" mündet.

KONKURRENZ-/UMFELDORIENTIERUNG: Im Rahmen einer umfassenden Ableitung von Anforderungen an die Unternehmensgesamtleistung ist darüber hinaus besonders die Einbeziehung der Konkurrenten – z. B. bei einem systematischen Unternehmensvergleich (Benchmarking, [CAM89]) – und die Berücksichtigung gesellschaftlicher oder staatlicher Anforderungen notwendig.

• Konkurrenz-/ Umfeldorientierung

PRÄVENTION: Ziel jeglicher qualitätserhöhender Maßnahmen sollte die Vermeidung von Fehlern bzw. Abweichungen von spezifizierten Anforderungen sein. Um dieses Ziel in die Tat umzusetzen, sind präventive Maßnahmen Nachbesserungen vorzuziehen, da sie kostengünstiger und zeitsparender sind. Prävention beinhaltet somit alle Vorkehrungen, die getroffen werden, um Fehler zu vermeiden. Prävention beinhaltet auch die Maßnahmen, die einer möglichst zeitnahen Behebung von Fehlern dienen, im Gegensatz beispielsweise zur Aussortierung fehlerhafter Teile am Ende eines Prozesses. Im Rahmen der Prävention wird versucht, die Fehlerentstehung im vorhinein durch konstruktive oder organisatorische Maßnahmen zu vermeiden. Dieses Vorgehen hat im Grunde reaktiven Charakter, da mittels der bekannten Anforderungen und des vormals entstandenen Schadens der hieraus resultierende Lerneffekt durch präventive Vorkehrungen umgesetzt werden soll. Das Reagieren alleine schafft nicht unbedingt Wettbewerbsvorteile, da die Wettbewerber grundsätzlich ähnlich handeln werden. Nur durch eine antizipative Vorwegnahme zukünftiger Anforderungen können nachhaltig Wettbewerbsvorteile errungen werden. Das Qualitätscontrolling muß sowohl durch reaktives als auch proaktives Handeln geprägt sein.

• Prävention

KONTINUIERLICHE VERBESSERUNG: Dieses Element beruht auf der These, daß jeder Standard immer weiter verbessert werden kann. Es geht in diesem Zusammenhang um kleine, aber stetige Verbesserungen im Sinne des Kaizen ([IMA86]), die sich von den intensiv Finanz-

• Kontinuierliche Verbesserung

mittel bindenden Innovationen klar abgrenzen lassen, diese jedoch nicht ersetzen können.

MEßKONZEPTE: Der jeweilige Status des Qualitätsniveaus ist zu dokumentieren. Hierzu sind sowohl finanzielle als auch nichtfinanzielle Maßgrößen zu benutzen. Nur durch eine Messung des Qualitätsniveaus kann ein Fort- bzw. Rückschritt dokumentiert werden. Die Meßergeb- nisse führen wiederum zu Aktionen, deren Ziele mög- lichst quantifiziert werden sollten.

In der obigen Aufstellung und in Zusammenhang mit TQM fehlt häufig die *Technologie* als eigenständiges Element. Dies dürfte daran liegen, daß die Technologie im Gegen- satz zum Potentialfaktor Mitarbeiter in den westlichen Industrienationen eher im Mittelpunkt der Betrachtung stand und somit kein Handlungsbedarf bezüglich der Technologie gesehen wird. Das heißt, die Technologie wird nicht für einen Mangel an hochwertiger Qualität ver- antwortlich gemacht, dennoch ist sie in die Betrachtung zu integrieren, da nur ein organisatorisch abgestimmter Einsatz von Mitarbeitern und Technologie sinnvoll sein kann ([BÜH93], S. 21).

2.2   Entwicklung eines Qualitätscontrolling- systems

Ziel der folgenden Ausführungen ist es, die bloße Aufzäh- lung von Elementen eines Qualitätscontrollings durch die Klärung ihrer Zusammenhänge und Abhängigkeiten in ei- ne sinnvolle Ordnung zu bringen (vgl. Bild 2.1).

Die Objekte eines Qualitätscontrollingsystems sind Un- ternehmen als ganzes (Ganzheitlichkeit). Hierbei sind ins- besondere aufbau- und ablauforganisatorische Maßnah- men zu ergreifen, die eine Ausrichtung an Geschäftspro- zessen ermöglichen.

Die Geschäftsprozesse und die darin kombinierten Po- tentialfaktoren sowie letztendlich die Problemlösungen als Output der Prozesse sind auf die Anforderungen der Kunden, des Umfeldes, der Mitarbeiter und der Technolo- gie auszurichten. Gleichzeitig sind die Beziehungen zu

Wirkung

Bild 2.1: Anordnungsschema für die Elemente des
Qualitätscontrolling

den Lieferanten und den Konkurrenten in die Prozesse zu
integrieren.

Ziel ist, eine erhöhte Fähigkeit zur Prävention und kontinuierlichen Verbesserung zu erreichen.

Zur Umsetzung der Steuerung und Regelung als originäre Controllingfunktionen müssen Meßkonzepte und Meßgrößen vorhanden sein, die evtl. Störungen nachträglich
feststellen bzw. frühzeitig antizipieren, damit zukünftig
die Zielwerte erreicht werden können.

2.3 Empirische Ergebnisse zur Umsetzung des Qualitätscontrollingsystems

Die nachfolgenden Ausführungen orientieren sich am
Aufbau des oben dargestellten Qualitätscontrollingsystems. Es wird anhand ausgewählter empirischer Ergebnisse die Umsetzung dieses Systems in der Elektronikindustrie überprüft ([MCK94]). Das Vorgehen richtet sich
nach den einzelnen Elementen des Systems. Die erhobenen Daten beziehen sich auf den Zeitraum 1988 bis 1994.
Die 102 in die Untersuchung einbezogenen Unternehmen
können nach drei Kriterien getrennt werden. Zunächst ist

• Wirkungselemente

• Kontrollmechanis-
mus

• Überblick über die
Studie "Excellence in
Electronics"

eine Differenzierung der Studie anhand der Triade-Regionen möglich. Von den 102 Unternehmen stammen 45 aus Europa, 34 aus den USA und 23 aus Asien (davon 20 aus Japan). Dem Segment „Konsumelektronik/Kleinprodukte" sind 21, dem Segment „Computer/Kommunikation" sind 41, dem Segment „Industrieelektronik" sind 24 und dem Segment „Große Systeme" sind 13 Unternehmen zugeordnet. Zusätzlich wurden die Unternehmen mit Hilfe eines Erfolgsindexes, der sich gleichgewichtig aus dem durchschnittlichen Umsatzwachstum und der durchschnittlichen Umsatzrendite von 1989 bis 1991 zusammensetzt, bewertet. In Abhängigkeit von der segmentspezifischen Rangfolge bezüglich des ermittelten Erfolgsindexes konnten die Unternehmen in „erfolgreiche Unternehmen", „durchschnittlich erfolgreiche Unternehmen" und „nicht erfolgreiche Unternehmen" klassifiziert werden.

2.3.1 Ganzheitlichkeit

• Operationalisierung des Ganzheitlichkeitsbegriffs

Ein wesentlicher Indikator für die Ganzheitlichkeit einer Qualitätsorientierung im Unternehmen ist die Anwendung eines umfassenden Ansatzes (hier z. B. TQM). Eine Auswertung der Frage, ob die Unternehmen ein TQM-Programm nutzen, wird in Bild 2.2 dargestellt. Es handelt sich bei diesen Daten um eine Selbsteinschätzung der Unternehmenseinheiten bezüglich der Anwendung eines TQM-Programmes.

• Ergebnisse zur Anwendung von TQM

Die Abbildung zeigt, daß eine stärkere Qualitätsorientierung vor allem im asiatischen Raum festzustellen ist. Eine Abhängigkeit zwischen Erfolg und einer TQM-Anwendung kann in den Triade-Regionen nicht bestätigt werden.

2.3.2 Prozessuale Strukturen

• Prozeßstruktur

Die Qualitätsfähigkeit prozessualer Strukturen wird im wesentlichen durch den Bestimmtheitsgrad der einzelnen Prozesse beeinflußt. Je unbestimmter die Prozeßabläufe sind, desto schwieriger ist es, die Prozeßqualität sicherzustellen.

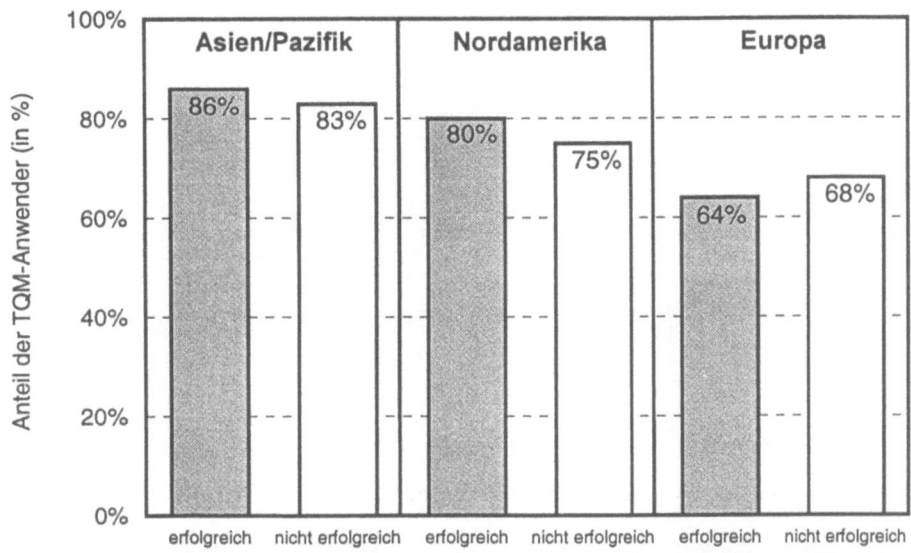

Bild 2.2: Erfolg und TQM-Anwendung in der Triade

Die Qualität von Prozessen wird jedoch nicht nur durch die Parameter des Prozeßablaufes bestimmt, sondern ist auch durch das Prozeßergebnis zu beurteilen. Somit erscheint es opportun, einen Vergleich von Prozeßergebnis-Kennzahlen durchzuführen. Dies ist nur dann sinnvoll, wenn die betrachteten Prozesse und somit auch deren Ergebnisse tatsächlich vergleichbar sind (z. B. Flachbaugruppenfertigung und Endmontage).

Oberflächlich betrachtet scheinen die Unterschiede zwischen den Regionen bei den Prozeßergebnissen in der Fertigung gering (vgl. Bild 2.3). Eine Analyse der Unterschiede vor dem Hintergrund einer auf Null-Fehler ausgerichteten Zielsetzung relativiert die Unterschiede jedoch beträchtlich, da dann die geringen Abstände doch erhebliche Leistungsunterschiede dokumentieren.

• Ergebnisse zu Prozeßqualität

2.3.3 Mitarbeiter-/Technologieorientierung

Wie in den obigen Ausführungen schon angedeutet wurde, ist es sinnvoll, den Einsatz der Mitarbeiter und der verwendeten Technologie aufeinander abzustimmen. Im Rah-

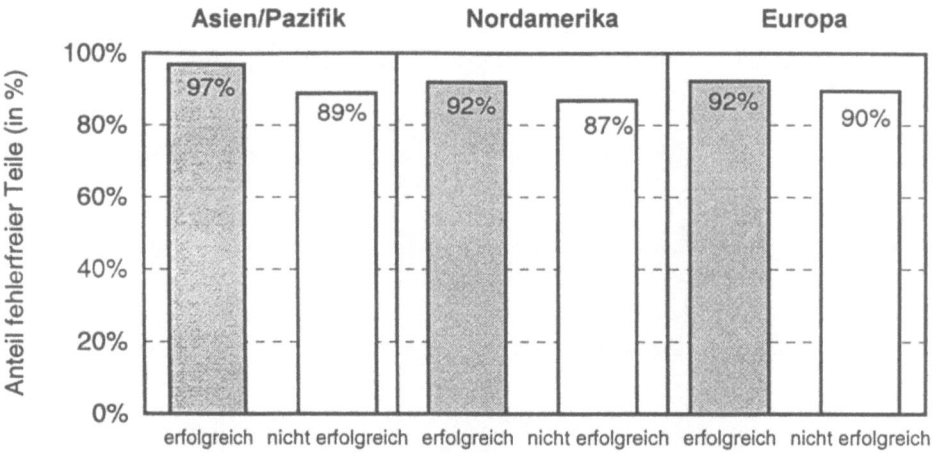

Bild 2.3: Erfolg und Anteil von fehlerfreien Teilen in der Triade

- Sozio-technolo-
gischer Ansatz

men des sozio-technologischen Ansatzes wird dem sozialen Komplex, d.h. dem auf den Mitarbeiter bezogenen Bereich, im Gegensatz zum technologischen Gebiet, der Vorrang eingeräumt ([RÜH73], S. 22). Die Technologie soll dementsprechend in Abhängigkeit eines optimalen sozialen Niveaus maximiert werden. Folglich erscheinen auch solche Maßnahmen opportun, die sich primär auf die Gestaltung des sozialen Systems und somit auf eine Mitarbeiterorientierung beziehen. In diesem Zusammenhang sollten informationstechnologische Aspekte im Vordergrund stehen, da gerade die Informationsversorgung in Zukunft weiter an Gewicht gewinnen wird.

Zur Unterstützung des sozialen Systems im Unternehmen sollten zwei primäre Zielsetzungen verfolgt werden ([TIK94], S.108ff.):

- Prinzip der Selbststeuerung/Eigenverantwortlichkeit und
- Prinzip der Funktionsintegration.

- Selbststeuerung/
Eigenverantwortlichkeit

Das Prinzip der Selbststeuerung/Eigenverantwortlichkeit beinhaltet eine dezentrale Steuerung durch die Sachkompetenz vor Ort, die sinnvollerweise eine Verantwortlichkeit der zuständigen Mitarbeiter für die ihnen übertragenen Aufgaben umfassen sollte. Diese Form der Arbeitserweiterung kann auch mit dem Begriff „Job Enrichment" umschrieben werden. In diesem Zusammenhang erscheint es sinnvoll, darauf hinzuweisen, daß Steuerung sowohl durch Planungs- als auch durch Kontrollaufgaben wahrgenommen wird. Somit bedeutet eine Selbststeuerung, daß dispositive Aufgaben in untere Hierarchieebenen verlagert werden.

Das Prinzip der Funktionsintegration bedeutet zum einen eine Verringerung der Arbeitsteilung und zum anderen eine Integration verschiedener Tätigkeiten in ein Aufgabengebiet. Dies kann beispielsweise durch „Job Rotation" umgesetzt werden, da durch wechselnde Tätigkeiten, z. B. innerhalb einer Arbeitsgruppe, bei einem Mitarbeiter die Fähigkeiten mehrerer – bei strikter Arbeitsteilung getrennter – Tätigkeiten vereinigt werden können.

Aus Bild 2.4 ist der deutliche Trend erkennbar, daß die Funktionsintegration in den unteren Hierarchieebenen (hier: Maschinenbediener) zunimmt. Im Jahre 1988 führten Maschinenbediener erst in 10 Prozent der Unternehmen selbständig die Produktionsplanung durch. Für 1994 ist dies schon bei fast 40 Prozent der Unternehmen geplant. Die eigenständige Qualitätskontrolle bewegt sich auf einem deutlich höheren Niveau. In 60 Prozent aller Unternehmen erfolgte die Qualitätskontrolle 1988 direkt vor

• Funktionsintegration

• Ergebnisse zur Funktionsintegration

%-Anteil aller
Unternehmen

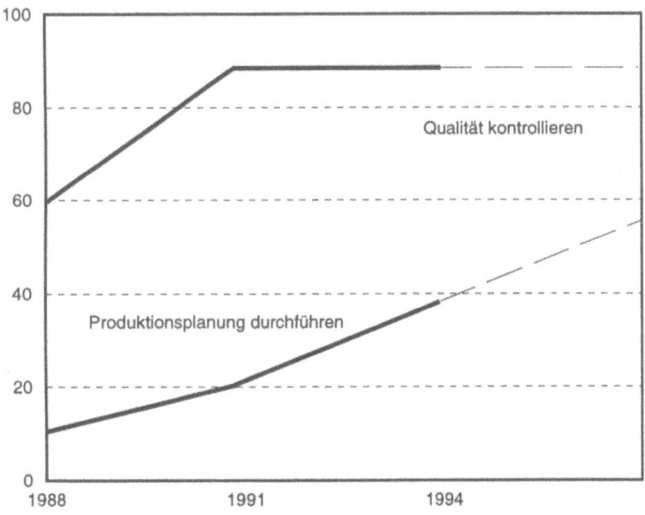

Bild 2.4: Zunehmende Funktionsintegration bei den Maschinenbedienern

• Quality Function
Deployment

• Ergebnisse zur
Anwendung des QFD

Ort, dieses Vorgehen wurde bis 1991 von 90 Prozent der Unternehmen übernommen. Zwischen 1991 und 1994 ergaben sich keine Änderungen.

2.3.4 Kundenorientierung

Idealerweise sollte die Kundenorientierung durch ein methodisches Vorgehen unterstützt und ergänzt werden. Eine für die Übersetzung der ermittelten Kundenanforderungen in betriebliche Spezifikationen, die kundenorientierte Produkt- und Prozeßplanung, geeignete Technik ist das Quality Function Deployment ([AKA92]).
Der Triade-Vergleich zur Anwendung des Quality Function Deployment liefert interessante Ergebnisse. Es wird deutlich, daß in Asien die Anwendung des Quality Function Deployment stärker verbreitet ist (Bild 2.5). Dies verwundert nicht weiter, da diese Technik aus Japan stammt. Auf der anderen Seite verringert sich jedoch der Unterschied zwischen „erfolgreichen" Unternehmen und „nicht erfolgreichen" Unternehmen in der Anwendung des Quality Function Deployment stetig mit der Abfolge Asien zu Nordamerika und Europa. Dieses könnte dahingehend interpretiert werden, daß die Methodik primär in Europa

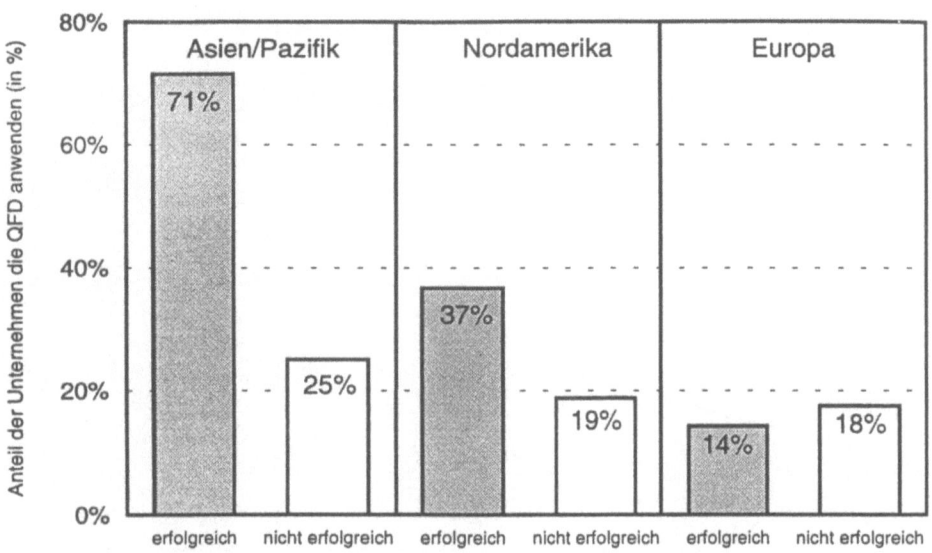

Bild 2.5: Erfolg und Anwendung des Quality Function Deployment in der Triade

und z.T. auch in Nordamerika noch nicht so verbreitet ist
wie in Japan, aber mittlerweile einen hohen Bekanntheits-
grad erlangt hat. Diese Annahme führt dazu, daß gerade
„nicht erfolgreiche" Unternehmen versuchen, diese Technik zu adaptieren, um möglichst kurzfristig Anschluß an
„erfolgreichere" Unternehmen zu finden.

2.3.5 Lieferantenorientierung

Durch die zunehmende Fokussierung der Unternehmen
auf ihre Kernkompetenzen sind Bestrebungen bezüglich
der Auslagerung bisher unternehmensinterner Aktivitäten an unternehmensexterne Zulieferer im Gange. Die
grundlegende Bedeutung von zugelieferten Teilen für die
Qualität der Problemlösung und der Prozesse ist ein weiteres Argument für eine ausgeprägte Lieferantenorientierung. Deren Bedeutung wird noch weiter erhöht, wenn
davon ausgegangen wird, daß eine Endkontrolle beim Zulieferer und eine Eingangskontrolle beim Abnehmer ent-
fallen sollen. Dieses ist Voraussetzung für eine möglichst
kurze Lagerung von Teilen vor der Weiterverarbeitung im
Fall einer produktionssynchronen Beschaffung. Die notwendige enge Verknüpfung von Zulieferer und Abnehmer
ist jedoch bei einer großen Anzahl von Lieferanten kaum
möglich. Folglich sollte unter dem Gesichtspunkt der Koordination der beiden Partner die Anzahl der Partner-
schaften beschränkt werden. Eine Reduzierung der Part-
nerschaften auf ein konsequentes „single sourcing" birgt
natürlich gewisse Risiken für den Abnehmer in sich. Aus
diesem Grunde sollte gerade in den Fällen von produkti-
onssynchroner Beschaffung zumindest ein zweiter Zulieferer grundsätzlich einbezogen werden ([WIL92], S. 155f.)
Bild 2.6 stellt den Zusammenhang zwischen der Anzahl
der Zulieferer und dem Erfolg dar. Es zeigt sich, daß bei
erfolgreichen Unternehmen ein größerer Anteil der zugekauften Teile von nur einem bzw. zwei Lieferanten be-
schafft wird. Umgekehrt ist das Einkaufsvolumen nicht
erfolgreicher Unternehmen bei drei und mehr Lieferanten
weitaus größer als bei erfolgreichen Unternehmen.

• Bedeutung der
Lieferantenorientie-
rung

• Lieferantenanzahl

• Ergebnisse zur
Lieferantenorien-
tierung

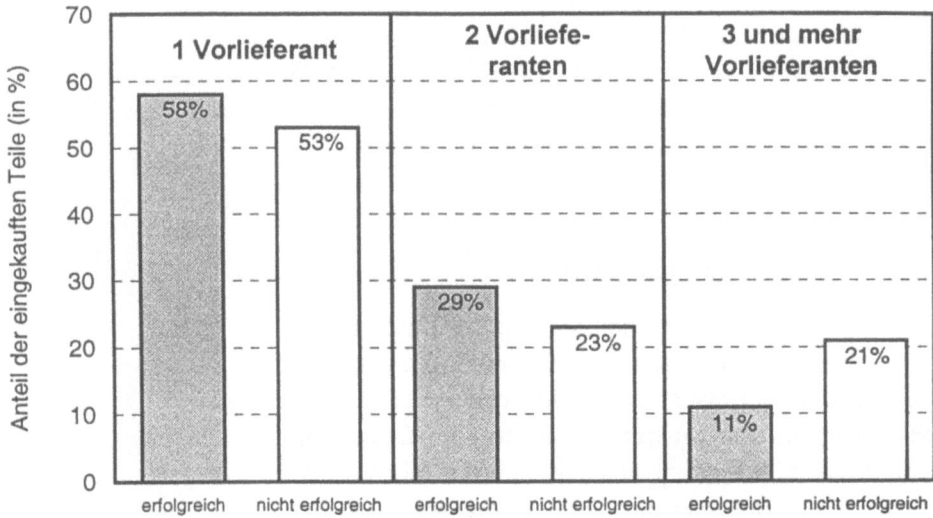

Bild 2.6: Zusammenhang zwischen der Anzahl Vorlieferanten und Unternehmenserfolg

2.3.6   Konkurrenz-/Umfeldorientierung

• Umfeldorientierung

Die Erfahrung, daß für eine umfassende Ermittlung der Anforderungen, die an ein Unternehmen gerichtet sind, der Kundenfokus zu klein erscheint, macht eine weitergehende Umfeldorientierung notwendig.

– Verschiedene Stakeholder und Interessengruppen sowie Themengebiete wie z. B. die Umwelt stehen zueinander in Wechselwirkungen, so daß eine isolierte Fokussierung auf den Kunden evtl. zu verspäteten Aktionen bzw. Reaktionen führen könnte.

– Eine reine Kundenorientierung würde eine innovative technische Problemlösung evtl. verhindern, da Kundenanforderungen nicht immer den Stand der Technik repräsentieren.

– Eine Kundenorientierung zumindest bzgl. des externen Kunden bezieht sich primär auf die Ebene der Problemlösung und vernachlässigt folglich die Prozeß- und Potentialebene. Gerade hierfür sind häufig weitere Umfeldinformationen und -anforderungen zu berücksich cvtigen.

• Konkurrenzorientierung/Benchmarking

Im Rahmen der Konkurrenzorientierung wird häufig das Konzept des Benchmarking angesprochen. Dieses versucht insbesondere branchenübergreifend beste Prozesse und Methoden zu identifizieren und nutzbar zu machen.

Für die Ebene der Problemlösung bietet sich das Reverse Product Engineering als eine Methode im Rahmen des Benchmarking an. Dieses bietet die Möglichkeit, anhand des eigentlichen Kernproduktes Kosten- und Nutzenvorteile insbesondere bezüglich der eingesetzten Materialien und der damit verbundenen Nutzenstiftung zu analysieren. Die hieraus gewonnenen Informationen können in den eigenen Produkten verwendet werden, um weitere Wettbewerbsvorteile zu erlangen.

- Reverse Product Engineering

In der Häufigkeit der Nutzung von Reverse Product Engineering ergibt sich zwischen Asien und Europa kein ausgeprägter Unterschied (vgl. Bild 2.7). Nur in Nordamerika ist dieses Vorgehen nicht so stark verbreitet. Der Unterschied zwischen „erfolgreichen" Unternehmen und „nicht erfolgreichen" Unternehmen in der Anwendung des Reverse Product Engineering verringert sich stetig mit der Abfolge Asien zu Nordamerika und Europa. Eine Interpretation könnte sich somit an den Aussagen zum Quality Function Deployment orientieren.

- Ergebnisse zur Anwendung des Reverse Engineering

2.3.7 Prävention

Der Begriff Prävention beschreibt die Gesamtheit von Maßnahmen, um dem Eintritt nicht erwünschter Ereig-

- Begriff der Prävention

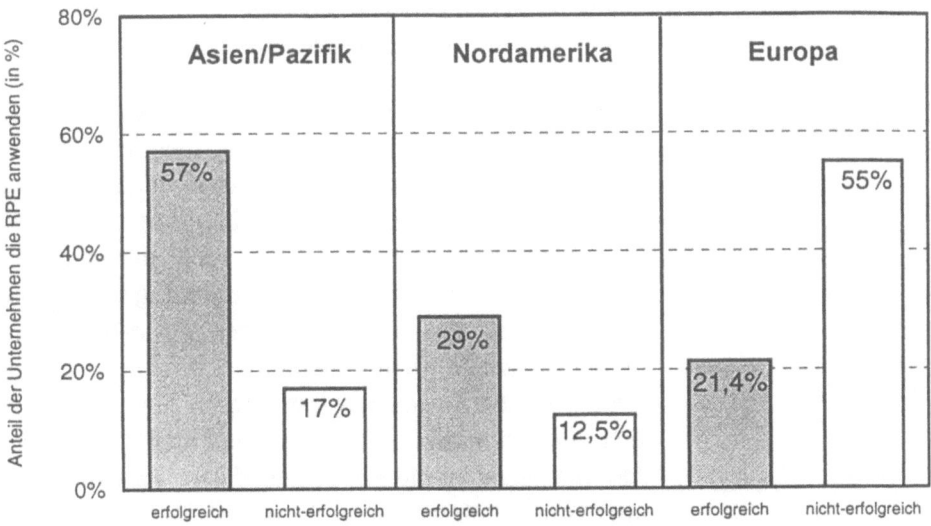

Bild 2.7: Erfolg und Anwendung von Reverse Product Engineering in der Triade

• Taguchi-Methode

• Ergebnisse zur
Anwendung von
Taguchi-Methoden

nisse vorzubeugen. In diesem Zusammenhang können zwei verschiedene Varianten der Prävention unterschieden werden, die sich aus dem Risikobegriff ableiten. Eine rein auf die Reduzierung der Wirkung eines nicht erwünschten Ereignisses abstellende Strategie kann als passive Prävention bezeichnet werden (z. B. Versicherung gegen bestimmte Ereignisse). Demgegenüber ist aktive Prävention auf die Minimierung der Eintrittswahrscheinlichkeit von unerwünschten Geschehnissen ausgerichtet. Im Rahmen der passiven Prävention können jedoch stets Aktivitäten integriert werden, die eine aktive Prävention für zeitlich nachgelagerte Phasen beinhalten.

Im Rahmen der Entwicklungsphase ist die statistische Versuchsplanung als originäre Technik zur aktiven Prävention für die nachfolgenden Phasen im Lebenszyklus zu bezeichnen. Das Ziel der statistischen Versuchsplanung ist die Optimierung der relevanten Produkt- und Prozeßparameter in der Entwicklungsphase. Insbesondere sind hier die Methoden nach Taguchi und Shainin zu nennen. Im folgenden wird exemplarisch die Methode von Taguchi näher betrachtet. Die Besonderheit dieser Technik liegt zum einen darin, daß sie sowohl Produkt- als auch Prozeßparameter optimiert mit dem Ziel, daß Produkte und Prozesse robust gegen Störungen werden. Zum anderen beruht sie auf der Definition, daß jede Abweichung zu Verlusten für die gesamte Gesellschaft führt. Diese Verluste werden mittels einer sog. Verlustfunktion bestimmt, die ohne Toleranzen, d.h. bei jeglicher Abweichung vom Zielwert, monetär bewertete Verluste zeigt. Der Begriff Verlust beinhaltet hierbei auch die Verluste, die dem Kunden durch Abweichungen entstehen. Dies verdeutlicht den präventiven Charakter dieses Ansatzes. Im Rahmen der Entwicklung einer Problemlösung werden bei dieser Vorgehensweise evtl. zukünftig auftretende Problemfelder, die zu Auszahlungen für den Kunden führen können, frühzeitig eliminiert.

Auch für die Anwendung von Taguchi-Methoden zeigt sich ein differenziertes Bild innerhalb der Triade (Bild 2.8). Insgesamt ist die Verbreitung dieser Technik gegenüber anderen Methoden (z. B. Quality Function Deployment und Reverse Product Engineering) relativ gering.

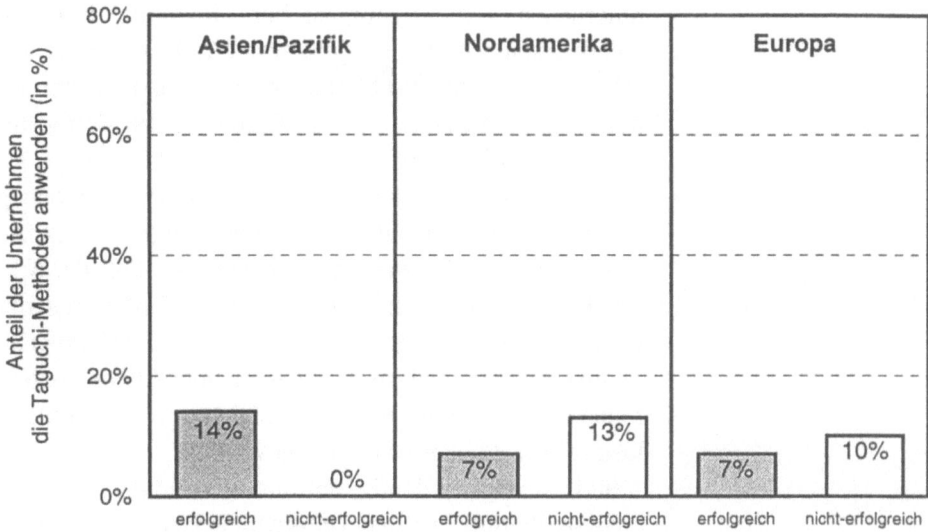

Bild 2.8: Erfolg and Anwendung von Taguchi-Methoden in der Triade

Die Verbreitung ist jedoch innerhalb der Triade auf relativ
gleichem Niveau angesiedelt.

2.3.8 Kontinuierliche Verbesserung

Die grundlegende Fragestellung dieses Abschnittes lau-
tet: „Wie zeigt sich die Denkhaltung der kontinuierlichen
Verbesserung im Unternehmen?" Ein Konzept zur Implementierung der kontinuierlichen Verbesserung ist der
sog. Deming-Cycle. Die Besonderheit der Vorgehensweise
nach Deming besteht im zyklischen Charakter, d.h., daß
sich an die Planung („plan"), die Realisierung („do") und
die Kontrolle („check") ein Lernprozeß anschließt („act"),
dessen Ergebnis in die nächste Planung („plan") einfließt.
Dies hat zur Folge, daß aufgrund der zyklischen Vorgehensweise kontinuierlich Verbesserungen initiiert werden
und prinzipiell kein Standard beibehalten wird. Den Ansätzen zur kontinuierlichen Verbesserung und allen darauf aufbauenden Konzepten ist gemein, daß sie sich
primär auf den unternehmensinternen Aspekt beziehen.

Eine methodische Unterstützung von kontinuierlichen
Verbesserungen auf Problemlösungsebene bietet die
Wertanalyse, die als produktbezogene Methode zur konti-

• Begriff der
kontinuierlichen
Verbesserung

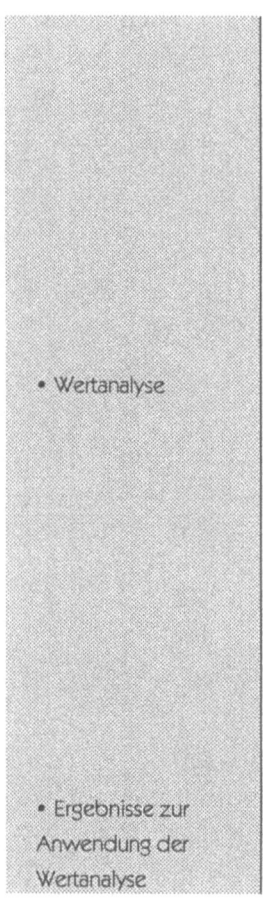

• Wertanalyse

• Ergebnisse zur
Anwendung der
Wertanalyse

nuierlichen Verbesserung zu bezeichnen ist. Ihre Anwendbarkeit bezieht sich primär auf Verbesserungen bereits entwickelter Problemlösungen. Dabei beschreibt der Begriff Verbesserung eine Erhöhung des Netto-Nutzens für den Kunden. Der Netto-Nutzen des Kunden erhöht sich zum einen, wenn der Nutzen der Problemlösung erhöht wird und die mit der Problemlösung verbundenen Kosten konstant bleiben, und zum anderen, falls der Nutzen konstant bleibt und die relevanten Kosten gesenkt werden können. Hier wird auch der prozeßbezogene Aspekt der Wertanalyse deutlich, da sowohl zur Kostenreduzierung als auch zur Nutzensteigerung der Problemlösung Prozeßabläufe hinterfragt werden.

Bild 2.9 zeigt eindeutig, daß die Anwendung der Wertanalyse Einfluß auf den Unternehmenserfolg zu haben scheint. Zumindest wird diese Methode gerade in Nordamerika und Europa fast ausschließlich von den erfolgreichen Unternehmen angewendet. In Asien ist dieser Zusammenhang nicht so deutlich ausgeprägt. Im Gegensatz zu den anderen hier erfaßten Methoden (Quality Function Deployment, Reverse Product Engineering) ist die Anwendungsdichte innerhalb der Triade recht homogen. Die Wertanalyse ist jedoch die einzige Methode, die in allen drei Triaderegionen von den erfolgreichen Unternehmen häufiger angewendet wird als von nicht erfolgreichen Un-

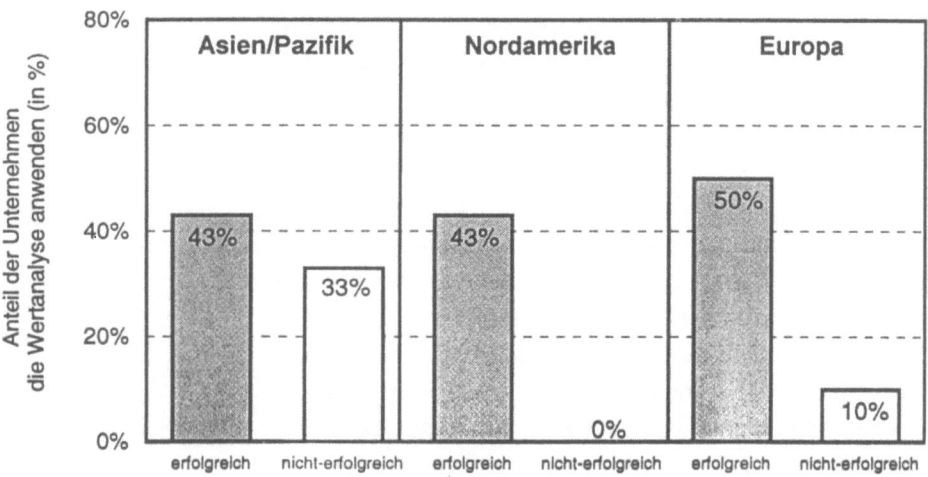

Bild 2.9:   Erfolg und Anwendung der Wertanalyse in der Triade

ternehmen. Ein Interpretationsansatz könnte sein, daß diese Methode in allen drei Regionen bereits tief verankert ist, da sie schon relativ lange in Theorie und Praxis Beachtung und Anwendung findet. Außerdem stammt sie ursprünglich – im Gegensatz zum Quality Function Deployment und den Taguchi-Methoden – aus den USA und fand im Anschluß schnelle Verbreitung in Europa. Durch den Know How-Transfer in den fünfziger und sechziger Jahren aus den USA nach Asien ist diese Methode auch frühzeitig nach Japan gelangt.

2.3.9 Meßkonzepte

Meßkonzepte und die notwendigen Meßgrößen dienen prinzipiell dazu, die im Rahmen eines Controllingsystems notwendigen Kontrollmechanismen zu ermöglichen. Die Meßkonzepte und ihre Meßgrößen können jedoch nur sinnvoll als Kontrollmechanismus eingesetzt werden, wenn bestimmte Zielsetzungen bestehen. Die Controllingfunktion Kontrolle als handlungsorientierte Funktion prüft letztendlich den Zielerreichungsgrad. Folglich ist das Vorhandensein von Zielsetzungen Grundvoraussetzung einer Messung mit evtl. anschließender Korrektur und Setzung eines neuen Standards. Damit eine Messung möglich ist, müssen die Zielsetzungen und die sie darstellenden Größen quantifizierbar sein.

Im Rahmen eines Qualitätscontrollingsystems bieten sich sowohl finanzielle als auch nichtfinanzielle Maßgrößen zur Beurteilung an. Die Frage nach der zu priorisierenden Erfassung und Nutzung von Maßgrößen entweder finanzieller oder nichtfinanzieller Art ist prinzipiell nicht abschließend zu klären. Aufgrund dieser Tatsache wurden „performance measurement systems" implementiert, die sowohl finanzielle als auch nichtfinanzielle Kennzahlen beinhalten ([FIS93], S. 272ff.).

Bild 2.10 zeigt die Unterschiede zwischen erfolgreichen und nicht erfolgreichen Unternehmen in der Triade bezüglich der Erfassung nichtfinanzieller Maßgrößen (Kundenzufriedenheit, Liefertreue und Produktqualität) auf. Auffällig ist insbesondere die insgesamt hohe Erfassungsrate in Europa und Nordamerika im Vergleich zu Asien

• Begriff der Meßkonzepte

• Maßgrößen

• Ergebnisse zur Anwendung von nichtfinanziellen Maßgrößen

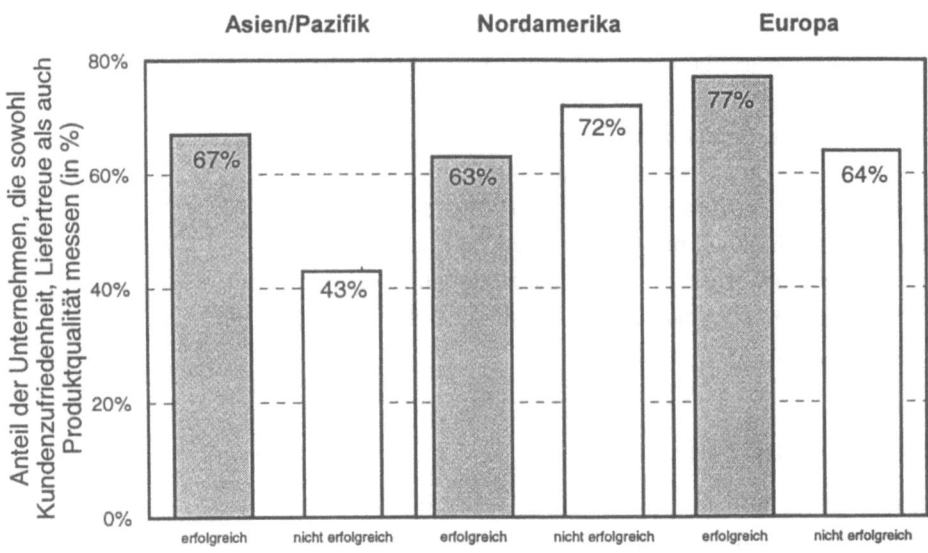

Bild 2.10: Erfolg und Messung nichtfinanzieller Maßgrößen in der Triade

und die höhere Erfassungsrate von nicht erfolgreichen Unternehmen in Nordamerika. Die ausgeprägtere Erfassung nichtfinanzieller Daten in Europa und Nordamerika steht im Widerspruch zu den Aussagen Hiromotos, der die Erfassung nichtfinanzieller Daten als Besonderheit japanischer Unternehmen herausstellt ([HIR88], S. 26). Mittlerweile scheint dieses Defizit zumindest bezüglich der hier untersuchten Maßgrößen behoben zu sein.

2.3.10 Zusammenfassung

• Einfluß der einzelnen Elemente des Qualitätscontrollingsystems auf Umsatzrendite und Wachstum

Die dargestellten Elemente eines Qualitätscontrollingsystems wurden anhand der Datenbasis aus der Studie Excellence in Electronics näher spezifiziert. Es wurden entsprechend der vorgenommenen Auswahl von Elementen für alle Unternehmen, die das jeweilige Element erfüllen, die durchschnittliche Umsatzrendite und das durchschnittliche Umsatzwachstum im Zeitraum 1989 – 1991 ermittelt und mit den Ergebnissen der gesamten Stichprobe verglichen.

Hierbei erweist es sich für eine erhöhte Umsatzrendite als positiv, falls Unternehmen QFD, Wertanalyse und single sourcing anwenden und eine ausgeprägte Funkti-

onsintegration auf Mitarbeiterebene realisieren können.
Erstaunlich sind auch die Ergebnisse, die im Zusammenhang mit der Messung nichtfinanzieller Kennzahlen auftreten. Hier liegt die durchschnittliche Umsatzrendite der
Unternehmen, die nichtfinanzielle Kennzahlen erfassen,
ebenfalls weit über der aller Unternehmen. Dies trifft
auch für das Umsatzwachstum zu. Darüber hinausgehende positive Effekte für das Umsatzwachstum besitzen die
Wertanalyse, das single sourcing und eine ausgeprägte
Funktionsintegration auf Mitarbeiterebene.

• Ergebnisse des
Einflusses der
Elemente auf
Umsatzrendite und
-wachstum

2.4 Ausblick

Zur konzeptionellen Abrundung sind zum Schluß dieses
Kapitels die Einsatzbereiche der Qualitätstechniken und
der Meßkonzepte innerhalb eines Ebenenmodells zu the-
matisieren. Das Ebenenmodell beschreibt hierbei den
Aufbau eines Unternehmens anhand des Zusammenhangs
von Potentialfaktoren und Ressourcen, die in den ablaufenden Prozessen die Problemlösung für den Kunden realisieren. Der Einsatz von Qualitätstechniken (z. B. Quality
Function Deployment oder Taguchi) sollte im Prinzip top-
down die aus dem Unternehmensumfeld abgeleiteten
Anforderungen in die unternehmerische Sphäre übertra-

• Ebenenmodell des
Qualitätscontrolling

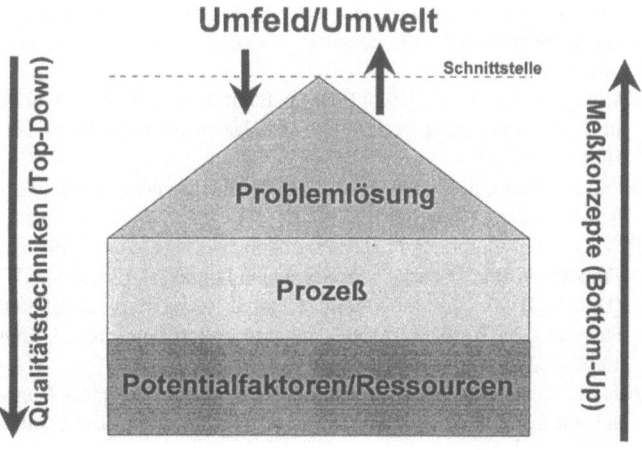

Bild 2.11: Zusammenhang zwischen Ebenenmodell, Qualitätstechniken und Meßkonzepten

gen und somit eine optimale Anforderungserfüllung der Unternehmensgesamtleistung gewährleisten. Demgegenüber sollten die Meßkonzepte aus dem Unternehmen (bottom-up) heraus die Wirtschaftlichkeit im weitesten Sinne, d.h. unter Berücksichtigung auch nichtfinanzieller Maßgrößen, beurteilen (Bild 2.11).

Zielsetzung muß letztendlich die optimale Erfüllung kundenbezogener und aus dem Umfeld stammender Anforderungen durch die Unternehmensgesamtleistung sein – mit der Nebenbedingung, daß alle Aktivitäten, die dieser Zielsetzung dienen, unter wirtschaftlichen Gesichtspunkten zu beurteilen sind.

Literatur

[AKA92], Akao, Y. (1992): QFD-Quality Function Deployment, Landsberg a.L. 1992.

[BLÄ92], Bläsing, J. (1992): Qualitätsmanagement, in: Scheer, A.-W. (Hrsg.) (1992): 13. Saarbrücker Arbeitstagung Rechnungswesen und EDV, Heidelberg 1992, S. 396 - 430.

[BÜH93], Bühner, R. (1993): Der Mitarbeiter im Total Quality Management, Stuttgart 1993.

[CAM89], Camp, R. C. (1989): Benchmarking. The Search for Industry Best Practice that Leads to Superior Performance, Milwaukee (Wisconsin) 1989.

[CRO79], Crosby, P. B. (1979): Quality is free, New York 1979.

[DEM86], Deming, W. E. (1986): Out of the crisis, Cambridge (Massachusetts) 1986.

[FIS93], Fischer, T. M. (1993): Kostenmanagement strategischer Erfolgsfaktoren. Instrumente zur operativen Steuerung der strategischen Schlüsselfaktoren Qualität, Flexibilität und Schnelligkeit, München 1993.

[GAR91], Garvin, D. A. (1991): How the Baldrige Award Really Works, in: Harvard Business Review 1991, 69. Jg., November - December, Heft 6, S. 80 - 93.

[HER93], Herter, R. N. (1993): Total Quality Management, in: Das Wirtschaftsstudium 1993, Heft 1, S. 29 - 32.

[HIN93], Hinterhuber, H. (1993): Paradigmenwechsel - Vom Denken in Funktionen zum Denken in Prozessen, in: Luczak, H./Eversheim, W. (Hrsg.) (1993): Marktorientierte Flexibilisierung der Produktion. Sicherung der Wettbewerbsfähigkeit am Standort Deutschland, Köln 1993, S. 97 - 120.

[HIR88], Hiromoto, T. (1988): Another Hidden Edge - Japanese Management Accounting, in: Harvard Business Review 1988, 66. Jg., July - August, Heft 4, S. 22 - 26.

[IMA86], Imai, M. (1986): Kaizen. The Key to Japan`s Competitive Success, New York u.a. 1986.

[ISH85], Ishikawa, K. (1985): What is Total Quality Control? The Japanese Way, Englewood Cliffs (New Jersey) 1985.

[MCK94], McKinsey & Company, Inc./ Kluge, J./Stein, L./Krubasik, E./Beyer, I./Düsedau, D./Huhn, W./Schmidt, E./Deger, R. (1994): Wachstum durch Verzicht. Schneller Wandel zur Weltklasse: Vorbild Elektronikindustrie, Stuttgart 1994.

[RÜH73], Rühl, G. (1973): Sozio-technologische Systemgestaltung als unternehmerische Aufgabe, in: Verband der Metallindustrie Baden-Württemberg (Hrsg.) (1973): Plädoyer für eine humanere Arbeitswelt, Stuttgart 1973, S. 21 - 31.

[SCH92], Schildknecht, R. (1992): Total Quality Management. Konzeption und State of the Art, Frankfurt a.M./New York 1992.

[TIK94], Tikart, J. (1994): Vertrauensmanagement, in: Kamiske, G. F. (Hrsg.) (1994): Die Hohe Schule des Total Quality Managements, Berlin u.a. 1994, S. 105 - 110.

[ULR91], Ulrich, H./Probst, G. J. B. (1991): Anleitung zum ganzheitlichen Denken und Handeln. Ein Brevier für Führungskräfte, 3. Aufl., Bern/Stuttgart 1991.

[WIL92], Wildemann, H. (1992): Das Just-in-Time-Konzept. Produktion und Zulieferung auf Abruf, 3. Aufl., München 1992.

3 Qualitätstechniken als Instrumente des Qualitätscontrollings

GERD F. KAMISKE UND PHILIPP THEDEN

Zu den Aufgaben des Qualitätscontrollings gehört die Überprüfung der Wirksamkeit von Maßnahmen des Qualitätsmanagements. In dieses Aufgabenfeld gehört auch die Analyse von Wirkungen des Einsatzes sogenannter Qualitätstechniken.

Während die aufgewendeten Kosten für den Einsatz dieser Methoden noch vergleichsweise einfach erfaßt werden können, ist die Darstellung des Nutzens erheblich schwieriger. Neben der Problematik der Erfassung bereitet auch die Vielfältigkeit und Verkettung der Wirkungen Probleme. Das hier vorgestellte Modell zeigt einen Ansatz auf, der den Nutzen des Einsatzes von Qualitätstechniken abbilden und damit als Steuerungsinstrument im Rahmen des Qualitätscontrollings dienen kann. Hierfür werden neben finanziellen Größen auch nichtfinanzielle Größen berücksichtigt.

Im ersten Abschnitt des Kapitels erfolgt eine kurze Beschreibung der Qualitätstechniken. Im zweiten Abschnitt wird ein Wirkungsmodell aufgestellt, welches die unterschiedlichen Wirkungen des Einsatzes von Qualitätstechniken abbildet. Die Ergebnisse einer empirischen Untersuchung stellen im dritten Abschnitt die Möglichkeiten des entwickelten Wirkungsmodells dar. Im letzten Abschnitt werden Handlungsempfehlungen zum Einsatz von Qualitätstechniken und deren Steuerung im Rahmen eines Qualitätscontrollings gegeben.

- Das Qualitätscontrolling überprüft die Wirksamkeit von Maßnahmen des Qualitätsmanagements

- In einem Wirkungsmodell wird der Nutzen des Einsatzes von Qualitätstechniken abgebildet

3.1   Qualitätstechniken im Qualitäts-controlling

Als Basis für die weiteren Ausführungen erfolgt zunächst ein Überblick über die Ziele und Grundprinzipien von Qualitätstechniken.

3.1.1   Abgrenzung der Qualitätstechniken

• Definition für
Qualitätstechniken

Der *Begriff Qualitätstechnik* wird weder in der Literatur noch in der Unternehmenspraxis einheitlich gebraucht. Häufig werden daher nicht nur die eigentlichen Qualitätstechniken, sondern auch organisatorische Maßnahmen (z. B. Qualitätszirkel) oder Techniken, die nicht speziell für das Qualitätsmanagement entwickelt wurden (z. B. Wertanalyse), unter diesem Begriff subsummiert. Folgende Definition soll als Grundlage der weiteren Betrachtungen dienen: „Qualitätstechniken sind Instrumente und Methoden des Qualitätsmanagements, die zum Lösen spezifischer Probleme auf verschiedenen Ebenen im Unternehmen eingesetzt werden können" ([GOG 94b], S. 329).

Eine Abgrenzung der Qualitätstechniken im engeren Sinne von den übrigen Techniken wird durch Bild 3.1 verdeutlicht. Dabei werden auch qualitätsunterstützende Tätigkeiten berücksichtigt, die bereits vor der Einführung der Qualitätstechniken eingesetzt wurden.

3.1.2   Qualitätstechniken im engeren Sinne

• Betrachtet werden
nur die Qualitäts-
techniken im
engeren Sinne

Die weiteren Ausführungen beziehen sich auf die Qualitätstechniken im engeren Sinne: Qualitätsfunktionen-Darstellung (*QFD*), Fehlermöglichkeits- und -einflußanalyse (*FMEA*), Statistische Prozeßregelung (*SPR*), Robustes Design/Design of Experiments (*DoE*), die Sieben Elementaren Qualitätswerkzeuge (*Q7*) und die Sieben Management-Werkzeuge (*M7*). Dabei beziehen sich die Ausführungen auf die klassischen Einsatzgebiete in produktionsnahen Bereichen, bei denen die Qualitätstechniken den einzelnen Phasen des Produktentstehungsprozesses zugeordnet werden können ([WIL 93], S. 33; [SCHU 92], S. 405ff.).

Bild 3.1: Abgrenzung der Qualitätstechniken

3.1.2.1 Qualitätsfunktionen-Darstellung – QFD

In der Planungsphase eines Produktes wird weitgehend dessen Qualität festgelegt. Daher ist es notwendig, die Anforderungen des Kunden systematisch in konkrete Produktmerkmale umzusetzen und die Produktionsprozesse entsprechend zu planen.

Die Qualitätsfunktionen-Darstellung (Quality Function Deployment, QFD) unterstützt als *Kommunikations- und Planungsmethode* diese Übersetzung der „Stimme des Kunden" in die „Sprache der Ingenieure". Zunächst werden wesentliche und kritische Qualitätsmerkmale (Designanforderungen) an das Produkt ermittelt, in weiteren Planungsstufen auch Prozeßmerkmale und Prüf- und Arbeitsanweisungen ([HAU 88], S. 57; [BLÄ 89], S. 7).

Die QFD wird in einem bereichsübergreifenden Team von Fachleuten durchgeführt, in dem Marketing, Konstruktion, Qualitätswesen, Fertigung und Service vertreten sind. Über die Wünsche und Vorstellungen der Kunden müssen genaue Informationen vorliegen, da sie die Grundlage für die QFD bilden. Der Gewinnung dieser In-

• Die QFD übersetzt die „Stimme des Kunden" in die „Sprache der Ingenieure"

• Die QFD wird in einem interdisziplinären Team erstellt

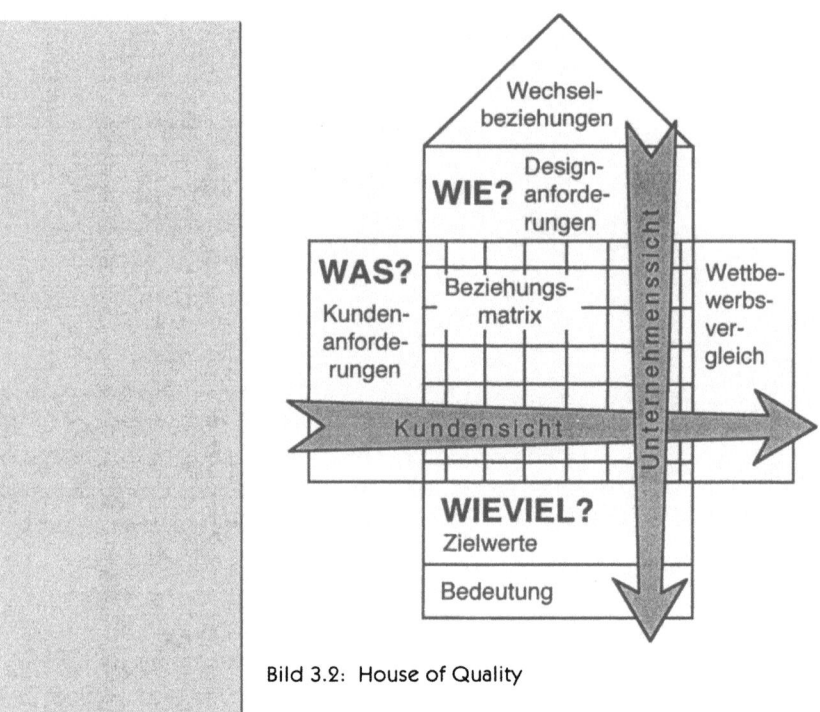

Bild 3.2: House of Quality

formationen sollte daher besondere Aufmerksamkeit gewidmet werden ([SUL 86], S. 41).

• Das House of Quality (HoQ) ist das zentrale Werkzeug der QFD

Im Mittelpunkt der Arbeit des QFD-Teams steht das Qualitätshaus (*House of Quality – HoQ*). Dies ist eine umfassende Beziehungsmatrix, die aus mehreren „Zimmern" besteht (Bild 3.2). Die einzelnen Zimmer werden systematisch nacheinander abgearbeitet und ausgefüllt. Die maximal 20 wichtigsten Kundenanforderungen ([BRU 92], S. 44) werden in das HoQ eingetragen und aus Kundensicht gewichtet ([BRU 92], S. 44). Aus der Sicht des Unternehmens werden diesen Anforderungen nun technische Produktmerkmale gegenübergestellt. In der entstehenden Beziehungsmatrix werden die verschieden starken Zusammenhänge zwischen den Kundenanforderungen und den Produktmerkmalen festgehalten. Im „Dach" des HoQ werden zusätzlich *Wechselwirkungen* zwischen den einzelnen Produktmerkmalen aufgezeigt. Weiterhin werden genaue Zielgrößen für die Produktmerkmale festgelegt. Aus der Gewichtung der Kundenanforderungen und der Stärke der Beziehung zwischen Kundenanforderungen und Produktmerkmalen läßt sich

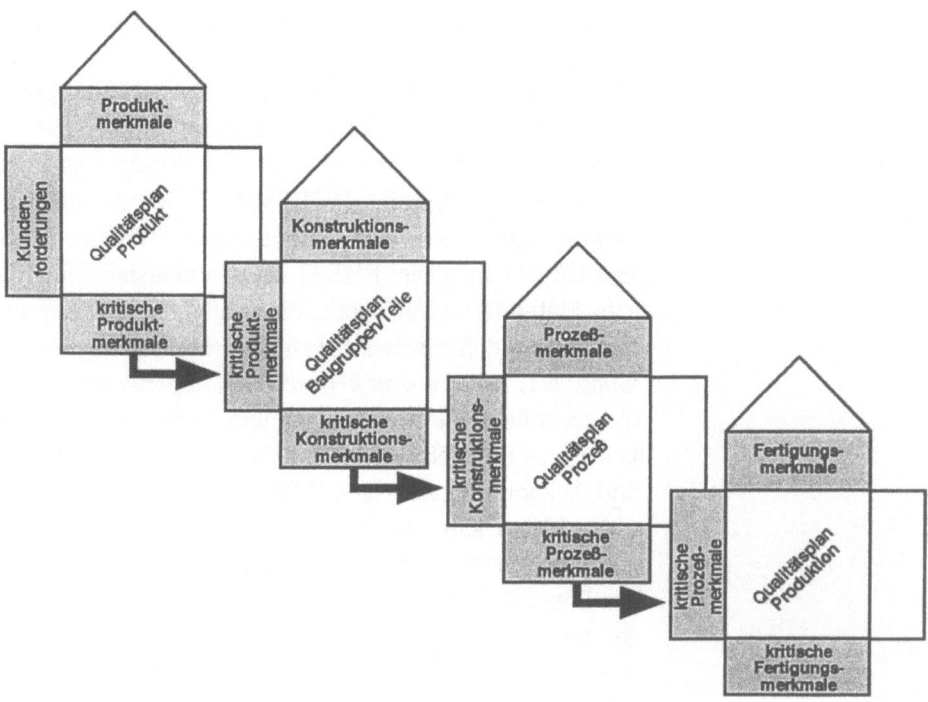

Bild 3.3: Die vier Phasen des QFD

schließlich die *Bedeutung der einzelnen Produktmerkmale* bewerten.

Die so ermittelten kritischen Produktmerkmale werden in aufbauenden Schritten weiter detailliert. In der Regel werden bei der QFD vier Phasen durchlaufen, die als *Qualitätspläne* bezeichnet werden (Bild 3.3). Nach der ersten Phase, dem Qualitätsplan für das Produkt, dienen die kritischen Produktmerkmale als Eingangsgrößen für den nächsten Qualitätsplan für Baugruppen bzw. Teile. Die in dieser Phase ermittelten kritischen Konstruktionsmerkmale werden als Eingangsgrößen für den Qualitätsplan des Prozesses benutzt. Im Qualitätsplan für die Produktion werden aus den kritischen Prozeßmerkmalen schließlich kritische Fertigungsmerkmale abgeleitet ([BRU 92], S. 46; [HAU 88], S. 69). Durch diese Vorgehensweise wird der Konstruktionsprozeß von der Kundenanforderung über die Produktplanung bis zur einzelnen Arbeitsanweisung begleitet.

• Die QFD wird in vier Phasen bearbeitet

3.1.2.2 Fehlermöglichkeits- und -einflußanalyse – FMEA

Werden mögliche Fehler schon in der Entwicklungsphase
eines Produktes oder Prozesses erkannt, können sie einfacher und kostengünstiger vermieden werden als zu einem späteren Zeitpunkt ([WIL 93], S. 3). Hierfür stellt die
Fehlermöglichkeits- und -einflußanalyse (Failure Mode
and Effects Analysis, FMEA) eine formalisierte analyti-
sche Methode zur Verfügung. Sie ermöglicht ein *systematisches und frühzeitiges Erkennen und Lokalisieren von
möglichen Fehlern und kritischen Komponenten.* Durch
die anschließende Abschätzung und Bewertung der Risiken ist es möglich, Prioritäten bei der Fehlerverhütung
und -bekämpfung zu setzen ([FRA 87], S. 16ff.).

Die FMEA kann bei Neuentwicklungen und Änderungen von Systemen, Prozessen und Produkten sowie bei
der Beurteilung von Sicherheits- und Problemteilen eingesetzt werden. Es werden drei Arten der FMEA unterschieden ([KER 90], S. 201): Bei der *Konstruktions-
FMEA* werden an Produkten, Baugruppen oder Teilen
mögliche Fehler vorwiegend konstruktiver Art ermittelt.
Die *Prozeß-FMEA* untersucht alle potentiellen technischen Fehler in der Fertigung und Montage. Die System-
FMEA untersucht das funktionsgerechte Zusammenwirken mehrerer Komponenten eines Systems und hilft, Fehler bei der Auswahl und Gestaltung von Systemen zu vermeiden.

Alle drei Arten der FMEA werden von einem FMEA-
Team durchgeführt, in dem Mitarbeiter der Konstruktion,
Produktionsplanung, Fertigung und Qualitätswesen vertreten sein sollen. Zur Vereinfachung des systematischen
Vorgehens gibt es FMEA-Formblätter, die spaltenweise
ausgefüllt werden ([VDA 86], S. 81). Zunächst wird eine
Abgrenzung der untersuchten Einheit vorgenommen.
Anschließend werden alle potentiellen Fehler, Fehlerur-
sachen und Fehlerfolgen (aus Kundensicht) aufgelistet.
Weiterhin erfolgt eine Beurteilung der Wahrscheinlichkeit
des Auftretens des Fehlers, der Bedeutung der Folgen für
den Kunden und der Wahrscheinlichkeit des Erkennens
des Fehlers jeweils mit einem Wert zwischen 1 und 10.
Mit dem Produkt der drei Werte, der *Risikoprioritätszahl*

(RPZ), läßt sich eine Rangfolge der Schwachstellen auflisten und eine Reifegradabschätzung vornehmen.

Nach dieser Analyse werden gemäß der ermittelten Rangfolge für jeden potentiellen Fehler Maßnahmen zur Vermeidung, die dafür verantwortliche Stelle und ein Termin zur Erledigung festgelegt. Dabei können Kreativitätstechniken zur Unterstützung eingesetzt werden. Entweder planerisch aufgrund dieses Plans oder nach erfolgter Durchführung der Maßnahmen wird jeder Fehler erneut mit einer RPZ bewertet. Es können so das Restrisiko analysiert und ggf. weitere Maßnahmen veranlaßt werden ([KLA 88], S. 190ff.).

• Bei der FMEA werden Maßnahmen zur Fehlervermeidung festgelegt

3.1.2.3 Statistische Prozeßregelung – SPR

Die Statistische Prozeßregelung – SPR (Statistical Process Control, SPC) ist eine auf statistischen Grundlagen basierende Technik, die einen bereits optimierten Prozeß mit Hilfe von Stichproben kontrolliert und ggf. Anweisungen zur Korrektur gibt. Sie ist für den Einsatz bei größeren Serien und Massenfertigung geeignet ([SHE 31]).

Der Istwert eines Qualitätsmerkmales unterliegt einer Streuung, da auf den Prozeß systematische und zufällige Einflüsse wirken. Zufällige Einflüsse sind dabei die Summe vieler kleiner Einflüsse, die ständig vorhanden und zeitlich stabil sind. Sie bilden die natürliche Streuung und sind nicht zu beeinflussen. Dagegen sind systematische Einflüsse einer oder wenige Haupteinflüsse, die nicht vorhersehbar sind und unregelmäßig auftreten. Es ist möglich, ihre Ursachen zu finden und abzustellen.

• Auf Prozesse wirken systematische und zufällige Einflüsse

Voraussetzung für die Anwendung von SPR ist es, daß nur noch zufällige Einflüsse auf den Prozeß wirken und die Streuung des Istwertes des Qualitätsmerkmales innerhalb der Toleranz liegt. Dies wird als fähiger Prozeß bezeichnet. Um diese Fähigkeit festzustellen, wird eine Meßgeräte-, Maschinen- und schließlich eine Prozeßfähigkeitsuntersuchung durchgeführt, für die spezielle Indizes ermittelt werden ([MAL 91], S. 541).

• Meßgeräte-, Maschinen- und Prozeßfähigkeit sind die Voraussetzungen für die SPR

Nach der Erfüllung der Fähigkeitsbedingung beginnt die eigentliche Prozeßregelung, bei der in regelmäßigen Abständen Stichproben aus dem Prozeß entnommen und

• Stichprobenwerte
werden in Quali-
tätsregelkarten
eingetragen

• Aufgrund des
Prozeßverlaufs kann
frühzeitig regelnd
eingegriffen werden

vermessen werden. Die Einzelwerte bzw. die Stichprobenmeßzahlen (Mittelwerte, Streumaße) werden in *Qualitätsregelkarten* eingetragen. Je nachdem, ob es sich um variable oder attributive Qualitätsmerkmale handelt, werden eine ganze Reihe von Regelkarten angeboten, die für den einzelnen Anwendungsfall auszuwählen sind ([DGQ 92, S. 27ff.]; [DGQ 90], S. 19ff.).

Aus dem Verlaufsmuster der Meßwerte auf der Regelkarte können Veränderungen des Prozesses schnell erkannt werden. In den Regelkarten sind dazu Eingriffsgrenzen vermerkt, die den Streubereich des Merkmales wiedergeben, wenn nur zufällige Einflüsse vorhanden sind. Überschreitet ein Meßwert diese Grenzen, ist anzunehmen, daß ein systematischer Einfluß vorliegt. Dieser muß behoben, d.h. der Prozeß muß nachgeregelt werden. Somit wird durch die Anwendung der SPR eine in den Fertigungsprozeß integrierte Qualitätssicherung und Fehlervermeidung erreicht ([KAM 95], S. 229).

3.1.2.4 Robustes Design/Design of Experiments – RD/DoE

• Die statistische
Versuchsplanung
reduziert die Anzahl
der Versuche

Bei der Gestaltung von Produkten und Prozessen ist es das Ziel, die Einflußgrößen, die auf ein Qualitätsmerkmal wirken, so einzustellen, daß bei minimaler Streuung der Sollwert des Qualitätsmerkmals im Mittel erreicht wird. Die Einflußgrößen werden in Steuer- und Störgrößen unterschieden (Bild 3.4). Produkte und Prozesse, die unempfindlich gegen Störgrößen sind, werden als robust bezeichnet ([KAM 95], S. 254). Bei der Ermittlung der optimalen Einstellungen mit Hilfe eines vollständigen Versuches ist die hohe Anzahl an Versuchen sehr teuer und zeitaufwendig. Die statistische Versuchsplanung (*Design of Experiments*, *DoE*) hat daher das Ziel, mit minimaler Versuchsanzahl statistisch gesicherte Aussagen über die optimalen Einstellungen zu treffen. Es gibt dazu verschiedene Ansätze.

Bei der klassischen Versuchsplanung nach Fisher/Box ([FIS 66], [BOX 78] werden die Versuche so ausgewählt, daß die Haupt- und Wechselwirkungen der Einflußgrößen getrennt analysiert werden können. Daneben gibt es zwei modernere Ansätze nach Taguchi und nach Shainin.

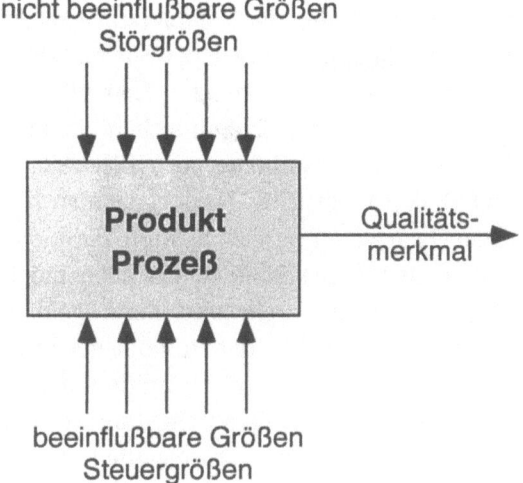

nicht beeinflußbare Größen
Störgrößen

**Produkt
Prozeß**

Qualitäts-
merkmal ➤

beeinflußbare Größen
Steuergrößen

Bild 3.4: Einflußgrößen auf Produkt oder Prozeß

Das Ziel der Versuchsplanung von Taguchi ist das genaue Erreichen des Sollwertes eines Qualitätsmerkmals, da jede Abweichung einen Verlust bedeuten würde ([TAG 81]). Das Qualitätsmerkmal wird jedoch von Stör- und Steuergrößen beeinflußt. Taguchi sieht die Störgrößen als gegeben an und verändert sie nicht. Die Einstellungen der Steuergrößen werden auf der Basis von orthogonalen Feldern in einem unvollständigen Matrixversuch optimiert. Taguchi hat als Zielgröße einen direkten Maßstab für die Qualität, das Signal-Rauschverhältnis (SN) entwickelt, das aus der Qualitätsverlustfunktion abgeleitet wird. Zu jedem durchgeführten Versuch wird das SN ermittelt sowie die Haupteffekte jeder Einstellstufe auf das SN. Mit einer Varianzanalyse wird die Signifikanz der Steuergrößen geprüft. Die optimalen Einstellstufen der Steuergrößen ergeben sich aus den jeweils größten Haupteffekten ([TAG 86]).

Die Methoden von Taguchi verfolgen eine *Problemvermeidungsstrategie*, so daß sie vorwiegend in der Produktentwicklung und Prozeßplanung eingesetzt werden.

Die Methoden zur Versuchsplanung nach Shainin bauen auf dem Pareto-Prinzip auf, welches besagt, daß nur wenige Einflußgrößen das Qualitätsmerkmal entscheidend beeinflussen ([MIT 90], S. 210). Diese Einflußgrößen sollen so eingestellt werden, daß das Qualitätsmerkmal sei-

• Taguchis Ziel ist die Problemvermeidung

nen Sollwert unter Einhaltung der Solltoleranz erreicht. Als zu optimierende Zielgröße verwendet Shainin daher direkt das Qualitätsmerkmal. Um die Haupteinflußgrößen zu identifizieren, bietet Shainin sieben einfache, meist diagrammorientierte Methoden an ([BHO 88], S. 55ff.; [QUE 94], S. 66ff.). Mit Hilfe der sogenannten Hinweisgeneratoren (Paarweiser Vergleich, Multi-Variations-Karten, Komponententausch) können aus allen möglichen Einflußgrößen wenige relevante herausgefiltert werden. Daraus werden mit Hilfe der Methode der Variablensuche die vier Haupteinflußgrößen ermittelt, mit denen dann ein vollständiger Versuch durchgeführt werden kann. Die sich dabei ergebenden Einstellstufen werden in einem Prozeßvergleich validiert und mit Streudiagrammen noch einmal optimiert (ausführlicher bei [GOG 94b], S. 348ff.).

Die Methoden von Shainin verfolgen eine *Problemlösungsstrategie*, die vorwiegend bei vorhandenen Problemen in der Fertigung eingesetzt wird

3.1.2.5 Sieben Elementare Qualitätswerkzeuge – Q7

Die Sieben Elementaren Qualitätswerkzeuge (Q7) sind eine Zusammenstellung von einfachen visuellen Hilfsmitteln, die zur Unterstützung von Problemlösungsprozessen eingesetzt werden können. Es lassen sich Probleme jeglicher Art bearbeiten. Die Q7 dienen dabei der *Fehlererfassung und -analyse sowie dem Erkennen von Problemursachen*. Außerdem läßt sich die Wirkung von Verbesserungsmaßnahmen überprüfen ([BRA 89], S. 4f.; [OZE 90], S. 111ff.).

Ursprünglich wurden die Q7 für die Arbeit in Qualitätszirkeln eingesetzt ([ISH 85], S. 145) und können zur Unterstützung der Gruppenarbeit verwendet werden.

In der Phase der *Fehlererfassung* werden Fehlersammellisten, Histogramme und Qualitätsregelkarten eingesetzt. Sie dienen der grafischen Darstellung der einzelnen Fehler und ihrer Häufigkeiten.

In der Phase der *Fehleranalyse* wird mit dem Paretodiagramm die Bedeutung der einzelnen Fehler ermittelt. Das Ursache-Wirkungs-Diagramm, nach seinem Erfinder

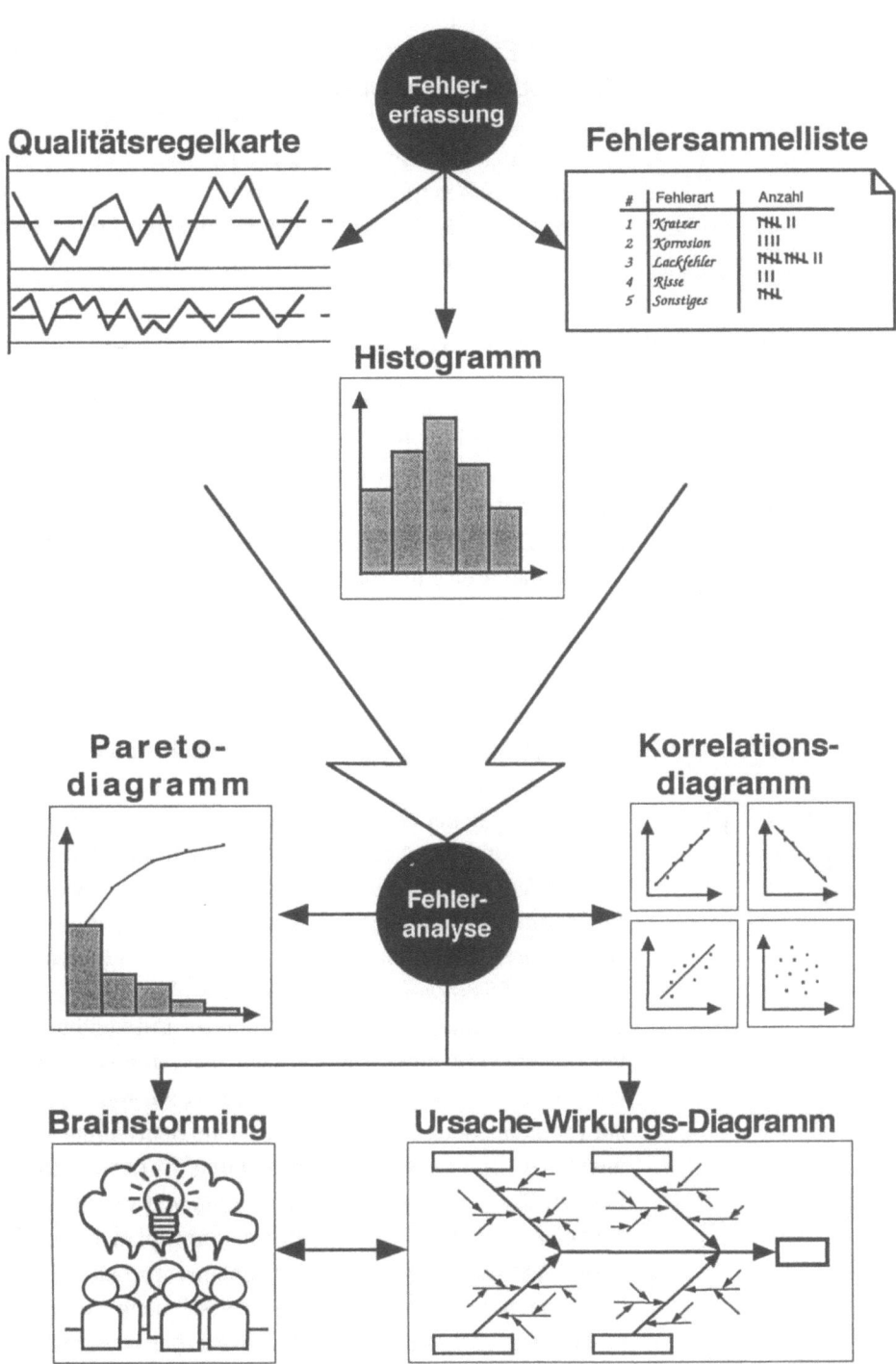

Bild 3.5: Übersicht Q7

auch Ishikawa-Diagramm genannt, unterstützt die Ermittlung von Einflußfaktoren, welche auf die Fehler wirken. Brainstorming kann dabei als wirkungsvolle Ergänzung eingesetzt werden. Schließlich können Wechselwirkungen von einzelnen Einflußfaktoren mit Hilfe von Korrelationsdiagrammen untersucht werden.

Den Ablauf des Einsatzes der Q7 und die Zuordnung der einzelnen Werkzeuge zu den Phasen zeigt Bild 3.5.

3.1.2.6 Sieben Management-Werkzeuge – M7

• Die M7 werden vorwiegend bei Planungsprozessen eingesetzt

Die Sieben Management-Werkzeuge (M7) sind ein Maßnahmenbündel zur *Kommunikation und Visualisierung von Problemen.* Sie werden überwiegend bei der Problemlösung in Planungsprozessen eingesetzt ([GOG 94a], S. 370). Das Ziel des Einsatzes ist es, eine Menge von unüberschaubaren Informationen vor allem verbaler Art in eine systematische Ordnung zu bringen. Die M7 unterstützen die Problemidentifizierung und -analyse, das Finden, Strukturieren und Bewerten von Lösungen sowie die Umsetzung der Maßnahmen ([NAY 86], S. 197). Sie werden bei Gruppenarbeiten angewandt und sind wie die Q7 mit einfachen Mitteln durchzuführen.

• In mehreren Phasen führen die M7 zur Problemlösung und deren Realisierung

In der Phase der *Datenanalyse* werden das Relationendiagramm und das Affinitätsdiagramm zur Visualisierung des vorliegenden Problems verwendet. Dadurch werden Problemzusammenhänge verdeutlicht und wichtige Einflußfaktoren identifiziert. In der daran anschließenden Phase der *Lösungsfindung* werden das Matrixdiagramm, das Baumdiagramm und das Portfolio zur Entwicklung einer Lösung verwendet. Die Werkzeuge unterstützen dabei das Auffinden von geeigneten Mitteln und Maßnahmen zur Problemlösung und ermöglichen eine Beurteilung ihres jeweiligen Beitrages zur Zielerreichung. In der abschließenden Phase der *Lösungsrealisierung* werden mit dem Netzplan und dem Problementscheidungsplan realisierbare Programme zur Lösung des Problems erarbeitet. Hierbei können mit den Werkzeugen zeitkritische Vorgänge identifiziert und Alternativstrategien erarbeitet werden.

Der Ablauf des Einsatzes der einzelnen Werkzeuge wird in Bild 3.6 verdeutlicht.

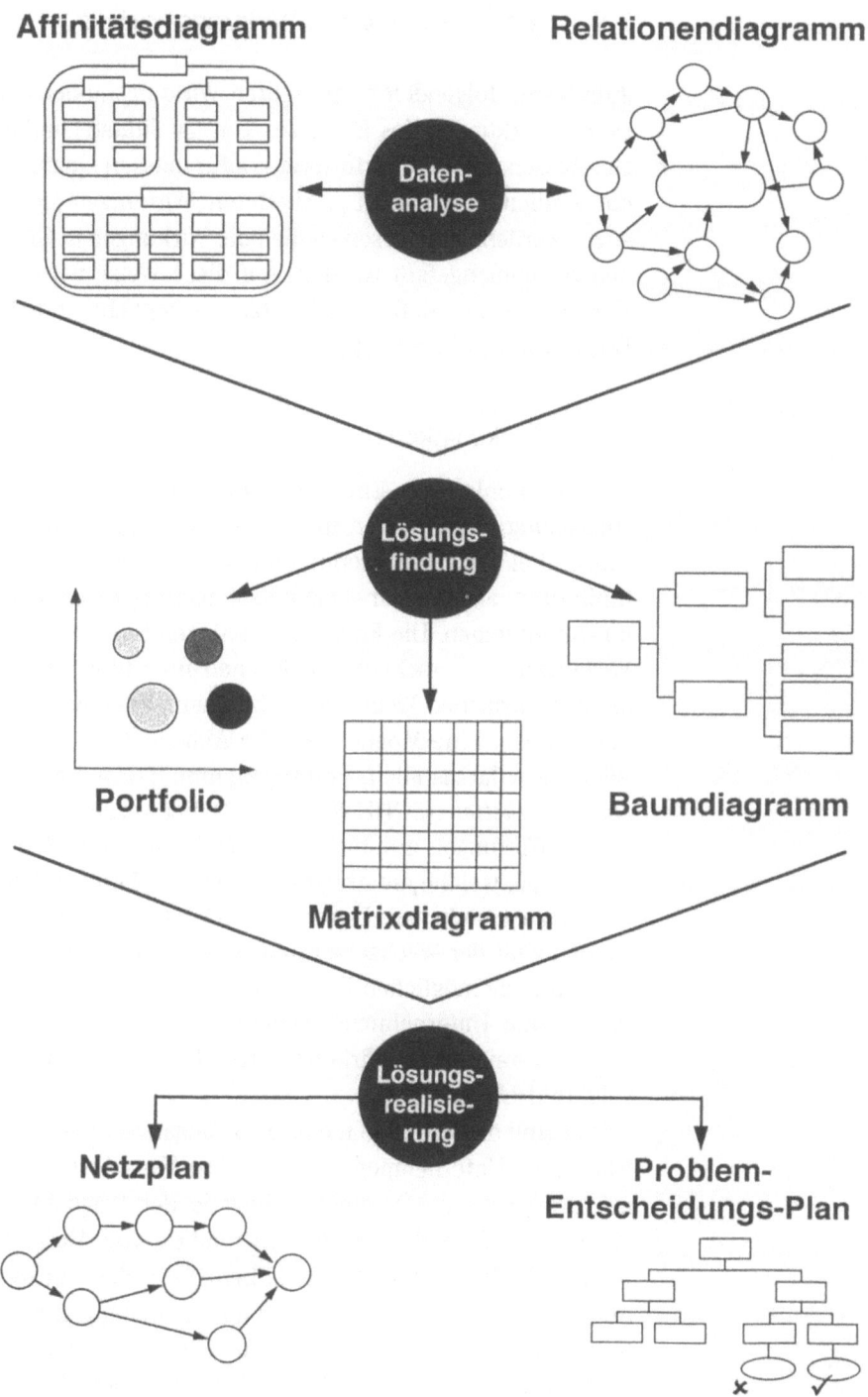

Bild 3.6: Übersicht M7

3.2   Entwicklung eines Wirkungsmodells

Ziel des im folgenden vorgestellten Wirkungsmodells ist es, die Wirkungen des Einsatzes von Qualitätstechniken zu erfassen und zu strukturieren. Dafür müssen einerseits die zeitlich miteinander verketteten Wirkungen untersucht werden, andererseits sollen die Wirkungen in Gruppen zusammengefaßt werden. Auf diese Weise wird ein Korrigieren des Methodeneinsatzes ermöglicht und die Ergebniskontrolle erleichtert.

3.2.1   Wirkungsketten

Ausgangspunkt des Einsatzes von Qualitätstechniken sind häufig Bemühungen um gezielte Qualitätsverbesserungen bei einzelnen Produkten und Prozessen oder die Initiierung allgemeiner Qualitätssteigerungsprogramme im Unternehmen. Die Folge eines solchen Einsatzes sind Wirkungen in verschiedenen Ebenen im Unternehmen, die in mehrfachen Wechselbeziehungen miteinander stehen können. Eine Möglichkeit, die Abhängigkeit solcher Wirkungen darzustellen, sind sogenannte *Wirkungs- oder Nutzeffektketten* ([SCHU 90], S. 46). Dabei werden die einzelnen Wirkungen graphisch dargestellt und mit Pfeilen verbunden, welche die Abhängigkeiten und Folgewirkungen veranschaulichen. Durch diese Darstellung wird die Komplexität der Wechselwirkungen verdeutlicht und ein Bild über die möglichen Folgen des Technikeinsatzes für das gesamte Unternehmen gegeben.

Eine vereinfachte Wirkungskette des QFD-Einsatzes zeigt Bild 3.7.

Hier sind die Wirkungen des QFD-Einsatzes in mehrere Ebenen im Unternehmen aufgeteilt. Der Vorteil einer derart differenzierten Darstellung liegt in der Möglichkeit, die Überprüfung der Erfolgswirksamkeit von Maßnahmen direkt den entsprechenden Ebenen zuordnen zu können. Darüber hinaus können aus den Beziehungen auch notwendige Veränderungen der Arbeitsabläufe und der bereichsübergreifenden Aufgaben abgeleitet werden.

Bei der Betrachtung von Wirkungsketten muß allerdings berücksichtigt werden, daß nicht alle Wirkungen

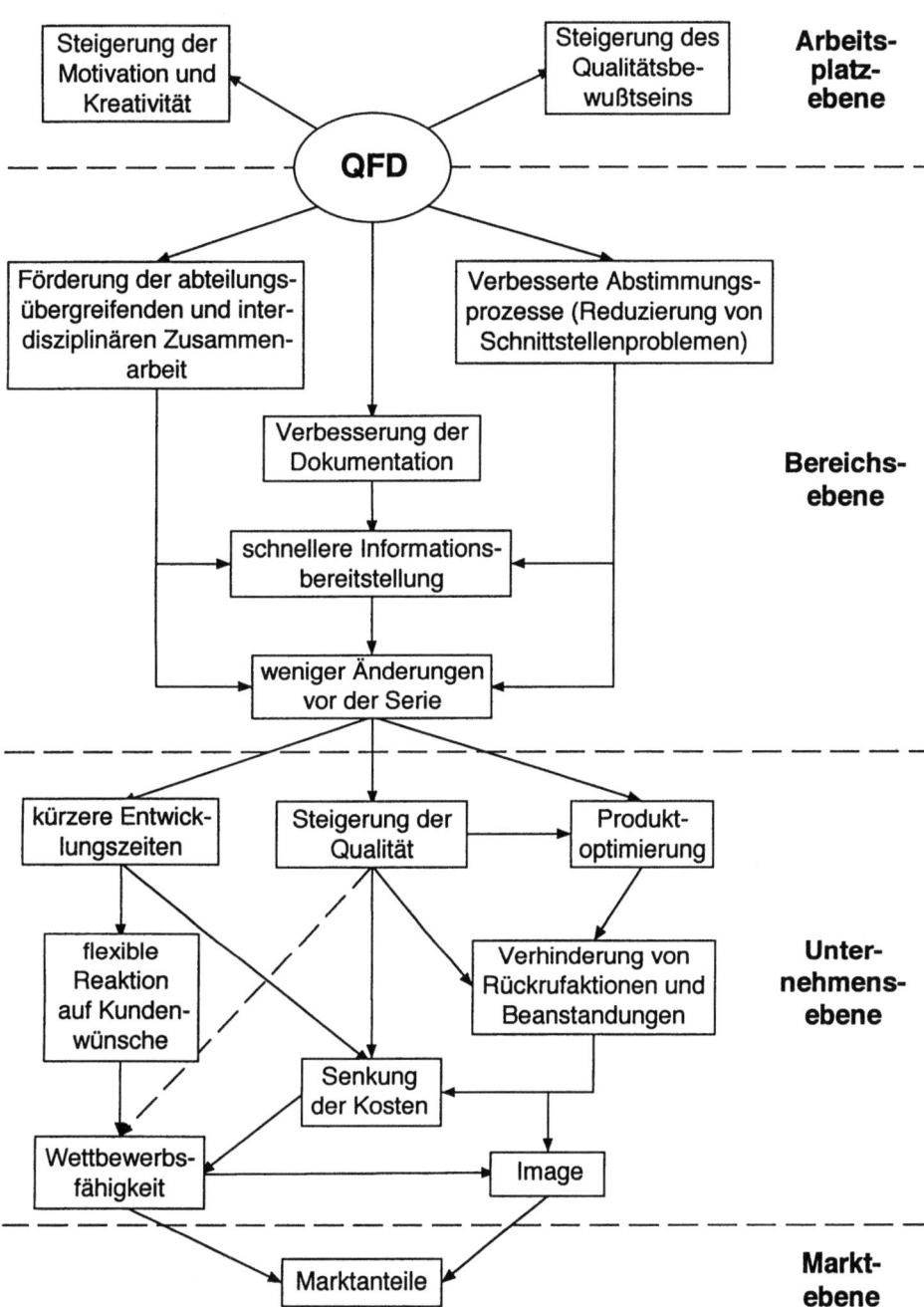

Bild 3.7: Wirkungskette der QFD

• Qualitätstechniken
wirken auf allen
Ebenen des
Unternehmens

• Einfluß anderer
Aktivitäten

unmittelbar auf den Einsatz der Qualitätstechniken
zurückgeführt werden können, sondern auch andere Faktoren einen Einfluß auf die indirekten Wirkungen haben.
Eine Beurteilung des direkten Zusammenhangs ist daher
nur dann möglich, wenn alle Faktoren bereits vorher beobachtet wurden und möglichst vollständige Informationen über andere Aktivitäten im Unternehmen vorliegen. Hierzu zählen zum Beispiel der Abbau von Hierarchieebenen oder die Verwendung neuer Fertigungsver-
fahren, die ihrerseits auch einen erheblichen Einfluß auf
die gleichen Faktoren haben können. Bei der Überlage-
rung mehrerer Aktivitäten ist die Zuordnung der Wirkungen zu den Verursachern nicht uneingeschränkt gewährleistet. Eine Interpretation von Veränderungen ohne die
Einbeziehung zusätzlicher Informationen ist daher nicht
nur schwierig, sondern birgt auch die Gefahr, daß Entscheidungen aufgrund falscher Informationen getroffen
werden.

3.2.2   Strukturierung der Wirkungen

Bei einer genaueren Betrachtung der unterschiedlichen
Wirkungen zeigt sich, daß im wesentlichen vier *Wirkungs-
richtungen* voneinander unterschieden werden können,
auf die im folgenden näher eingegangen wird.

Die Steigerung der Qualität oder die Veränderung der
Kostenstrukturen standen im Mittelpunkt bisheriger Wir-
kungsbetrachtungen. Neben diesen Faktoren werden jedoch auch andere Wirkungen wie z. B. die verbesserte und
bereichsübergreifende Zusammenarbeit als Folge des
Einsatzes von Qualitätstechniken genannt (z. B. [STO 89],
S. 157). Bei der Gestaltung von Prozessen und Produkten
ist es besonders wichtig, Bedingungen zu schaffen, bei denen die Faktoren *Qualität, Kosten und Zeit* in einem aus-
gewogenen und je nach Strategie optimierten Verhältnis
berücksichtigt werden. Die Dimensionen Kosten und Zeit
beinhalten dabei alle finanziellen und zeitlichen Veränderungen, die durch den Einsatz von Qualitätstechniken erreicht werden können, z. B. Verringerung von Personal-
oder Materialkosten bzw. Einsparungen bei der Entwicklungszeit. Obwohl der Begriff Qualität hier in einer weiten

• Qualität, Kosten und
Zeit müssen
gleichzeitig optimiert
werden

Begriffsauslegung verwendet wird, werden wichtige Faktoren wie z. B. die Mitarbeiterzufriedenheit ungenügend
berücksichtigt. Als eine vierte Gruppe von Faktoren werden daher alle Wirkungen zusammengefaßt, die sich auf
die Beziehungen und Arbeitsverhältnisse der Mitarbeiter
im Unternehmen beziehen. Sie kann als Gruppe der *Humanfaktoren* bezeichnet werden.

Wie bereits gezeigt, bestehen vielfache Wechselbeziehungen zwischen den Wirkungen des Methodeneinsatzes.
Auch zwischen den vier Gruppen der Wirkungen bestehen
direkte Zusammenhänge. So führt z. B. die Verbesserung
der Qualität auch zu einer Reduzierung von Fehlerkosten
([WIL 93], S. 3) oder eine verringerte Ausschußquote zu geringeren Materialkosten. Eine Strukturierung der Wirkungen sollte also in jedem Fall vorgenommen werden, da auf
diese Weise eine Berücksichtigung aller wichtigen Faktoren unterstützt und eine Einschränkung des betrachteten
Wirkungsfeldes auf finanzielle Größen vermieden wird.

Bild 3.8 zeigt die Struktur der Faktoren mit möglichen
Wirkungen innerhalb der vier Gruppen.

3.2.3 Wirkungsmodell

Aus den Überlegungen zu der Abhängigkeit einzelner Wirkungen von Qualitätstechniken und der Einteilung in vier
Wirkungsgruppen ergibt sich ein Wirkungsmodell, das im
folgenden näher erläutert wird.

Wenn von einer guten Schulung des durchführenden Personals und der daraus resultierenden korrekten Anwendung der jeweiligen Qualitätstechnik ausgegangen wird, so
kann häufig eine Produkt- und/oder Prozeßverbesserung
als eine direkte Folge beobachtet werden, so z. B. eine erhöhte Prozeßfähigkeit durch den Einsatz von SPR ([BAU
91], S. 340ff.), eine verbesserte und weniger fehleranfällige
Konstruktion durch den Einsatz der FMEA ([KER 90], S.
206) oder ein optimierter Fertigungsprozeß durch den Einsatz der statistischen Versuchsplanung ([HER 90], S. 167).

Diese *direkten Verbesserungen* lassen sich jedoch in
vielen Fällen nicht oder nur schwer direkt messen. So ist
die Verbesserung eines Produktes durch die FMEA als solche nicht unbedingt erkennbar. Erst die Auswertung von

• Humanfaktoren
dürfen nicht
unberücksichtigt
bleiben

• Zwischen den
Wirkungsgruppen
bestehen direkte
Zusammenhänge

• Aus dem Einsatz
von Qualitätstech-
niken resultieren
Produkt- und/oder
Prozeßver-
besserungen

• Direkte Wirkungen
sind oft schwer
meßbar

Bild 3.8: Wirkungen von Qualitätstechniken

• Indirekte Wirkungen werden von Qualitätstechniken ausgelöst

Reklamationsstatistiken oder die verringerte Anzahl notwendiger Konstruktionsänderungen im Vergleich zum Vorläufer zeigt die Verbesserung des Produktes. Diese *indirekten Wirkungen* sind die Folge der eigentlichen Verbesserungen an Produkten oder Prozessen und können in weiteren Stufen wiederum zu anderen Folgen führen, die sich in allen vier Wirkungsgruppen bemerkbar machen. Durch diese Beziehung wird deutlich, daß die indirekten Wirkungen diejenigen Ziele sind, die mit einer Veränderung an Produkten und Prozessen, also den direkten Wirkungen des Einsatzes von Qualitätstechniken, erreicht werden können.

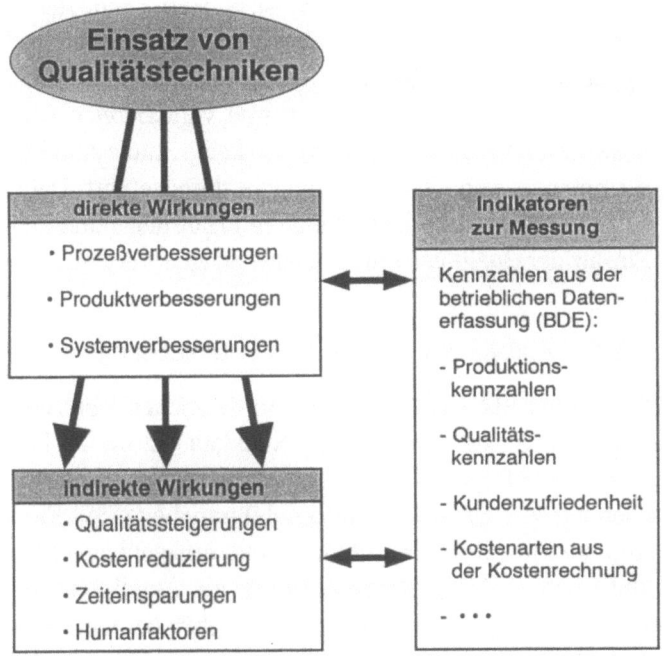

Bild 3.9: Wirkungsmodell für Qualitätstechniken

Für jede einzelne Wirkung müssen nun Kennzahlen oder Indikatoren abgeleitet werden, die eine Steuerung des Technikeinsatzes und die Kontrolle der erzielten Ergebnisse ermöglichen. Die entsprechenden Kennzahlen können zum Beispiel aus der betrieblichen Datenerfassung entnommen werden (Bild 3.9). Wenn keine direkten Meßgrößen verfügbar sind, müssen entweder neue Qualitätskennzahlen geschaffen werden oder es muß auf Ersatzindikatoren zurückgegriffen werden. So kann beispielsweise die Motivation der Mitarbeiter aus einer direkten Befragung oder aus Ersatzindikatoren wie Krankenstand oder Fluktuationsrate abgeleitet werden.

3.3 Einsatzpotentiale

Bereits in anderen Studien wurde auf die Einsatzmöglichkeiten von Qualitätstechniken und teilweise auch auf deren Wirkungen eingegangen ([SPE 91], S. 49ff.; [WIL 93], S.

• Veränderungen werden mit Kennzahlen erfaßt

• Studie zu den Einsatzpotentialen von Qualitätstechniken

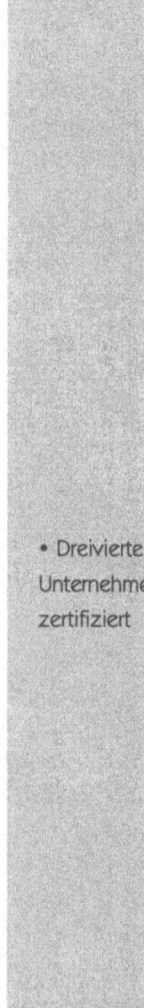

33ff.; [SCHI 92], S. 201ff.; [KAM 94], S. 378ff.). Eine detaillierte Aussage zu den Potentialen bezüglich der oben festgelegten vier Wirkrichtungen läßt sich daraus jedoch nicht ableiten. Aus diesem Grunde wurde vom Bereich Qualitätswissenschaft der TU Berlin 1994 eine Studie zum Einsatzpotential von Qualitätstechniken durchgeführt. Dabei sollte vor allem differenziert auf die Erfahrungen mit dem Einsatz der Qualitätstechniken eingegangen werden.

3.3.1   Aufbau der empirischen Untersuchung

Es wurden 314 Qualitätsleiter von deutschen Unternehmen befragt. Der auswertbare Rücklauf lag bei 30 Prozent. Die befragten Unternehmen stammen im wesentlichen aus vier *Branchen*: Automobilbranche (27%), Elektroindustrie (30%), Maschinen- und Anlagenbau (16%) und Chemie (11%), außerdem noch ein Anteil von 16% aus weiteren Branchen. Dabei sind ca. 70% der Unternehmen als Großunternehmen einzustufen und 30% als kleine und mittlere Unternehmen, die weniger als 500 Mitarbeiter beschäftigen oder unter 25 Mio. DM Umsatz pro Jahr erzielen. (Einteilung nach [PFO 90], S. 7)

Von den 93 Unternehmen sind zum Zeitpunkt der Untersuchung 60% nach DIN ISO 9001 und 13% nach DIN ISO 9002 zertifiziert. Weitere 16% der Unternehmen haben eine *Zertifizierung* geplant. Insgesamt kann also festgestellt werden, daß der Trend zur Zertifizierung bereits mindestens Dreiviertel der befragten Unternehmen erreicht hat.

Die Unternehmen wurden zu den Qualitätstechniken im engeren Sinne befragt. Von einer eingehenden Beurteilung der Methoden wurden die Sieben Elementaren Qualitätswerkzeuge und die Sieben Management-Werkzeuge jedoch ausgenommen. Bei diesen Techniken sollte lediglich die Verbreitung in Deutschland und ihre Einsatzgebiete sowie die wesentlichen Vorteile untersucht werden. Die *Einsatzhäufigkeit* der einzelnen Qualitätstechniken zeigt Bild 3.10.

Nur 11% der Unternehmen gaben an, keine Qualitätstechnik einzusetzen, 16% setzen jeweils nur eine Qualitätstechnik ein. *Von 73% der Unternehmen werden minde-*

• Dreiviertel der Unternehmen sind zertifiziert

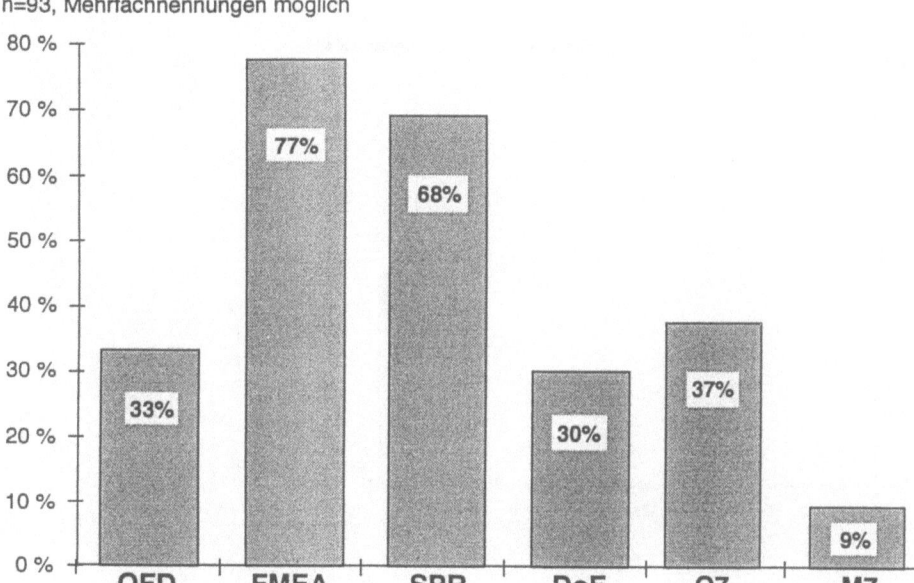

Bild 3.10: Einsatzhäufigkeit der Qualitätstechniken

stens zwei der sechs Qualitätstechniken eingesetzt, vier
oder mehr Qualitätstechniken werden von 31% der Unternehmen angewendet. Die häufigste Kombination ist die
Verbindung von FMEA und SPR, die gemeinsam von 55%
der Unternehmen eingesetzt werden. Die Kombination
der FMEA mit der QFD wird von 30% der Unternehmen,
die Kombination von FMEA, SPR und QFD von 25% der
Unternehmen genannt. Die häufige Anwendung mehrerer
Qualitätstechniken läßt tendenziell auf eine stärkere Verbreitung der Methoden schließen.

*Der Einsatzbeginn der einzelnen Qualitätstechniken
konzentriert sich auf einen Zeitraum innerhalb der
letzten zehn Jahre.* Dabei wird die SPR schon am läng-
sten in den Unternehmen angewendet. Seit über zehn Jahren wird sie bei 18%, seit über fünf Jahren bei 59% ihrer
Anwender eingesetzt. Die FMEA und die Methoden der
statistischen Versuchsplanung finden erst später Anwendung in den Unternehmen. So werden sie nur von 25% der
Anwender seit mehr als fünf Jahren eingesetzt. Im Vergleich dazu wurde die QFD noch später eingeführt. Nur

• Viele Unternehmen
setzen mehr als eine
Qualitätstechnik ein

• Seit Mitte der
achtziger Jahre nimmt
der Einsatz der
Qualitäts-
techniken zu

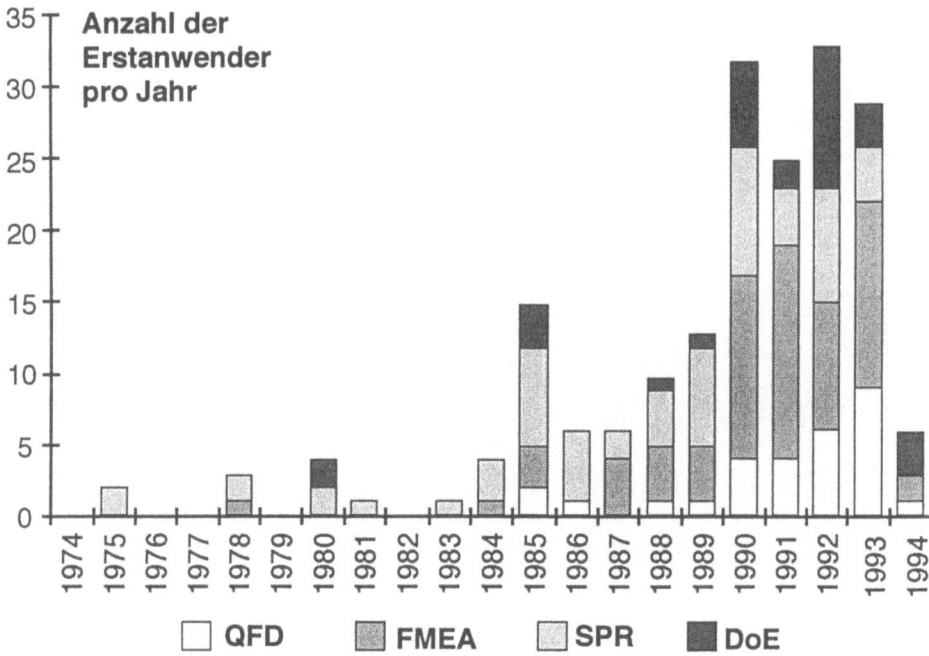

Bild 3.11: Einsatzdauer der Qualitätstechniken

von 17% der Unternehmen wird sie seit mehr als fünf Jahren angewendet. Bild 3.11 verdeutlicht noch einmal die Einsatzdauer der einzelnen Qualitätstechniken. Der deutliche Anstieg in der Anwendung der Methoden seit Ende der achtziger Jahre entspricht dabei zeitlich der Verbreitung von Qualitätstechniken und den Ansätzen des Qualitätsmanagements.

3.3.2 Qualitätssteigerungen durch Qualitätstechniken

Die Bestätigung der Aussage, daß durch den Einsatz von Qualitätstechniken Produkte und Prozesse verbessert werden können, deutet auf die richtige Anwendung der Methoden in den untersuchten Unternehmen hin.

Zur Qualität von Informationen können die Qualitätstechniken durch eine *verbesserte Dokumentation* und die *höhere Transparenz* der gewonnenen Daten beitragen. Von den SPR-Anwendern äußerten sich hierzu 92% zustimmend, für die FMEA und die Versuchsplanung stim-

men dieser Aussage 70 % der Anwender zu und für die
QFD 56 % ihrer Anwender. Der hohe Grad der Zustimmung bei der SPR ist auf den Einsatz der Qualitätsregelkarten zurückzuführen.

Der *Ausschußanteil* kann durch den Einsatz der Qualitätstechniken in Abhängigkeit von der betrachteten Methode um 15 % bis 26 % reduziert werden. Auch die *Nacharbeit* kann nach Angaben der Unternehmen um 16 % bis
24 % reduziert werden (Bild 3.12). Würden diese Werte mit
den durchschnittlichen Ausschuß- und Nacharbeitsko-
sten der Unternehmen bewertet, so könnte aus diesen Angaben eine direkte Ermittlung der Kosteneinsparungen
erfolgen.

Die *Anzahl der Änderungen* vor Serienanlauf kann
durch die FMEA und die Versuchsplanung um 22 % bis
25 %, durch den Einsatz der QFD sogar um 33 % reduziert
werden. Die SPR hat hierbei aufgrund ihres späten Ein-
satzzeitpunktes keinen Einfluß.

Die Anzahl der *Kundenreklamationen*, die als Indikator für die Qualität der Produkte dienen kann, wird ebenfalls durch alle Methoden verringert. Für die QFD nennen
die Unternehmen eine durchschnittliche Verringerung der
Reklamationen von 43 %, für die anderen Qualitätstechniken Werte von 6 % für die SPR und 12 % bis 15 % für die
FMEA und die Versuchsplanung.

Der Einsatz der Qualitätstechniken wird in erster Linie
zur Erfüllung der Kundenanforderungen und damit zur
Herstellung einwandfreier und bedarfsgerechter Produkte betrieben. Die *Erhöhung der Kundenzufriedenheit*
durch die Anwendung der Methoden ist damit eines ihrer
wesentlichen Ziele. Besonders die QFD, die durch die
Berücksichtigung der Kundenanforderungen im House of

• Verbesserte Transparenz und Dokumentation erhöhen die Qualität der Daten

• Ausschuß und Nacharbeit werden stark reduziert

• Die QFD verringert die Kundenreklamationen um 43 %

• Qualitätstechniken helfen die Kundenzufriedenheit zu steigern

	QFD	FMEA	SPR	DoE
Ausschuß	-29 % (7)	-14 % (18)	-16 % (12)	-20 % (2)
Nacharbeit	-22 % (10)	-16 % (19)	-17 % (11)	-20 % (2)
Anz. Änderungen	-31 % (10)	-21 % (17)	-4 % (9)	-25 % (4)
Kd.reklamationen	-29 % (8)	-11 % (14)	-4 % (10)	-12 % (3)

Bild 3.12: Qualitätsverbesserungen durch Qualitätstechniken

Quality einen direkten Bezug zum Kunden herstellt, ist von 89 % ihrer Anwender als sehr geeignet eingestuft worden, die Kundenzufriedenheit zu erhöhen. Die FMEA trägt nach Meinung von 79 % der Anwender zur Erhöhung der Kundenzufriedenheit bei. Von den Anwendern der SPR stimmen 61 % und von den Anwendern der Versuchsplanung 64 % der Erhöhung der Kundenzufriedenheit durch den Einsatz der Methoden zu.

3.3.3   Kostensenkungen durch Qualitätstechniken

Die Unternehmen wurden um ihre Einschätzung gebeten, wie gut die Möglichkeiten sind, durch den Einsatz von Qualitätstechniken bestimmte Kostenarten zu senken. Im einzelnen wurde nach den Fehlerkosten, den Materialkosten, den Personalkosten und den Anlaufkosten für Neuproduktionen gefragt. Dabei sollten sich die Angaben jeweils auf die von den Unternehmen durchgeführten Projekte mit den einzelnen Qualitätstechniken beziehen.

Zusammenfassend kann gesagt werden, daß alle abgefragten Kostenarten durch den Einsatz der Qualitätstechniken reduziert wurden. Die Personalkosten konnten zwar nur sehr wenig gesenkt werden, die Fehlerkosten und auch die Anlaufkosten wurden jedoch stark beeinflußt.

Aufgrund der vorliegenden Ergebnisse kann der QFD das größte Potential zur Kostensenkung eingeräumt werden. Die FMEA und die SPR haben insbesondere einen Einfluß auf die Höhe der Fehlerkosten, was aus der Zielsetzung der Methoden bereits direkt hervorgeht.

Für die oben genannten Kostenarten wurden auch die prozentualen Veränderungen ausgewertet. Eine Übersicht über die Mittelwerte der Einschätzungen und die jeweilige Anzahl der Nennungen zeigt Bild 3.13.

• Qualitätstechniken führen zu Kostensenkungen

• Die QFD hat das größte Kostensenkungspotential

	QFD	FMEA	SPR	DoE
Fehlerkosten	46 % (7)	21 % (19)	26 % (16)	22 % (2)
Materialkosten	37 % (5)	10 % (11)	11 % (16)	
Personalkosten	23 % (3)	3 % (6)	7 % (9)	15 % (1)
Anlaufkosten	45 % (7)	22 % (15)	22 % (2)	30 % (1)

Bild 3.13: Kostensenkungspotentiale der Qualitätstechniken

3.3.4 Zeiteinsparungen durch Qualitätstechniken

Da fast alle untersuchten Methoden in den Phasen der Entwicklung und Konstruktion eingesetzt werden, soll die Entwicklungszeit näher betrachtet werden.

Von der Anwendern der QFD äußerten sich 73% zustimmend zu einer *Einsparung bei der Entwicklungszeit,* wobei die erreichten Werte zwischen 10% und 80% liegen. Von den Anwendern der Versuchsplanung und der FMEA äußerten sich zwar nur 45% zustimmend, die erreichte Zeitersparnis wird aber mit bis zu 30% angegeben. Die SPR kann aufgrund ihres Einsatzgebietes in der laufenden Fertigung nicht mehr zu einer Zeiteinsparung in der Entwicklung beitragen.

Im Hinblick auf immer schneller werdende Entwicklungszyklen leisten die Qualitätstechniken somit einen wichtigen Beitrag, die Wettbewerbsfähigkeit der Unternehmen zu erhalten.

• Entwicklungszeiten werden durch Qualitätstechniken verringert

3.3.5 Einfluß der Qualitätstechniken auf Humanfaktoren

Die *Zusammenarbeit unterschiedlicher Fachabteilungen* im Unternehmen wird durch die FMEA und die QFD sehr stark unterstützt. Dies äußerten 85% der FMEA-Anwender und 78% der QFD-Anwender. Zurückzuführen ist der hohe Grad der Zustimmung auf die jeweiligen Vorgehensweisen, da die Arbeit in interdisziplinären Gruppen ein wesentlicher Bestandteil der beiden Methoden ist. Die Versuchsplanung halten 44% ihrer Anwender als sehr förderlich für die interdisziplinäre Zusammenarbeit, die SPR nur 29% ihrer Anwender. Letzteres läßt sich damit begründen, daß die SPR keinen speziellen Teamcharakter aufweist.

Die *Motivation der Mitarbeiter* kann durch den Einsatz der Qualitätstechniken gesteigert werden. Von den FMEA-Anwendern bestätigten dies 91%, von den QFD-Anwendern 88%, von den Anwendern der Methoden der Versuchsplanung 84% und von den SPR-Anwendern 78%. Der besonders hohe Grad der Zustimmung bei der FMEA und der QFD läßt den Schluß zu, daß sich die gesteigerte interdisziplinäre Zusammenarbeit positiv auf die Motivation der Mitarbeiter auswirkt.

• Durch interdisziplinäre Zusammenarbeit wird die Motivation der Mitarbeiter gefördert

3.4   Handlungsempfehlungen

Der Einsatz der Qualitätstechniken setzt neben der Schulung des durchführenden Personals eine gezielte Auswahl der geeigneten Methoden voraus. In vielen Fällen kann es sinnvoll sein, nicht nur eine der hier behandelten Methoden zu verwenden, sondern durch die Kombination mehrerer Qualitätstechniken Synergieeffekte zu nutzen und die gewonnenen Informationen als Eingangsgrößen für eine weitere Qualitätstechnik zu verwenden.

3.4.1   Methodenauswahl

• Für die einzelnen Qualitätstechniken gibt es typische Anwendungsgebiete

Abhängig von der Aufgabenstellung im Unternehmen ergeben sich verschiedene Anwendungsgebiete für Qualitätstechniken. Obwohl die einzelnen Techniken für ganz spezifische Aufgabenstellungen entwickelt wurden, gibt es vielfache Überschneidungen in den Einsatzmöglichkeiten. Bild 3.14 zeigt eine Aufstellung von typischen Problemfeldern und die Unterstützung durch die jeweilige Qualitätstechnik.

○ = schwach unterstützt ● = stark unterstützt	QFD	FMEA	SPR	DoE	Q7	M7
Kundenanforderungen systematisch umsetzen	●	○				○
mögliche Fehler im Vorfeld untersuchen		●				○
Risiken der Produkte und Prozesse beurteilen		●				
Prozesse laufend überwachen und verbessern			●	○	○	
robuste Prozesse gestalten, Haupteinflußgrößen finden	○		○	●	○	
strukturiertes Vorgehen zum Erkennen und Beseitigen von Fehlern		●	○	●	●	●
Unterstützung bei Planungsprozessen	●	●			○	●
Visualisierung und Dokumentation	●	○	●		●	●

Bild 3.14: Anwendung der Qualitätstechniken

3.4.2 Kombinierte Anwendung der Qualitäts-techniken

Der gesamte Produktentstehungsprozeß kann durch die Anwendung von Qualitätstechniken unterstützt werden. Eine sinnvolle Kombination der Methoden ist in Bild 3.15 dargestellt.

Durch den kombinierten Einsatz der Qualitätstechniken ist es möglich, die einzelnen Wirkungsweisen gegenseitig zu unterstützen und *Synergieeffekte* zu nutzen. Die Sieben Management-Werkzeuge können beispielsweise dazu verwendet werden, Kundenanforderungen zu strukturieren und erste Lösungsansätze zu entwickeln. Die Darstellung in dem Matrix-Diagramm der M7 kann dann jedoch zum House of Quality erweitert werden, woran sich die Durchführung der QFD anschließen läßt. Der auf die Erfüllung der Kundenwünsche ausgerichtete Entwurf wird dann durch die Anwendung der FMEA auf mögliche Risiken hin untersucht und weiter verbessert. Durch die Anwendung dieser drei Methoden ist bereits nach Abschluß der Konstruktionsphase eine weitgehende Optimierung des Produktes und eine Ausrichtung auf die Kundenwünsche erfolgt. Für die Optimierung der Fertigung wird dann zunächst die statistische Versuchsplanung eingesetzt, die die wesentlichen Einflußgrößen für die robuste Gestaltung der Prozesse bestimmt und auf einem optimalen Niveau einstellt. Wenn die Prozesse beherrscht und fähig sind, kann mit Hilfe der statistischen Prozeßregelung eine laufende Kontrolle des Prozesses erreicht und

• Der kombinierte Einsatz nutzt Synergieeffekte

• QFD und M7 ergänzen sich sehr gut

• Durch die Q7 wird die ständige Verbesserung unterstützt

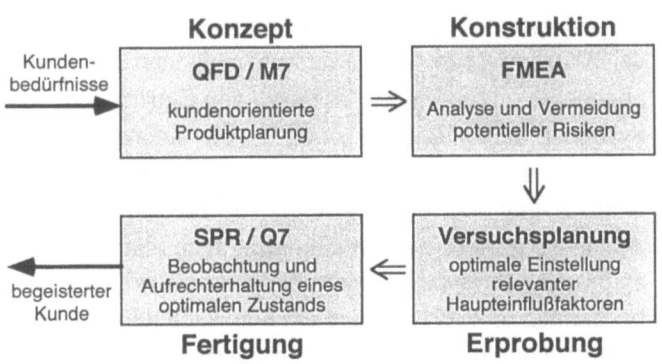

Bild 3.15: Verkettung des Einsatzes von Qualitätstechniken

durch den Einsatz der Q7 eine ständige Verbesserung unterstützt werden.

3.4.3   Kennzahlen zur Steuerung von Qualitätstechniken

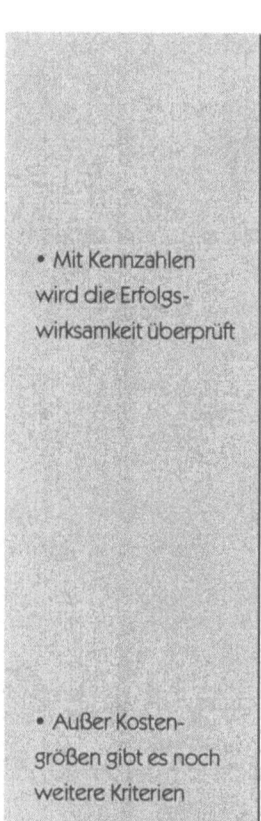

• Mit Kennzahlen wird die Erfolgswirksamkeit überprüft

Das Qualitätscontrolling benötigt für seine Aufgaben – Planung, Realisierung und Kontrolle – entsprechende Instrumente, die zur Unterstützung eingesetzt werden können. *Kennzahlen* dienen dabei der Planung und der Lenkung des Einsatzes von Qualitätstechniken und der Überprüfung ihrer Erfolgswirksamkeit. Für die Überprüfung der Erfolgswirksamkeit müssen neben klassischen Kostenkennzahlen auch nichtfinanzielle Kennzahlen berücksichtigt werden, damit die zahlreichen Wechselwirkungen ihres Einsatzes besser abgebildet werden können. Die zur Steuerung verwendeten Kennzahlen müssen also alle vier Wirkungsgruppen der Qualitätstechniken erfassen können, um eine ausgewogene Beurteilung zu gewährleisten.

• Außer Kostengrößen gibt es noch weitere Kriterien

Einzelne Methoden stellen bereits in ihrer Vorgehensweise Kennzahlen bereit. So ist die Verbesserung der RPZ in der FMEA eine Möglichkeit, die Erfolgswirksamkeit der getroffenen Maßnahmen zu überprüfen. Mit Hilfe der bei der SPR verwendeten Prozeßfähigkeitsindizes kann die Qualitätsfähigkeit der einzelnen Prozesse des Unternehmens überwacht werden. Die erreichten Bewertungen des Wettbewerbervergleiches im Rahmen der QFD, geben deutliche Hinweise auf entsprechenden Handlungsbedarf.

Die für einen Untersuchungsbereich zusammengestellten Kennzahlen sollten regelmäßig in Qualitätsberichten dargestellt werden. Eine wirtschaftliche Generierung von Qualitätsberichten für die unterschiedlichen Hierarchieebenen im Unternehmen ist durch den Einsatz von EDV-Systemen heute bereits möglich. Die Kennzahlen, die nicht durch die Systeme – z. B. aus der Betrieblichen Datenerfassung oder den verwendeten PPS-Systemen – zur Verfügung gestellt werden können, sollten regelmäßig mit anderen Methoden im Unternehmen erfaßt werden. Hierbei handelt es sich vor allem um Kennzahlen für die Humanfaktoren, die z. B. durch Mitarbeiterbefragungen ermittelt werden können.

Literatur

[BAU 91] Bauer, E.: Toleranzfähigkeit - Praxisgerechte Erweiterung der klassischen SPC-Lehre, in: Qualität und Zuverlässigkeit (QZ), 36. (1991) 6, S. 340-342

[BHO 88] Bhote, K. R.: World Class Quality, New York, 1988

[BLÄ 89] Bläsing, J. P.: Quality Function Deployment, Qualitätsplanung mit der QFD-Technik, in: Kontrolle, (1989) 6, S. 7-9

[BOX 78] Box, G.E.P.; Hunter, J.S.; Hunter, W.G.: Statistics of Experiments, New York, 1978

[BRA 89] Brassard, M.: The Memory Jogger, A Pocket Guide of Tools for Continous Improvement, Methuen, Mass., 1989

[BRU 92] Brunner, F. J.: Produktplanung mit Quality Function Deployment - QFD, in: io Managementzeitschrift, 61. (1992) 6, S. 42-46

[DGQ 90] DGQ - Deutsche Gesellschaft für Qualität (Hrsg.)/Bernecker, K.: DGQ-Schrift 16-33: SPC 3, Anleitung zur statistischen Prozeßlenkung (SPC), Berlin: 1990

[DGQ 92] DGQ - Deutsche Gesellschaft für Qualität (Hrsg.): DGQ-Schrift: 16-32: SPC 2, Qualitätsregelkartentechnik, Berlin: 1992, 4. Auflage

[FIS 66] Fisher, R.A.: The Design of Experiments, 8. Auflage, Edinburgh, 1966

[FRA 87] Franke, W. D.: FMEA, Fehlermöglichkeits- und -einflußanalyse in der industriellen Praxis, Landsberg/Lech: 1987

[GOG 94a] Gogoll, A.: Management-Werkzeuge der Qualität, in: Kamiske, G.-F. (Hrsg.): Die Hohe Schule des Total Quality Management, Berlin; Heidelberg: 1994, S. 370-383

[GOG 94b] Gogoll, A.; Theden, Ph.: Techniken des Quality Engineering, in: Kamiske, G.F. (Hrsg.): Die Hohe Schule des Total Quality Management, Berlin; Heidelberg: 1994, S. 329-369

[HAU 88] Hauser, J.R.; Clausing, D.: Wenn die Stimme des Kunden bis in die Produktion vordringen soll, in: HARVARD manager, 10. (1988) 4, S. 57-70

[HER 90] Herrmann, J.: Betriebserfahrungen mit der DOE nach Shainin, in: Kamiske, G.F. (Hrsg.): Die Hohe Schule der Qualitätstechnik (Tagungsband), Berlin: 1990, S. 163-195

[ISH 85] Ishikawa, K.: What is Total Quality Control?, Englewood Cliffs, N.J.: 1985

[KAM 94] Kamiske, G.F.; Malorny, Chr. et al.: Qualifizierung, Auditierung und Zertifizierung im Meinungsspektrum zertifizierter Unternehmen, in: Riekhof, H.-Chr. (Hrsg.): Praxis der Strategieentwicklung, 2.Auflage, Stuttgart: 1994, S. 357-385

[KAM 95] Kamiske, G.F.; Brauer, J.-P.: Qualitätsmanagement von A - Z,

Erläuterungen moderner Begriffe des Qualitätsmanagements, 2. Auflage, München; Wien: 1995

[KER 90]   Kersten, G.: FMEA - eine wirksame Methode zur präventiven Qualitätssicherung, in: VDI-Z, 132. (1990) Nr. 10, S. 201-207

[KLA 88]   Klatte, H.; Sondermann, J. P.: Qualitätsplanung von Prozessen, Einsatz der Fehler-Möglichkeits- und Einfluß-Analyse, in: Qualität und Zuverlässigkeit (QZ), 33. (1988) 4, S. 190-194

[MAL 91]   Malorny, Chr.; Krämer, F.: SPC - auch für Kleinbetriebe?, Praktische Erfahrungen bei der Einführung in einem Zulieferbetrieb der Automobilbranche, in: Qualität und Zuverlässigkeit (QZ), 36. (1991) 9, S. 540-545

[MIT 90]   Mittmann, B.: Qualitätsplanung mit den Methoden von Shainin, in: Qualität und Zuverlässigkeit (QZ), 35. (1990) 4, S. 209-211

[NAY 86]   Nayatani, Y. et al.: Seven Management Tools for QC, in: JUSE Press Ltd., Reports of Statistical Application Research, Vol. 33, (1986) 2, S. 1-6

[OZE 90]   Ozeki, K.; Asaka, T.: Handbook of Quality Tools, The Japanese Approach, Cambridge, Mass.: 1990

[PFO 90]   Pfohl, H.-Chr.; Kellerwessel, P.: Abgrenzung der Klein- und Mittelbetriebe von Großbetrieben, in: Pfohl, H.-Chr. (Hrsg.): Betriebswirtschaftslehre der Mittel- und Kleinbetriebe, 2. Auflage, Berlin: 1990

[QUE 94]   Quentin, H.: Versuchsmethoden im Qualitäts-Engineering, Braunschweig; Wiesbaden: 1994

[SCHI 92] Schildknecht, R.: Total Quality Management, Konzeption und State of the Art, Frankfurt/Main; New York: 1992

[SCHU 92] Schuler, W.: Überblick gefragt, Methoden und Tools zur Sicherung der Qualität: Beispiele zum Aufbau von QS-Landkarten, in: Qualität und Zuverlässigkeit (QZ), 37. (1992) 7, S. 404-408

[SCHU 90] Schumann, M.; Mertens, P.: Nutzeffekte von CIM-Komponenten und Integrationskonzepten, Teil 1, in: CIM Management, (1990) 3, S. 45-51

[SHE 31]   Shewart, W.A: The Economic Control of Quality of Manufactured Product, New York: 1931

[SPE 91]   Specht, G.; Schmelzer, H.J.: Qualitätsmanagement in der Produktentwicklung, Stuttgart: 1991

[STO 89]   Stockinger, K.: FMEA - ein Erfahrungsbericht, in: Qualität und Zuverlässigkeit (QZ), 34. (1989) 3, S. 155-158

[SUL 86]   Sullivan, L.P.: Quality Function Deployment, A System to assure that customer needs drive the product design and production process, in: Quality Progress (QP), 1986 June, S. 39-50

[TAG 81]   Taguchi, G.: On-Line Quality Control during Production, Tokyo: 1981

[TAG 86]   Taguchi, G.: Introduction to Quality Engineering, Tokyo: 1986

[VDA 86]   VDA - Verband der Automobilindustrie (Hrsg.): Qualitätskontrolle in der Automobilindustrie, Band 4 - Sicherung der Qualität vor Serieneinsatz, Frankfurt/Main: 1986

[WIL 93] Wildemann, H.: Unternehmensqualität, Einführung einer kontinuierlichen Qualitätsverbesserung, München: 1993

4 Gestaltung der Produktqualität aus Kundensicht

FRIEDHELM W. BLIEMEL UND STEFAN FILLIP

Dauerhaften Erfolg muß ein Unternehmen kontinuierlich am Markt erarbeiten. Zwei der Faktoren, denen ein Unternehmen hierbei besondere Aufmerksamkeit widmen sollte, sind der Kunde und die Produktqualität.

Schwerpunktmäßig kann ein Unternehmen seine Kundenstrategie offensiv oder defensiv gestalten. Die offensive Strategie zielt auf die Gewinnung von Neukunden ab, die defensive Strategie auf die Bindung bereits vorhandener Kunden an das Unternehmen (Bild 4.1). In beiden Strategien spielt die Produktqualität eine wichtige Rolle.

In Konsum- und Investitionsgüterbranchen mit bereits gesättigten Märkten, die keinen Raum für eine Erweiterung des Marktes lassen, müssen Unternehmen, die Wachstum wollen, schwerpunktmäßig eine offensive Kundenstrategie verfolgen. Dies bedeutet einen Verdrängungswettbewerb. Um in diesem Verdrängungswettbewerb nicht be-

* Offensive Kundenstrategie zur Gewinnung von Neukunden

* Defensive Kundenstrategie zur Kundenbindung

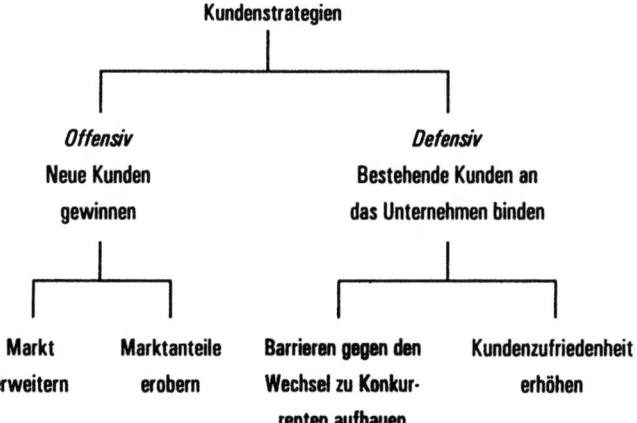

Bild 4.1: Kundenstrategien

• Offensive und
defensive
Kundenstrategie
gleichzeitig

• Wechselbarrieren
und Zufriedenstellung
als Mittel zur
Kundenbindung

• Kunde entscheidet
über den Wert der
Produktqualität

• Produktqualität an
sich und Wirkungen
der Produktqualität
beim Kunden

reits vorhandene Kunden an Konkurrenten zu verlieren, müssen Unternehmen gleichzeitig eine wirksame defensive Strategie der Kundenbindung verfolgen. Zur Kundenbindung können sie entweder Barrieren gegen den Wechsel ihrer Kunden zu Konkurrenten aufbauen oder aber die Zufriedenheit ihrer Kunden erhöhen.

Der Aufbau von Wechselbarrieren kann auch nachteilig sein. Er kann bewirken, daß potentielle Neukunden abgeschreckt werden, sofern sie die Barrieren vor dem Kauf erkennen und andere Unternehmen ohne derartige Barrieren den Kunden mehr zukünftige Flexibilität bieten. Gegenüber der Bindung durch Barrieren bietet die Strategie, Kunden durch eine vorteilhafte Produktqualität zufriedenzustellen, auch dem Hersteller viele Vorteile ([Kot95], S. 27). Zufriedenstellung wird in der Regel durch Qualitätsverbesserungen oder Qualitätsdifferenzierungen angestrebt, um genauer auf die Kundenwünsche einzugehen.

Wie kann ein Unternehmen die Produktqualität so gestalten, daß es seine bestehenden Kunden zufriedenstellt und neue Kunden gewinnt?

Diese Frage wurde in der Diskussion zur Theorie und Praxis des Qualitätsmanagements bisher nur am Rande behandelt. Es wurde unterstellt, daß eine Antwort vorliegt. Während die Diskussion bisher von technischen und organisatorischen Aspekten dominiert wurde, muß als Ausgangspunkt zur Beantwortung dieser Frage der Kunde in den Mittelpunkt gestellt werden. Denn er entscheidet letztendlich über den Wert der Produktqualität.

Ein Ansatz zur Beantwortung der Frage wird in den nachfolgenden Abschnitten vorgestellt. Dieser Ansatz bringt Erkenntnisse aus der Marketing-Wissenschaft und -Praxis in das Qualitätsmanagement. Daneben soll er für eine begriffliche Ordnung sorgen, denn der Begriff Qualität wird oft mit Qualitätswirkungen verschiedener Art durcheinander geworfen. Dies führt zu einer Verwirrung, die wir beseitigen wollen.

Wesentlich für die begriffliche Ordnung ist eine Unterscheidung zwischen der Produktqualität an sich und den Wirkungen der Produktqualität beim Kunden.

Die Produktqualität an sich definieren wir hier – im Vorgriff auf Begründungen und Erläuterungen in Abschnitt

4.1.1 – als Produktbeschaffenheit. Der Begriff Produkt wird hier im weitesten Sinne verstanden. Er umfaßt alles, was einer Person zur Befriedigung eines Bedürfnisses oder Wunsches angeboten werden kann. Ein Produkt kann also Sachleistungen, Dienstleistungen, Personen, Orte, Organisationen und Ideen beinhalten ([Kot95], S. 8 f.).

Meßbare Wirkungen der Produktqualität (Qualitätswirkungen) beim Kunden sind seine Einstellung zu dem Produkt, seine Präferenz für das Produkt und seine Zufriedenheit mit dem Produkt. Eine begriffliche Abgrenzung dieser Konstrukte erfolgt in Abschnitt 4.2. Die Methoden zur Operationalisierung der Konstrukte werden in Abschnitt 4.3 beschrieben.

- Einstellung, Präferenz und Zufriedenheit des Kunden als meßbare Qualitätswirkungen

Gemessene Qualitätswirkungen ermöglichen durch eine Feedback-Schleife über Steuerungsgrößen die Gestaltung der Produktqualität aus Kundensicht (Bild 4.2). Die Steuerungsgrößen werden in Abschnitt 4.1.2 vorgestellt.

- Qualitätswirkungen zur Gestaltung und Steuerung der Produktqualität

Im Modell des Qualitätscontrollings, das diesem Buch zugrunde liegt, gehört die Messung der Qualitätswirkungen zur nicht-finanziellen Kontrolle (Bild 4.3). Die Meßergebnisse wirken zielgebend über die Steuerungsgrößen in die Planung und Realisierung hinein. Von der richtigen Messung der Qualitätswirkungen und Anwendung der Steuerungsgrößen hängen letztendlich auch die finanziellen Resultate des Unternehmens ab.

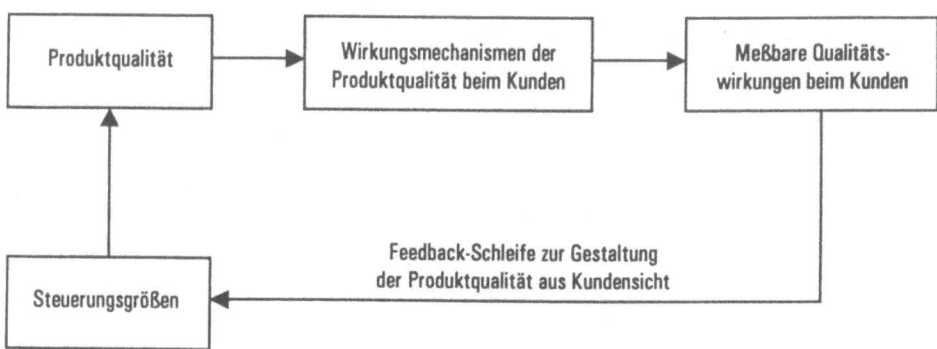

Bild 4.2: Ansatz zur Gestaltung der Produktqualität aus Kundensicht

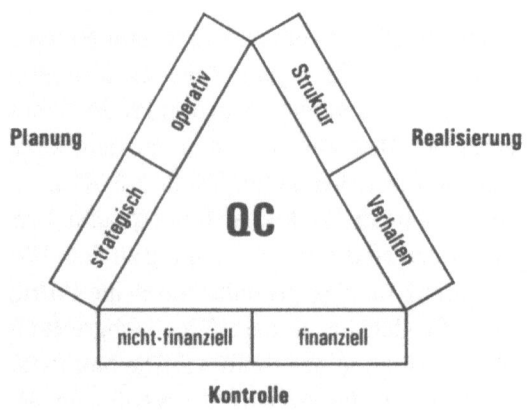

Bild 4.3: Modell des Qualitätscontrollings

4.1   Grundlagen und Abgrenzungen

- Ganzheitliche
Qualitätsdiskussion

Eine ganzheitlich auf Resultate und Teilprozesse des Qua-
litätsmangements bezogene Diskussion schließt folgende
Gegenstandsbereiche ein ([Sch92], S. 110): Qualität der
Produkte, Qualität der Prozesse, Qualität der Ar-
beit(sbedingungen) und Qualität der Außenbeziehungen.
Die Gegenstandsbereiche der Qualitätsdiskussion können aus der Herstellersicht oder der Kundensicht behandelt werden. Kunden werden im Qualitätsmanagement in

- Einteilung in externe
und interne Kunden

drei Gruppen unterteilt ([Sch92], S. 99 ff.): Externe Kunden im engeren Sinne (Käufer), sonstige externe Kunden
(z. B. Öffentlichkeit, Lieferanten, Banken) und interne
Kunden innerhalb des Unternehmens (Personen und Un-
ternehmensteile, die im arbeitsteiligen Prozeß ablauf-
mäßig nachgeordnet sind). Von den externen Kunden im
engeren Sinne und ihrer Nachfrage nach Produkten lebt
das Unternehmen. Die Wirkungen der Produktqualität bei
ihnen müssen bei der Zielsetzung des Unternehmens hinsichtlich der Produktqualität berücksichtigt werden. Deshalb konzentrieren wir uns in den weiteren Ausführungen
ausschließlich auf die Qualität der Produkte aus der Sicht

- Fokussierung auf
Produktqualität aus
Sicht der externen
Kunden i.e.S.

der externen Kunden im engeren Sinne. Anstelle des Begriffes externe Kunden im engeren Sinne wird zur besseren Lesbarkeit in den weiteren Ausführungen der Begriff
Kunde benutzt.

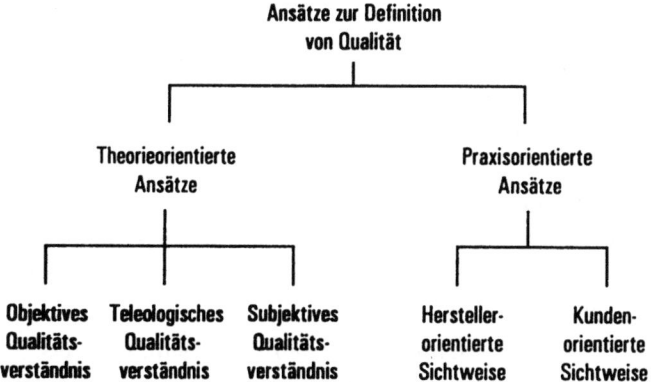

Bild 4.4: Ansätze zur Definition von Qualität

4.1.1 Produktqualität

In der Theorie und Praxis findet der Begriff Qualität keine einheitliche Verwendung. Es existiert eine Vielzahl verschiedener Ansätze zur Definition von Qualität, die wie in Bild 4.4 dargestellt gruppiert werden können.

• Vielfalt der Qualitätsdefinitionen

Nur wenige Autoren berücksichtigen bei ihrer Qualitätsdefinition fundierte Erkenntnisse aus der Marketing-Theorie – insbesondere der Forschung zum Kundenverhalten. Sie betonen zwar die große Bedeutung des Kunden und dessen Wahrnehmung von Qualität, setzen sich jedoch nicht detailliert mit dem Kundenverhalten auseinander. Dies hat zur Folge, daß häufig grobe Vereinfachungen durchgeführt werden und der Qualitätsbegriff mit Aspekten der Qualitätswirkung beim Kunden überlagert wird. Eine kritische Betrachtung der Definitionsansätze zeigt folgendes:

Die praxisorientierten Definitionsansätze sind von einer überwiegend ingenieurwissenschaftlichen Grundhaltung ihrer Autoren geprägt ([Sch92], S. 27). Sie sind auf konkrete Problemstellungen der industriellen Praxis ausgerichtet und nicht generalisierbar ([Dög86], S. 73 ff.). So kann beispielsweise die Definition von Qualität als "fitness for use" ([Jur74], S. 2) zwar auf Gebrauchsgüter angewandt werden, aber nicht auf die Qualität von Dienstleistungen. Diese inhaltliche Einengung der praxisorientierten Definitionsansätze auf spezifische Problemstellungen hat – über die Breite der Ansätze betrachtet – eine

• Praxisorientierte Definitionsansätze nicht generalisierbar

unüberschaubar große Anzahl von Qualitätsdefinitionen
zur Folge ([Dög86], S. 78). Zudem wird die Begriffsdis-
kussion im Rahmen der praxisorientierten Definitionsansätze oftmals relativ oberflächlich geführt ([Hen92],
S. 34), mit dem Ergebnis, daß zwischen der Definition von
Qualität und deren Operationalisierung nicht unterschieden wird ([Smi93], S. 237). D.h., hier werden oft spezielle
Operationalisierungen als allgemeingültige Definitionen
angeboten.

Die theorieorientierten Ansätze zur Definition des Begriffes Qualität differieren zwar ebenfalls inhaltlich, doch
in einigen Punkten herrscht Übereinstimmung:

- Der Begriff Qualität wird zur Charakterisierung eines
  Objektes benutzt,
- Qualität ist eine an ein Bezugsobjekt gebundene Größe
  und immer vorhanden,
- es gibt kein Objekt ohne Qualität,
- der Begriff Qualität ist an sich neutral, auch wenn im
  umgangssprachlichen Gebrauch Qualität oft mit Güte
  gleichgesetzt wird (Nach unserer Auffassung beinhaltet
  Güte bereits eine Bewertung und stellt somit eine Qualitätswirkung dar).

- Qualität nicht
gleichbedeutend mit
Güte

Herrscht über die oben angeführten Punkte Einigkeit, so
wird um so heftiger über die Frage diskutiert, ob Qualität
eine subjektive oder eine objektive Größe ist. Diese Diskussion findet in der Literatur ihren Ausdruck in der Unterscheidung zwischen dem Begriff der objektiven Qualität, dem Begriff der subjektiven Qualität und dem Begriff
der teleologischen Qualität. Nach unserer Auffassung
stellen die subjektive Qualität und die teleologische Qualität Wirkungen der objektiven Qualität dar.

- Subjektive und
teleologische Qualität
sind Wirkungen der
objektiven Qualität

Unter objektiver Qualität wird die Beschaffenheit eines
Objektes, d. h. die Gesamtheit seiner Merkmale und der
jeweilige Grad ihrer Ausprägung, verstanden ([Lin77], S.
6). Objektiv ist als intersubjektiv nachprüfbar zu definieren, wenn es um die Meßmethodik geht.

- Objektive Qualität =
Beschaffenheit

Der Begriff der subjektiven Qualität basiert auf der Annahme, daß Objekte in erster Linie aufgrund ihrer Fähigkeit zur Bedürfnisbefriedigung nachgefragt werden.

Dementsprechend wird unter subjektiver Qualität das Maß verstanden, in dem ein Objekt die Bedürfnisse eines Individuums aus dessen individueller Sicht befriedigt ([Rie75], S. 61 ff.). Hier liegt also eine Qualitätswirkung zugrunde.

• Subjektive Qualität = Maß der subjektiven Bedürfnisbefriedigung

Der teleologische Qualitätsbegriff verknüpft die objektive mit der subjektiven Qualitätsauffassung ([Sch92], S. 25). Qualität wird im Rahmen dieser Qualitätsauffassung als „Eignung für bestimmte Zwecke" ([Kaw69], S. 50) definiert. Es wird versucht, den individuellen Verwendungszweck als Ziel meßbar zu machen. Dann wird die Beschaffenheit und Wirkungsmöglichkeit des Objektes gegenübergestellt, und daraus eine Aussage über die Qualität des Objektes abgeleitet. Auch hier werden Wirkungsmechanismen und Qualitätswirkungen einbezogen.

• Teleologische Qualität = Zweckeignung

Auf der Grundlage der oben getroffenen Unterscheidung zwischen Qualität an sich und Qualitätswirkungen definieren wir Qualität im Sinne der objektiven Qualität als Beschaffenheit. Die Gründe für die Festlegung dieser Definition sind:

• Qualität ist Beschaffenheit

1. Es muß zwischen der Qualität und der Wahrnehmung von Qualität – im Sinne einer Qualitätswirkung – unterschieden werden. Der subjektive Qualitätsbegriff wird nicht abgelehnt, sondern als Qualitätswirkung betrachtet und besser als wahrgenommene Qualität bezeichnet. Denn bei dem mit der subjektiven Qualitätsauffassung verbundenen Sachverhalt handelt es sich um die Wahrnehmung von Qualität und nicht um die Qualität selbst.

2. Der teleologische Qualitätsbegriff ist für die vorliegende Arbeit unzweckmäßig, weil er ebenfalls Qualitätswirkungen in den Vordergrund stellt. Bei dem teleologischen Qualitätsverständnis wird z. B. nicht zwischen Qualität und Nutzen als Wirkung der Qualität unterschieden.

3. Die Definition von Qualität als Beschaffenheit stimmt mit der ursprünglichen Bedeutung des Begriffes Qualität überein. Der Begriff Qualität stammt vom lateinischen „qualitas" ab und bedeutet Beschaffenheit ([Kaw69], S. 48; [Dög86], S. 73). Indem sich die objektive Qualitätsdefinition auf den wesentlichen Bedeu-

tungsgehalt von Qualität beschränkt, läßt sie alle Möglichkeiten der Operationalisierung offen – vor allem auch im Hinblick auf Qualitätswirkungen, die dann aber als solche erkannt und bezeichnet werden müssen.

4. Die Definition von Qualität als Beschaffenheit ist geeignet, um ein ganzheitliches und stimmiges Modell der Qualitätsbewertung zu entwickeln. Sie kann in den Methoden der Qualitätssicherung (FMEA, DoE, etc.) direkt umgesetzt werden. Bei dieser Definition können Erkenntnisse und Methoden des Marketings mit denen des Qualitätsmanagements zusammengeführt werden. Hierzu sei angemerkt, daß die Methoden, die üblicherweise in der Literatur als Methoden zur Messung der Produktqualität aus Kundensicht aufgeführt werden, entweder direkt aus der Einstellungs-, Präferenz- oder Zufriedenheitsforschung stammen oder daraus abgeleitet sind.

• Produktqualität ist Produktbeschaffenheit

Entsprechend der Definition von Qualität als Beschaffenheit, wird Produktqualität als Produktbeschaffenheit definiert.

4.1.2 Steuerungsgrößen der Produktqualität

• Qualitätsmerkmale sind operative Steuerungsgrößen

Produktbeschaffenheit beinhaltet die Gesamtheit der Produktmerkmale, deren Ausprägungen und Zusammenspiel. Produktmerkmale können in diesem Sinne auch als Qualitätsmerkmale bezeichnet werden. Qualitätsmerkmale sind alle Merkmale eines Produktes mit Ausnahme von Preis und Menge. Qualitätsmerkmale können sowohl materieller (z. B. Zuckergehalt, Kalorien) als auch immaterieller (z. B. Kommunikation, Verhalten) Natur sein. Qualitätsmerkmale dienen als operative Steuerungsgrößen für Qualitätswirkungen. Welche Qualitätsmerkmale für den Kunden wirkungsmäßig relevant sind, muß in der Regel kunden- und produktspezifisch abgehandelt werden.

• Qualitätsdimensionen sind strategische Steuerungsgrößen

Mehrere einzelne Qualitätsmerkmale können zu Qualitätsdimensionen zusammengefaßt werden, die wir als strategische Steuerungsgrößen der Produktqualität verstehen.

Wir schlagen folgende vier strategische Steuerungsgrößen vor (Bild 4.5):

$$\text{Steuerungsgrößen} = \begin{pmatrix} S1 \\ S2 \\ S3 \\ S4 \end{pmatrix} \quad \begin{array}{l} S1 = \text{Ausstattung} \\ S2 = \text{Ausführung} \\ S3 = \text{Kontaktverhalten} \\ S4 = \text{Ideelle Komponenten} \end{array}$$

Bild 4.5: Ansätze zur Definition von Qualität

– Ausstattung („Was"): Produktausstattung (Kernprodukt, produktbegleitende Leistungen), Funktionsumfang,
– Ausführung („Wie"): Materialien, Funktion (Leistung, Sicherheit, Zuverlässigkeit), Design (Visuelle Gestaltung), Haltbarkeit,
– Kontaktverhalten: Beziehung des Unternehmens zu seinen Kunden, Verhalten des Kontaktpersonals (Kompetenz, Freundlichkeit, Vertrauenswürdigkeit, Betreuung),
– ideelle Komponenten: Markenname, Kommunikation (Werbung, PR).

Zur Qualitätszielsetzung sollte ein Unternehmen für jedes Produkt entscheiden, mit welcher Schwerpunktsetzung im Mix der Steuerungsgrößen es sich qualitätsmäßig profilieren will.

• Qualitätsmäßige Profilierung

Die Qualitätswirkung eines Produktes, die letztendlich für den Erfolg entscheidend ist, wird nicht nur durch die Summe der einzelnen Steuerungsgrößen determiniert, sondern auch durch deren Zusammenspiel. Das Zusammenspiel kann Wirkungssynergien positiver oder negativer Art erzeugen, d. h., das Ganze kann mehr oder weniger als die Summe aus Einzelwirkungen sein.

• Zusammenspiel der Steuerungsgrößen kann positive oder negative Wirkungssynergien erzeugen

4.2 Wirkungsmechanismen und Qualitätswirkungen der Produktqualität beim Kunden

Zur Ermittlung der Qualitätswirkungen beim Kunden muß der gesamte Prozeß vor, während und nach der Kaufentscheidung des Kunden betrachtet werden. Innerhalb der verschiedenen Phasen sind unterschiedliche Mechanismen wirksam. Es müssen die Einstellung des Kunden

• Qualitätswirkungen beim Kunden in Phasen

gegenüber dem Produkt, der Produktpreis, der Nutzen des Produktes für den Kunden, seine Präferenz sowie seine Zufriedenheit mit dem Produkt berücksichtigt werden. Vereinfachend wird hier der Kaufentscheidungsprozeß als aus drei Phasen bestehend betrachtet.

• 1. Phase: Einstellung als Qualitätswirkung

In der ersten Phase durchläuft ein Kunde Produktwahrnehmungs- und -beurteilungsprozesse. Er bewertet aus der Gesamtheit der auf dem Markt angebotenen Produkte der gewünschten Produktkategorie (total set) diejenigen Produkte, die ihm bekannt sind (awareness set) daraufhin, ob er sie in die engere Kaufentscheidung einbeziehen soll oder nicht ([Kot95], S. 310). Hierzu betrachtet er die Merkmale eines Produktes, beurteilt ihre Ausprägungshöhe und bewertet sie aus seiner individuellen Sicht. Er bildet sich eine Einstellung gegenüber dem Produkt bzw. greift auf eine bereits vorhandene Einstellung zurück. Unter Einstellung versteht man die „psychische Neigung von Individuen, hinsichtlich eines Objektes (Stimulus) konsistent mehr oder weniger positiv bzw. negativ zu reagieren" ([Ham94], S. 266). Die Produkte, denen der Kunde eine positive Einstellung entgegenbringt, wird er in die engere Wahl ziehen (evoked set), die Produkte, denen er negativ gegenüber eingestellt ist, nicht.

In der ersten Phase können also die Qualitätswirkungen durch die Messung der Einstellung des Kunden gegenüber dem Produkt ermittelt werden.

• 2. Phase: Präferenz als Qualitätswirkung

In der zweiten Phase des Kaufentscheidungsprozesses betrachtet der Kunde die Merkmale eines Produktes, beurteilt ihre Ausprägungshöhe und bewertet sie aus seiner individuellen Sicht. Dabei hat er bestimmte Vorstellungen über den Nutzen und die Nutzenkomponenten, die er sucht und durch das Produkt realisieren möchte. Er überprüft das Produkt daraufhin, ob es seine Nutzenvorstellungen erfüllen kann.

Gleichzeitig betrachtet er den Aufwand, der mit dem Kauf verbunden ist. Dabei handelt es sich nicht nur um monetäre Kosten, sondern auch um physischen, psychischen und zeitlichen Aufwand. Das Ergebnis dieses Nutzen-Aufwand-Vergleiches ist der Nettonutzen (Bild 4.6).

Im Normalfall wird der Kunde das Produkt vorziehen, das ihm den höchsten Nettonutzen bietet. Das Maß der

Produktnutzen

- Monetäre Kosten
- Kosten für physischen, psychischen und zeitlichen Aufwand

= Nettonutzen

Bild 4.6: Nettonutzen

Vorziehenswürdigkeit eines Produktes kann mit den Methoden der Präferenzmessung ermittelt werden.

In der zweiten Phase können also die Qualitätswirkungen durch die Messung der Präferenz des Kunden für ein Produkt ermittelt werden.

In der dritten Phase des Kaufentscheidungsprozesses – nach dem Kauf – stellt sich beim Kunden Zufriedenheit oder Unzufriedenheit mit dem gekauften Produkt ein. Die (Un-)Zufriedenheit kann als Ergebnis eines psychischen Soll-Ist-Vergleichs verstanden werden ([Kaa84, S. 452). Das Soll in diesem Vergleich ist der vom Kunden erwartete Nettonutzen des Produktes. Das Ist ist der erhaltene Nettonutzen. Der Kunde wird dann zufrieden sein, wenn das Produkt hinsichtlich des Nettonutzens seine Erwartungen erfüllt oder übertrifft.

In der dritten Phase können also die Qualitätswirkungen durch die Messung der Kundenzufriedenheit mit dem Produkt ermittelt werden.

• 3. Phase: (Un-) Zufriedenheit als Qualitätswirkung

4.3 Messung der Qualitätswirkungen beim Kunden

In den folgenden Abschnitten wird eine Übersicht über die Methoden der Einstellungsmessung, Präferenzmessung und Zufriedenheitsmessung gegeben. Die jeweils wichtigsten Methoden werden beschrieben.

4.3.1 Einstellungsmessung

Die Methoden der Einstellungsmessung sind in Bild 4.7 dargestellt. Es wird zwischen eindimensionalen und mehrdimensionalen Methoden der Einstellungsmessung unterschieden.

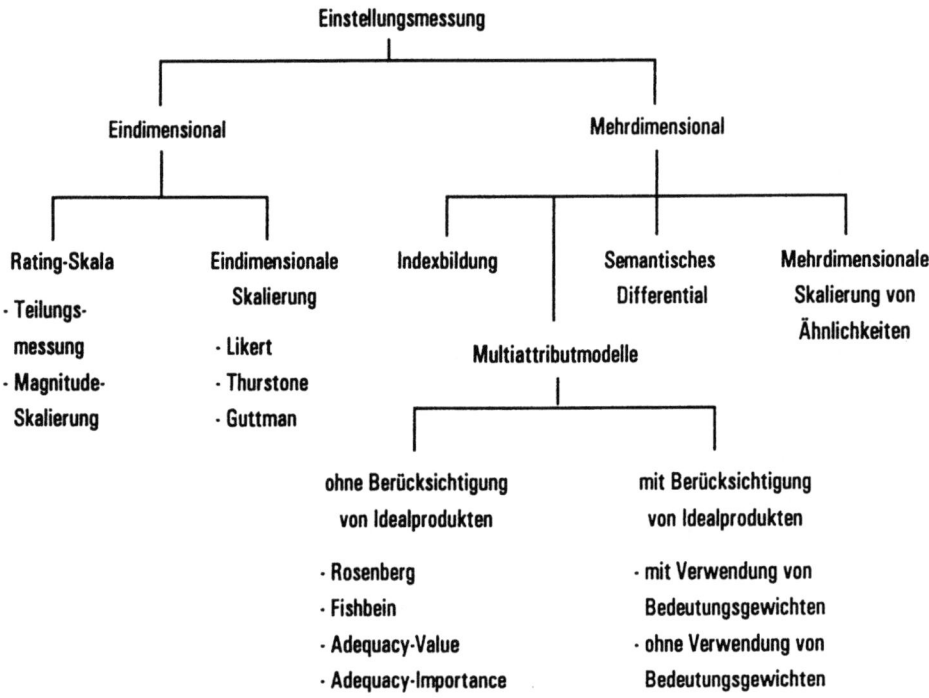

Bild 4.7: Methoden der Einstellungsmessung

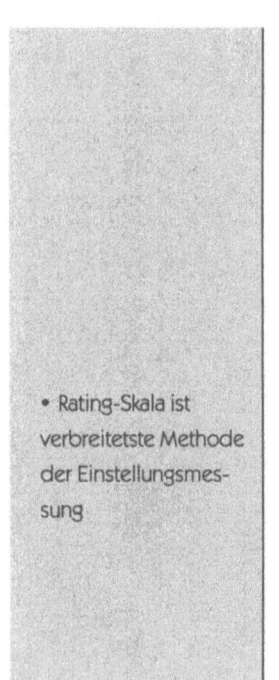

• Rating-Skala ist verbreitetste Methode der Einstellungsmessung

4.3.1.1 Eindimensionale Einstellungsmessung

Die eindimensionale Einstellungsmessung umfaßt die Rating-Skalen und die Verfahren der eindimensionalen Skalierung. Die Verfahren der eindimensionalen Skalierung geben Regeln vor, wie die ermittelten Itemwerte in Skalenwerte überführt werden. Bei Rating-Skalen wird dagegen davon ausgegangen, daß die Art und Weise, wie die ermittelten Itemwerte in Skalenwerte überführt werden, im Bewußtsein der Befragten vorhanden ist ([Nie94], S. 692 ff.).

RATING-SKALA

Die Rating-Skala ist die verbreitetste Methode zur Messung von Einstellungen ([Lab88, S. 94]). Die Befragten geben bei der Rating-Skala ihre Einstellungen bzw. Eindrükke in bezug auf die Ausprägung bestimmter Produktmerkmale auf einer Skala an.

Es existiert eine Vielzahl verschiedener Ratingskalen. Sie unterscheiden sich bezüglich der Anzahl der Antwortmöglichkeiten, der Bezeichnung der Antwortmöglichkeiten, der Benennung der Pole, sowie der graphischen Darstellung. Die klassische Form der Rating-Skala ist die Teilungsmessung, eine Variation ist die Magnitude-Skalierung.

In ihrer ursprünglichen Form handelt es sich bei der Teilungsmessung um eine Ordinalskala. Dieser wird unterstellt, daß sie ein Kontinuum von in gleichen Abständen aneinandergefügten numerischen Werten darstellt. In dieses Kontinuum trägt ein Befragter die von ihm wahrgenommene Merkmalsausprägung ein ([Nie94], S. 693). Häufig werden die einzelnen numerischen Werte der Skala durch verbale Umschreibungen der Intensitätsgrade ergänzt oder ersetzt. Bild 4.8 zeigt ein typisches Beispiel einer Rating-Skala.

Die Vorteile einer solchen Rating-Skala liegen in der Einfachheit der Konstruktion, Anwendung und Auswertung. Es bestehen jedoch auch einige grundlegende konzeptionelle Schwächen (siehe hierzu [Bor84], S. 126 ff.; [Kro92], S. 187; [Ham94], S. 274 f.).

Einige der Schwächen der Teilungsmessung können mit der Magnitude-Skalierung behoben werden. Bei der Magnitude-Skalierung müssen die Befragten die Größe ihrer Empfindungsintensität (Einstellung) gegenüber einem Produkt bzw. einem Item unmittelbar proportional in einem Antwort-Kontinuum lokalisieren. Dies kann in der Praxis beispielsweise mit Hilfe von Zahlen oder unterschiedlich langen Linien erfolgen, wobei die Größe der genannten Zahl bzw. die Länge der gezeichneten Linie ein Maß für die subjektive Empfindungsintensität ist ([Bor89], S. 163 ff.).

EINDIMENSIONALE SKALIERUNG
Zu den Verfahren der eindimensionalen Skalierung gehören die Verfahren nach Likert, Thurstone und Guttman.

(Marginalien rechts:)
- Teilungsmessung ist klassische Form der Rating-Skala

- Magnitude-Skalierung behebt Schwächen der Teilungsmessung

- Verfahren nach Likert am vorteilhaftesten

"Wie schätzen Sie die Qualität der Computermarke X ein?"

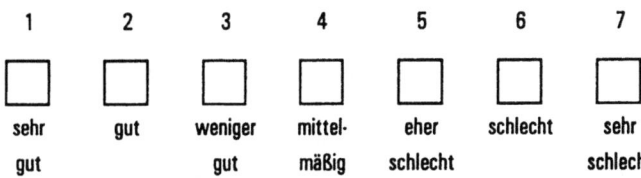

1	2	3	4	5	6	7
□	□	□	□	□	□	□
sehr gut	gut	weniger gut	mittel-mäßig	eher schlecht	schlecht	sehr schlecht

Bild 4.8: Beispiel einer Rating-Skala

Der Computer X ...	stimme völlig zu (+2)	stimme zu (+1)	unent- schieden (0)	lehne ab (-1)	lehne völlig ab (-2)
... ist leicht zu bedienen					
... hat ein gutes Design					
... ist zuverlässig					
... hat eine gute Rechenleistung					
...					

Bild 4.9: Beispiel einer Itembatterie der Likert-Skalierung

Für die praktische Anwendung bietet das Verfahren nach Likert die meisten Vorteile ([Kro92], S. 189).

Die Likert-Skalierung zielt darauf ab, die Einstellung einer Auskunftsperson als zustimmende oder ablehnende Haltung gegenüber dem Produkt zu ermitteln. Die Messung bezieht sich auf die emotionale Komponente des Konstrukts Einstellung.

Der Ablauf des Verfahrens gliedert sich in folgende Schritte ([Kro92], S. 188 f.; [Ber93], S. 77 f.):

1. Es werden eine Reihe a priori positiver und negativer Aussagen über das Produkt – sog. Items – formuliert (Ein Beispiel zeigt Bild 4.9).

2. Diese Items werden in einem Pretest einer Gruppe von Personen vorgelegt. Diese Pretest-Teilnehmer müssen den Grad ihrer Zustimmung bzw. Ablehnung zu jedem Item anhand einer fünfstufigen Rating-Skala, die z. B. von „stimme völlig zu" bis „lehne völlig ab" reicht, angeben.

3. Den einzelnen Antwortmöglichkeiten werden Zahlenwerte (Itemwerte) zugeordnet.

4. Durch Addition der einzelnen Itemwerte wird für jeden Pretest-Teilnehmer sein Summenwert errechnet. Anhand der Summenwerte werden zwei Gruppen gebildet, die sich jeweils aus den 25 % der Pretest-Teilnehmer mit den höchsten Summenwerten und den 25 % der Pretest-Teilnehmer mit den niedrigsten Summenwerten zusammensetzen.

5. Getrennt nach diesen beiden Gruppen wird für jedes Item der arithmetische Mittelwert der abgegebenen Antworten berechnet. Die Differenz zwischen den bei-

den Mittelwerten je Item gilt als Maß für sein Diskriminationsvermögen.

6. Diejenigen Items mit dem höchsten Diskriminationsvermögen zwischen Pretest-Teilnehmern mit hohem und niedrigem Summenwert werden für die Befragung ausgewählt und in der eigentlichen Einstellungsmessung den zu befragenden Personen zur Stellungnahme vorgelegt.

7. Die Befragten müssen den Grad ihrer Zustimmung bzw. Ablehnung zu den ausgewählten Items anhand der fünfstelligen Rating-Skala angeben. Die Summe über alle Itemwerte je Befragtem gilt als Meßwert für dessen Einstellung gegenüber dem Produkt.

4.3.1.2 Mehrdimensionale Einstellungsmessung

Die mehrdimensionale Einstellungsmessung umfaßt die Indexbildung, Multiattributmodelle, das semantische Differential sowie die mehrdimensionale Skalierung.

• Semantisches Differential und Multiattributmodelle am vorteilhaftesten

Die Indexbildung und die Multiattributmodelle bilden mehrdimensionale Merkmale auf ein eindimensionales Zahlenkontinuum ab. Das semantische Differential und die mehrdimensionale Skalierung spannen zur Darstellung der Merkmale mehrdimensionale geometrische Räume auf ([Nie94], S. 692 f.). Für die praktische Anwendung bieten das semantische Differential und die Multiattributmodelle die meisten Vorteile.

SEMANTISCHES DIFFERENTIAL
Das semantische Differential ist das bekannteste Verfahren der mehrdimensionalen Einstellungsmessung ([Kro92], S. 190). Es wurde ursprünglich entwickelt, um Wortbedeutungen zu messen. Im Marketing wird eine auf konkrete, objektbezogene Eigenschaften abzielende Variation des semantischen Differentials eingesetzt – das sogenannte Eigenschaftsprofil ([Hof74], S. 235; [Nie94], S. 714 f.).

• Variation des semantischen Differentials: Eigenschaftsprofil

Das Eigenschaftsprofil besteht aus einer Menge – meist siebenstufiger – bipolarer Rating-Skalen ([Tro75], S. 93). Der Befragte ordnet jedem Item einen Wert auf der Rating-Skala zu. Indem die Itemwerte durch Linienzüge verbunden werden, wird eine gute Vergleichbarkeit von zwei

• Eigenschaftsprofil besteht aus bipolaren Rating-Skalen

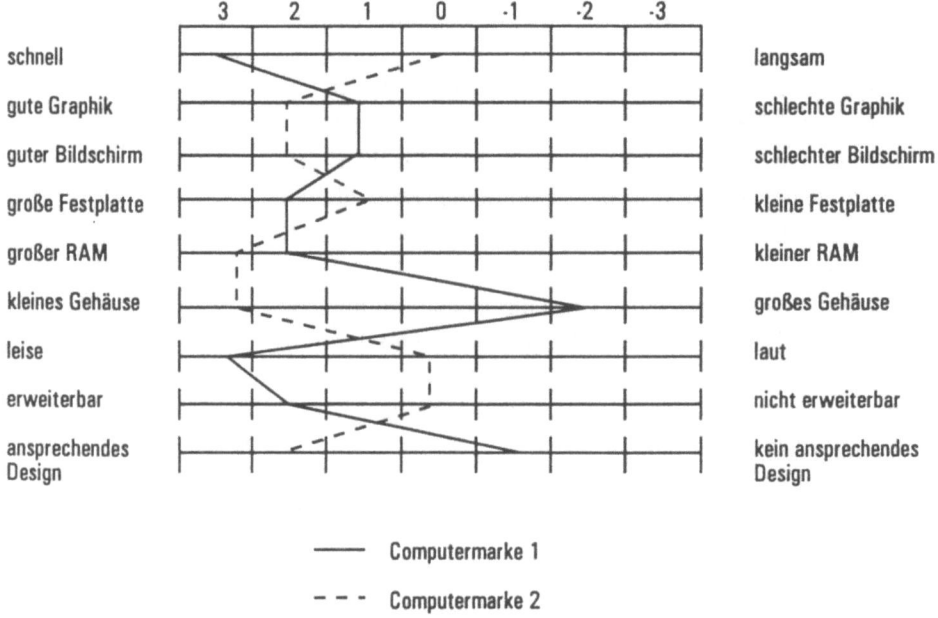

Bild 4.10: Beispiel eines Eigenschaftsprofils für zwei Computermarken

konkurrierenden Produkten ermöglicht. Ein Beispiel eines Eigenschaftsprofils ist in Bild 4.10 dargestellt.

Die Linienzüge in Bild 4.10 verdeutlichen die von den Befragten wahrgenommenen Profile der zwei Computermarken. Für jede Computermarke kann abgelesen werden, welche Vor- und Nachteile sie besitzt.

MULTIATTRIBUTMODELLE

Multiattributmodelle basieren auf der Annahme, daß sich die Einstellung einer Auskunftsperson gegenüber einem Objekt aus dem Wissen um dessen Eigenschaften (kognitive Komponente) und deren Beurteilung (emotionale Komponente) zusammensetzt ([Ber93], S. 82). Die Beurteilung einer Objekteigenschaft wird als Eindruckswert bezeichnet. Die Verknüpfung der Eindruckswerte ergibt die Einstellung.

Die Multiattributmodelle können in Ansätze ohne Berücksichtigung von Idealprodukten (Modell von Rosenberg, Modell von Fishbein, Adequacy-Value-Modell, Adequacy-Importance-Modell) und in Ansätze mit Berücksichtigung von Idealprodukten unterteilt werden.

Den Multiattributmodellen ohne Berücksichtigung von Idealprodukten liegt hinsichtlich der Beurteilungen der einzelnen Produktmerkmale die Annahme zugrunde, daß ein Merkmal um so besser bewertet wird, desto stärker es ausgeprägt ist. Diese Annahme trifft jedoch nicht für jedes Merkmal zu. Häufig wünscht ein Kunde eine genau bestimmte Ausprägung eines Merkmals und bewertet jegliche Abweichung von diesem Ideal als negativ ([Fre79], S. 168). Dieser Tatsache wird in den Multiattributmodellen mit Berücksichtigung von Idealprodukten Rechnung getragen. Hier berechnet sich die Einstellung gegenüber einem Produkt aus der Differenz zwischen den von dem Befragten wahrgenommenen Merkmalsausprägungen des Produktes und den in der Vorstellung des Befragten idealen Merkmalsausprägungen. Die Summe der idealen Merkmalsausprägungen determiniert das Idealprodukt. Je geringer die Distanzen der einzelnen Merkmalsausprägungen des Produktes zu denen des Idealproduktes sind, desto positiver ist die Einstellung des Befragten gegenüber dem Produkt.

Ein weiterer Vorteil der Multiattributmodelle mit Berücksichtigung von Idealprodukten liegt darin, daß die individuellen Bewertungsgrundlagen, d. h. die idealen Merkmalsausprägungen und damit die Vorstellungen der Befragten über das Idealprodukt, offengelegt werden. Denn mit Hilfe dieser Idealvorstellungen können Ansatzpunkte zur Verbesserung der Produkte identifiziert werden.

Die Multiattributmodelle mit Berücksichtigung von Idealprodukten können in solche mit Verwendung von Bedeutungsgewichten und solche ohne Verwendung von Bedeutungsgewichten unterteilt werden.

In einer von Laberenz durchgeführten empirischen Untersuchung über die prognostische Relevanz von 52 Varianten der Multiattributmodelle schneidet das nachfolgend dargestellte Grundmodell der Multiattributmodelle mit Berücksichtigung von Idealprodukten und Verwendung von Bedeutungsgewichten hinsichtlich der Prognoserelevanz am besten ab ([Lab88], S. 244). Eine Fragestellung bei Verwendung dieses Grundmodells könnte wie in Bild 4.11 dargestellt aussehen.

• „Je mehr, desto besser"

• Berücksichtigung von Idealprodukten

• Ansatzpunkte zur Produktverbesserung

• Grundmodell beste Prognoserelevanz

Gpm

"Das Serviceangebot einer Computermarke ist für mich"

sehr wichtig [| | | | | | |] sehr unwichtig

Mpum

"Wie ist Ihrer Meinung nach das Serviceangebot der Computermarke X?"

sehr groß [| | | | | | |] sehr klein

Ipm

"Wie sollte für Sie das ideale Serviceangebot dieser Computerkategorie sein?"

sehr groß [| | | | | | |] sehr klein

Bild 4.11: Beispielhafte Fragestellung im Grundmodell

Das Grundmodell weist folgende formale Struktur auf ([Fre79], S. 168):

$$E_{pu} = \sum_{m=1}^{n} G_{pm} \cdot \left| M_{pum} - I_{pm} \right|$$

E_{pu} = Einstellung der Auskunftsperson p zum Untersuchungsobjekt u

G_{pm} = Bedeutungsgewicht, das die Auskunftsperson p dem Merkmal m zurechnet

M_{pum} = Von der Auskunftsperson p wahrgenommenes Ausmaß, in dem das Untersuchungsobjekt u das Merkmal m besitzt

I_{pm} = Von der Auskunftsperson p an Objekten derselben Produktklasse wie Untersuchungsobjekt u als ideal empfundene Ausprägung des Merkmals m

4.3.2   Präferenzmessung

Die Methoden der Präferenzmessung sind in Bild 4.12 dargestellt.

Es wird zwischen der Messung von Präferenzen und der Präferenzanalyse unterschieden. Die Durchführung einer Präferenzanalyse setzt die vorhergehende Messung der Präferenzen voraus.

• Präferenzmessung vor Präferenzanalyse

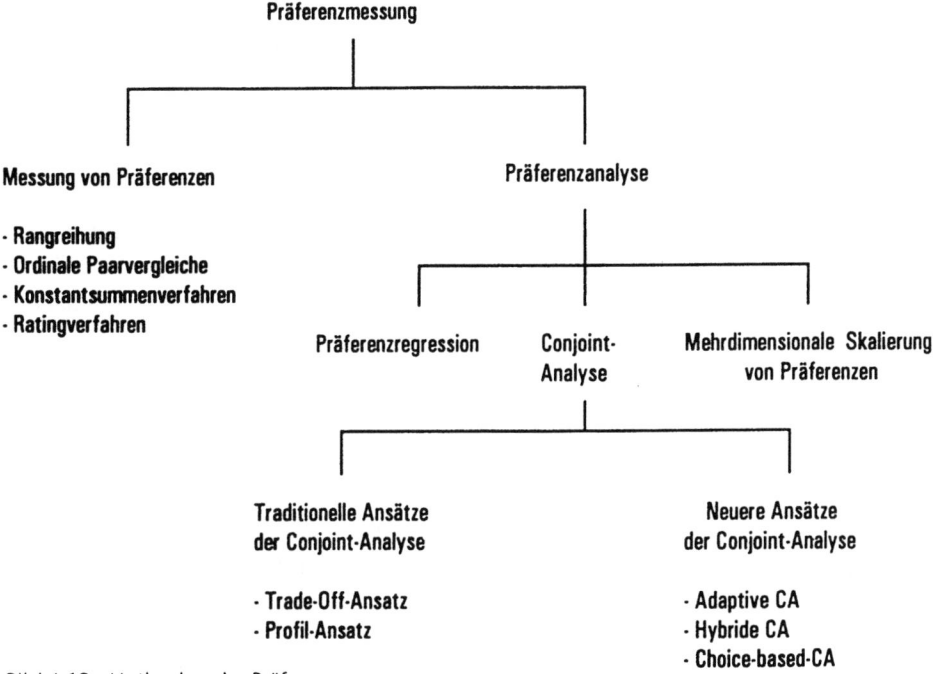

Bild 4.12: Methoden der Präferenzmessung

4.3.2.1 Messung von Präferenzen

Die wichtigsten Methoden zur Messung von Präferenzen sind die Rangreihung, der ordinale Paarvergleich, das Konstantsummenverfahren und das Ratingverfahren.

RANGREIHUNG

Bei der Rangreihung werden den Befragten die verschiedenen Produkte, die als Alternativen zur Auswahl stehen, in einer geeigneten Präsentationsform (physisch, graphisch oder verbal) vorgelegt. Der Befragte erhält die Aufgabe, die Produkte entsprechend seiner Präferenz in eine Rangfolge zu bringen.

Die Rangreihung zeichnet sich durch ihre Einfachheit aus. Gleichwohl kann es bei einer großen Anzahl von Produkten für einen Befragten schwierig sein, diese in eine Präferenzrangfolge zu bringen. Zudem sagt die Rangfolge nichts über die Abstände zwischen den Produkten aus.

• Rangreihung besonders einfach durchzuführen

ORDINALER PAARVERGLEICH

Beim ordinalen Paarvergleich müssen die Befragten keine komplette Präferenzrangfolge der Produkte aufstellen, sondern lediglich jeweils ihre Präferenz für eine von zwei Alternativen angeben. Aus diesen Präferenzurteilen wird die Rangfolge berechnet.

Ein Vorteil dieses Verfahrens gegenüber der Rangreihung sind die geringeren geistigen Anforderungen an die Befragten. Problematisch wird es allerdings, wenn die Befragten nicht konsistent urteilen und ihre Vergleichsurteile damit die Bedingung der Transitivität nicht erfüllen. Denn dann ist es schwierig, aus den im ordinalen Paarvergleich gewonnenen Informationen eine Rangreihe aufzustellen ([Ham94], S. 308).

KONSTANTSUMMENVERFAHREN

Bei dem Konstantsummenverfahren handelt es sich um metrische Paarvergleiche. Der Befragte wird aufgefordert, eine konstante Punktzahl (z. B. 100) auf die zwei vorgelegten Produktalternativen aufzuteilen, so daß die Aufteilung seinen Präferenzen gegenüber den Produkten entspricht.

Das Konstantsummenverfahren hat die Vorteile, daß der Befragte jeweils nur zwei Produkte vergleichen muß, das Verfahren verhältnisskalierte Präferenzwerte liefert und eine höhere Reliabilität erreicht wird ([Ham94], S. 311).

Ein Nachteil des Konstantsummenverfahrens ist der mit der Anzahl der zu vergleichenden Produktalternativen überproportional steigende Erhebungsaufwand (bei n Produkten müssen $n(n-1)/2$ Paarvergleiche durchgeführt werden). Abhilfe kann hier durch die vorausgehende Ermittlung des „evoked set" des Befragten geschaffen werden. Nur die Produkte aus dem „evoked set" werden dann bei der anschließenden Präferenzmessung dem Befragten zur Beurteilung vorgelegt.

RATINGVERFAHREN

Bei der Messung von Präferenzen mit Ratingverfahren werden die Befragten aufgefordert, ihre Präferenzen für die verschiedenen Produkte auf einer Skala anzugeben. Im Idealfall werden Präferenzdaten auf intervallskaliertem Niveau gewonnen.

Das Ratingverfahren stellt das Verfahren mit dem geringsten zeitlichen Aufwand zur Messung von Präferenzen dar und empfiehlt sich daher besonders bei einer

---

Marginalnotizen:

- Ordinaler Paarvergleich stellt geringe Anforderungen an die Befragten

- Konstantsummenverfahren erreicht hohe Reliabilität

- Vor Konstantsummenverfahren Ermittlung des „evoked set"

- Ratingverfahren bei hoher Anzahl von Produkten

großen Anzahl von Produkten. Die mit dem Ratingverfahren ermittelten Präferenzdaten sind jedoch aufgrund häufig auftretender gleicher Präferenzwerte für verschiedene Produktalternativen meist weniger genau als Rangdaten. Um das Problem gleicher Bewertungen zu vermeiden, empfiehlt es sich, eine entsprechend große Skala zu verwenden und die Befragten aufzufordern, alle Produkte auf dieser Skala zu plazieren ([Ham94], S. 311).

4.3.2.2 Präferenzanalyse

Mit der Präferenzanalyse können die Zusammenhänge zwischen den Präferenzen für bestimmte Untersuchungsobjekte und deren Merkmalen aufgedeckt werden. Die Präferenzanalyse umfaßt die Methoden der Präferenzregression, der Conjoint-Analyse und der mehrdimensionalen Skalierung von Präferenzen. Nachfolgend werden ausgewählte Aspekte der Conjoint-Analyse dargestellt.

• Präferenzanalyse deckt Zusammenhänge zwischen Produktpräferenzen und -merkmalen auf

CONJOINT-ANALYSE

Der Begriff der Conjoint-Analyse (CA) ist ein Sammelbegriff für Methoden, welche die Zusammenhänge zwischen den globalen Präferenzen für Untersuchungsobjekte und deren Merkmalen aufzudecken versuchen. Die CA basiert auf der Annahme, daß sich die Präferenz für ein Untersuchungsobjekt aus den Teilpräferenzen für dessen Merkmale bzw. Merkmalsausprägungen zusammensetzt.

In Bild 4.13 sind die Ablaufschritte der CA sowie die alternativen Verfahren, mit deren Hilfe der jeweilige Schritt durchgeführt werden kann, abgebildet. Auf die Schritte 1, 2 und 3 wird nachfolgend eingegangen.

Bei der Auswahl der Produktmerkmale und Merkmalsausprägungen (Schritt 1) muß beachtet werden, daß ([Bac94], S. 503):

– die Produktmerkmale relevant sind,
– die Produktmerkmale durch den Hersteller beeinflußbar sind,
– die Produktmerkmale unabhängig sind,
– die Merkmalsausprägungen realisierbar sind,
– die Merkmalsausprägungen in einer kompensatorischen Beziehung zueinander stehen,

Schritt	Alternative Verfahren
1 Auswahl der Produktmerkmale und Merkmalsausprägungen	
2 Festlegung des Präferenzmodells	Vektor-Modell, Idealpunkt-Modell, Teilwert-Modell, Gemischte Modelle
3 Auswahl des Datenerhebungsansatzes	Profil-Ansatz, Trade-Off-Ansatz, Adaptive CA, Choice-based CA, Hybride CA
4 Konstruktion der Teststimuli	Vollständiges Design, Reduziertes Design, Zufälliges Design
5 Auswahl der Präsentationsform der Teststimuli	Verbale Beschreibung (Stimuluskarte, etc.), Bildhafte darstellung (Foto, Zeichnung, etc.), Physische Darbietung (Originalprodukt, Prototyp, Modell, etc.), Paragraphbeschreibung, Kombinationen
6 Festlegung des Skalenniveaus zur Messung der abhängigen Variablen (Präferenz)	Ratingverfahren, Rangreihung, Ordinale Paarvergleiche, Konstantsummenverfahren, Gewichteter Paarvergleich
7 Durchführung der Erhebung	Persönliches Interview, Computergestützt, Telefoninterview, Schriftliche Befragung, Kombination
8 Auswahl der Schätzmethode	Metrische Methoden (Multiple Regression, OLS, MSAE, ANOVA), Nichtmetrische Methoden (Kategorial: CCM; Ordinal: LINMAP, MONANOVA, PREFMAP, JOHNSON), Wahl-Wahrscheinlichkeitsbasierte Methoden (LOGIT, PROBIT)

Bild 4.13: Schritte und Verfahren der Conjoint-Analyse

– die Produktmerkmale und Merkmalsausprägungen keine Ausschlußkriterien darstellen und
– die Anzahl der Produktmerkmale und Merkmalsausprägungen nicht zu hoch sein darf.

• Präferenzmodell besteht aus Präferenzfunktion und Verknüpfungsfunktion

Das Präferenzmodell (Schritt 2) hat die Aufgabe, die wahre Präferenz des Befragten möglichst gut durch die ermittelten Teilpräferenzwerte abzubilden. Jedes Präferenzmodell besteht aus einer Präferenzfunktion und einer Verknüpfungsfunktion. Die Präferenzfunktion charakterisiert die Beziehung zwischen den Merkmalsausprägungen und den diesbezüglichen Präferenzen der Befragten. Die Verknüpfungsfunktion determiniert, wie die Teilpräferenzwerte der einzelnen Merkmalsausprägungen zur Gesamtpräferenz aggregiert werden.

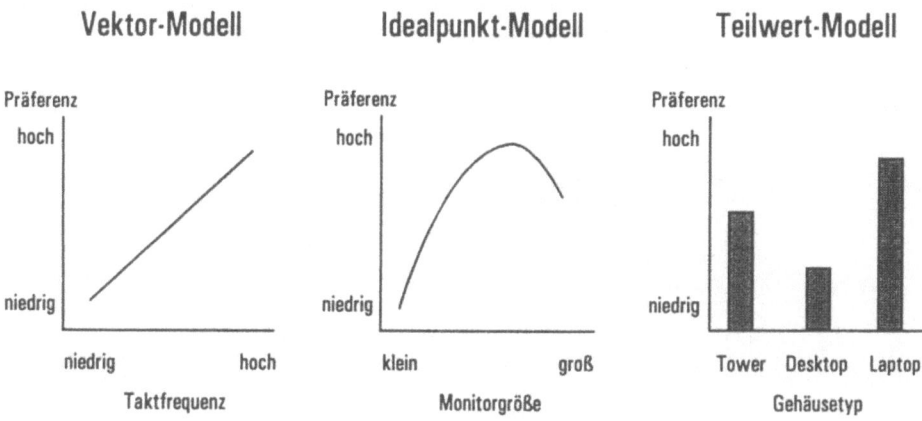

Bild 4.14: Beispiele für merkmalsspezifische Präferenzfunktionen

Es wird zwischen den drei Präferenzfunktionen Vektor-Modell, Idealpunkt-Modell und Teilwert-Modell unterschieden (Bild 4.14).

Das Vektor-Modell unterstellt einen linearen Verlauf der Präferenzfunktion. Dies bedeutet, der Befragte bewertet eine Merkmalsausprägung nach dem Motto „je mehr, desto besser". Das Idealpunkt-Modell unterstellt, daß der Befragte eine ideale Merkmalsausprägung präferiert und Abweichungen von diesem Ideal negativ bewertet. Das Teilwert-Modell besitzt im Gegensatz zu den beiden anderen Modellen keine kontinuierliche Funktion, sondern einen beliebigen Funktionsverlauf. Das Teilwert-Modell ist das flexibelste Modell, aber auch gleichzeitig das Modell, bei dem die meisten Parameter geschätzt werden müssen.

• Teilwert-Modell am flexibelsten

Bei den Verknüpfungsfunktionen wird zwischen kompensatorischen und nicht-kompensatorischen Modellen unterschieden. Am häufigsten kommen kompensatorische Verknüpfungsfunktionen zum Einsatz. Kompensatorische Modelle unterstellen, daß sich der Gesamtpräferenzwert einer Produktalternative aus der Summation der Einzelurteile über deren Merkmale ergibt.

• Kompensatorische Verknüpfungsfunktionen am häufigsten eingesetzt

Bei der Auswahl des Datenerhebungsansatzes (Schritt 3) kann zwischen traditionellen (Trade-Off-Ansatz, Profil-Ansatz) und neueren (Adaptive Conjoint-Analysis (ACA), Choice-based Conjoint-Analysis (CBC), Hybride Conjoint-Analyse) Ansätzen der Datenerhebung unterschieden werden.

Datenerhebungsansatz	USA 1971 - 1980	USA Jan. 81 - Dez. 85	Europa Juli 86 - Juni 91
ACA	·	·	42
Profil	56	61	24
Trade-Off	27	6	15
Paarvergleich	·	10	4
Kombination	14	10	5
Andere (Hybrid, etc.)	3	13	10

Bild 4.15: Prozentuale Anteile der in kommerziellen Anwendungen in den USA und Europa eingesetzten Datenerhebungsansätze (Angaben in Prozent; bei Feldern ohne Eintrag war zu dieser Zeit der entsprechende Ansatz in der empirischen Erhebung nicht enthalten)

• ACA und Profil-Ansatz am häufigsten eingesetzt

Am häufigsten wird zur Datenerhebung der ACA-Ansatz und der Profil-Ansatz eingesetzt (Bild 4.15).

PROFIL-ANSATZ

Beim Profil-Ansatz muß der Befragte vollständige Produktkonzepte, die aus jeweils unterschiedlichen Kombinationen von Merkmalsausprägungen bestehen, in eine Präferenzreihenfolge bringen. Vollständig bedeutet hierbei, daß ein Produktkonzept alle relevanten Merkmale eines Produkts enthält. In Bild 4.16 sind zwei Beispiele für derartige Produktkonzepte dargestellt.

• Bei Profil-Ansatz Bewertung vollständiger Produktkonzepte

Aus Aufwands- und Zeitgründen können nicht alle theoretisch möglichen Kombinationen von Merkmalsausprägungen abgefragt werden, sondern nur eine kleine Auswahl an realistischen und durchdachten Kombinationen. Verfahren zur Reduzierung der Teststimuli sind in Bild 4.13 unter Schritt 4 „Konstruktion der Teststimuli" aufgeführt.

ADAPTIVE CONJOINT-ANALYSE

• Individuelle Anpassung der Interviews bei ACA

Die ACA wurde 1987 von Johnson entwickelt. Die Datenaufnahme erfolgt in der ACA mit Hilfe eines Computers, der jedes Interview individuell an den jeweiligen Befragten anpaßt. Dies erfolgt, indem in einem ersten Schritt nach den Merkmalsausprägungen gefragt wird, welche der Befragte unter keinen Umständen akzeptieren würde. Diese Merkmalsauprägungen werden dann von der weiteren Befragung ausgeschlossen. Durch diese individuelle Anpassung der Interviews kann die Informationsbelastung der Befragten reduziert werden.

Computer 1	Computer 2
Prozessor	*Prozessor*
486er	Pentium
Arbeitsspeicher	*Arbeitsspeicher*
16 MB	8 MB
Festplattenkapazität	*Festplattenkapazität*
200 MB	340 MB
Garantiezeit	*Garantiezeit*
1 Jahr	3 Jahre
Preis	*Preis*
DM 3000.-	DM 6.000.-

Bild 4.16: Beispiele für Teststimuli beim Profil-Ansatz

Empirische Studien kommen zu dem Ergebnis, daß die Datenaufnahme bei der ACA etwas länger dauert als beim Profil-Ansatz und keine so exakten Prognosen über den Gesamtpräferenzwert erreicht werden wie mit dem Profil-Ansatz ([Gre90], S. 11). Wenn jedoch eine gute bis sehr gute Konsistenz in den Präferenzurteilen der einzelnen Befragten vorliegt, erfaßt die ACA die einzelnen Präferenzen der Befragten außergewöhnlich gut ([Hub91], S. 198). Ein weiterer Vorteil der ACA ist die sofortige Verfügbarkeit der Daten und Ergebnisse ([Wit94], S. 45).

• Daten und Ergebnisse bei ACA sofort verfügbar

Besonders vorteilhaft ist die ACA
– bei einer großen Anzahl von Merkmalen und
– bei einer starken Heterogenität der Beurteilungen aller Befragten über die Wichtigkeiten der Merkmale ([Hub91], S. 189).

• ACA bei großer Anzahl von Merkmalen

4.3.3   Zufriedenheitsmessung

Die Methoden der Zufriedenheitsmessung sind in Bild 4.17 dargestellt. Es wird zwischen objektiven und subjektiven Methoden unterschieden.

Bei objektiven Methoden werden Indikatoren gemessen, die keiner subjektiv verzerrten Wahrnehmung durch Personen unterliegen. Beispiele hierfür sind Umsatz, Marktanteil, Wiederkaufrate, Abwanderungsrate und die Geltendmachung von Gewährleistungsansprüchen. Rückschlüsse aus solchen Größen auf die Höhe und Entwicklung der Kundenzufriedenheit sind jedoch aus zwei Gründen nicht zuverlässig. Erstens treten die Indikatoren zeit-

• Indikatoren bei objektiven Methoden nicht zuverlässig

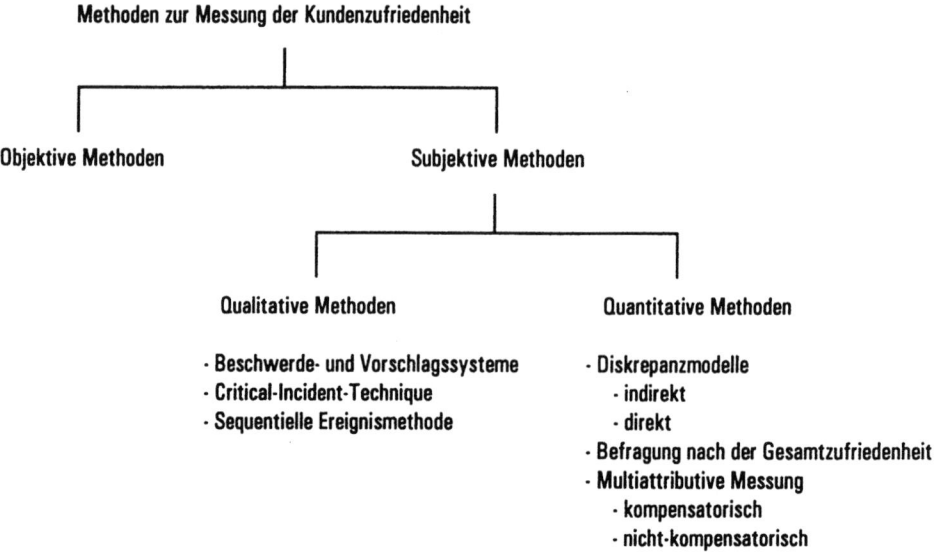

Bild 4.17: Methoden der Zufriedenheitsmessung

lich verzögert auf, wie z. B. die Wiederkaufrate bei Automobilen. Zweitens werden diese Größen nicht nur durch die Kundenzufriedenheit, sondern auch durch andere Faktoren beeinflußt ([Lin90], S. 3; [Schü92], S. 183 ff.): Der Umsatz kann konjunkturbedingt schwanken, ein hoher Marktanteil kann auf Lieferschwierigkeiten eines Konkurrenten beruhen, Kunden können als markentreu erscheinen – obwohl sie eigentlich unzufrieden sind – weil sie unter vielen schlechten Angeboten resignativ auf die Marke zurückgreifen, die sie am bequemsten einkaufen können.

Von der ausschließlichen Verwendung objektiver Methoden zur Messung der Kundenzufriedenheit wird deshalb abgeraten. Die objektiven Methoden sollten höchstens ergänzend zu subjektiven Methoden eingesetzt werden.

Subjektive Methoden erfassen individuell verschiedenartig ausgeprägte psychische Sachverhalte bzw. die daraus resultierenden Verhaltensweisen ([Schü92], S. 185). Es ist eine Unterteilung in quantitative und qualitative Methoden möglich. Durch qualitative Methoden kann das Unternehmen erfassen, welche Zufriedenheitsprobleme bei den Kunden bestehen. Mit quantitativen Methoden kann die Höhe der Kundenzufriedenheit gemessen werden.

• Subjektive
Methoden
erforderlich

4.3.3.1 Qualitative Methoden

Die qualitativen Methoden umfassen Beschwerde- und Vorschlagssysteme, die Critical-Incident-Technique sowie die Sequentielle Ereignismethode.

BESCHWERDE- UND VORSCHLAGSSYSTEME

Bei dieser Art der Zufriedenheitsmessung wird die Kundenzufriedenheit aufgrund der dem Unternehmen zufließenden Beschwerden beurteilt ([And82], S. 182 ff.; [Sta85], S. 7 ff.). Es wird also nicht die Zufriedenheit der Kunden gemessen, sondern deren Unzufriedenheit.

Ein wesentliches Problem dieser Methode ist, daß lediglich ein Teil der Unzufriedenheit der Kunden das Unternehmen erreicht, da sich nur ein geringer Teil der unzufriedenen Kunden beschwert. Beschwerden sind immer nur die Spitze der Unzufriedenheit. 96 Prozent der unzufriedenen Kunden teilen ihre Beschwerden dem betroffenen Unternehmen nie mit ([Alb85], S. 6). Eine geringe Beschwerderate ist also kein Indiz für eine hohe Kundenzufriedenheit. Ein weiteres Problem tritt auf, wenn nur die Häufigkeit der Beschwerden gemessen wird. Denn dann wird die gemessene Kundenzufriedenheit durch die Anzahl der verkauften Produkte beeinflußt. Weiterhin wird die Kundenzufriedenheit auch durch den Preis eines Produktes beeinflußt. Je teurer ein Produkt ist, desto wahrscheinlicher wird sich ein unzufriedener Kunde beschweren. Damit ist die aus den Beschwerden abgeleitete Kundenzufriedenheit bei billigen Produkten tendenziell zu hoch. Zudem ist die Wahrscheinlichkeit einer Beschwerde bei Mängeln höher, bei denen der Verbraucher davon ausgehen kann, daß der Fehler behoben wird. Damit werden vor allem Probleme mit der Produktgestaltung nicht erfaßt, da hier keine Nachbesserung durch das Unternehmen erwartet wird.

Für eine umfassende Messung der Kundenzufriedenheit ist die Beschwerdeanalyse nur unzureichend geeignet und bedarf der Ergänzung durch Methoden der aktiven Messung der Kundenzufriedenheit.

CRITICAL-INCIDENT-TECHNIQUE

Die Critical-Incident-Technique basiert auf der offenen und direkten Befragung der Kunden nach Umständen

• 96 Prozent der unzufriedenen Kunden beschweren sich nicht

• Aktive Kundenzufriedenheitsmessung erforderlich

• Befragung nach
besonders positiven
oder negativen
Erlebnissen

oder Verhaltensweisen, die in einer bestimmten Situation zu einem besonders positiven oder negativen Ergebnis geführt haben ([Hay92], S. 11 ff.; [Hen92], S. 163 ff.). Für die Befragung sollten Kunden gewählt werden, die bereits öfter Erfahrungen mit dem betrachteten Produkt hatten. Jeder Befragte wird gebeten, fünf bis zehn negative und fünf bis zehn positive Erfahrungen mit dem Produkt zu schildern. Dabei sollte darauf geachtet werden, daß die Beschreibung des kritischen Ereignisses eindeutig ist. Die Aussage: „Ich mußte an der Kasse lange warten, aber die Kassiererin war sehr freundlich." ist nicht eindeutig. Hier ist nicht klar, ob das kritische Ereignis die lange Wartezeit oder die Freundlichkeit der Kassiererin war. Weiterhin ist wichtig, daß ein spezielles Verhalten oder eine bestimmte Eigenschaft beschrieben wird. Die Aussage: „Der Verkäufer war sehr hilfreich." ist nicht verwendbar. Dies muß genauer spezifiziert werden, z. B. durch „Der Verkäufer brachte mir sofort die gewünschte Ware." oder „Der Verkäufer beantwortete meine Fragen sorgfältig."

• Bei Critical-Incident-
Technique keine
Erinnerungsstütze

Bei der Critical-Incident-Technique erhalten die befragten Konsumenten keinerlei Unterstützung und Lenkung von außen bei ihrer Erinnerung. Es werden dadurch zwar nur wirklich wichtige Ereignisse geschildert, gleichzeitig besteht aber die Gefahr, daß kritische Ereignisse vergessen werden. Die Critical-Incident-Methode ist zur Analyse und Verbesserung von Schwächen gut geeignet. Für eine langfristige Steuerung ist sie jedoch nicht nutzbar.

SEQUENTIELLE EREIGNISMETHODE

• Ablaufdiagramme
als Basis

Die Sequentielle Ereignismethode baut auf dem Service Blueprinting auf ([Hen92], S. 169 f.). Beim Blueprinting wird der Vorgang der Erstellung und des Konsums von Produkten systematisch analysiert und in einem graphischen Ablaufdiagramm dargestellt. Es ist zweckmäßig, in diesem Ablaufdiagramm eine Trennung der Aktivitäten in solche, die dem Kunden verborgen bleiben (z. B. die Archivierung der Überweisungen in einer Bank) und solche, die der Konsument erlebt (z. B. die Entgegennahme der Überweisung am Schalter der Bank) durchzuführen.

Anhand der Ablaufdiagramme werden die Kunden Schritt für Schritt durch die von ihnen erlebten Bereiche geführt und dabei aufgefordert, ihre Erlebnisse an den verschiedenen Kundenkontaktpunkten zu schildern und anzugeben, welche Aspekte hierbei für sie angenehm bzw. unangenehm waren. Es handelt sich hierbei also um gestützte Erinnerungen. Wichtig ist zu beachten, daß nicht alle Kunden zwingend die gleichen Bereiche erleben. Es müssen deshalb im Diagramm die relevanten Alternativpfade vorgesehen werden.

• Bei Sequentieller Ereignismethode Ablaufdiagramme als Erinnerungsstütze

Die Sequentielle Ereignismethode hat den Vorteil, daß mit großer Wahrscheinlichkeit alle relevanten Ereignisse genannt werden. Der Nachteil dieser Methode besteht darin, daß auch relativ unwichtige Ereignisse genannt werden, bzw. das Erlebte übertrieben dargestellt wird, um zu einem bestimmten Kontaktpunkt etwas sagen zu können.

Aufgrund der Vor- und Nachteile der jeweiligen Methode empfiehlt es sich, die Sequentielle Ereignismethode und die Critical-Incident-Technique parallel einzusetzen.

• Critical-Incident-Technique und Sequentielle Ereignismethode parallel

4.3.3.2 Quantitative Methoden

Die quantitativen Methoden umfassen die direkte Befragung nach der Gesamtzufriedenheit, die Diskrepanzmodelle sowie die multiattributive Messung.

DIREKTE BEFRAGUNG NACH DER GESAMTZUFRIEDENHEIT
Ein Großteil der Messungen auf dem Gebiet der Kundenzufriedenheitsforschung werden durch direkte Befragungen nach der Gesamtzufriedenheit durchgeführt ([Sta85], S. 15 ff.; [Schü92], S. 187). Bei dieser Methode wird die generelle Zufriedenheit mit einem Produkt direkt erfragt. Die Erhebung der Gesamtzufriedenheit erfolgt über Skalen, bei der die Zufriedenheit mit einer einzigen Frage ermittelt wird. Ein Unternehmen könnte beispielsweise fragen: „Bitte kreuzen Sie auf der folgenden Skala an, wie zufrieden Sie mit dem Service XY sind: sehr zufrieden, zufrieden, indifferent, unzufrieden, sehr unzufrieden". Oder der Kunde wird aufgefordert, seine Zufriedenheit auf einer Skala von 0 bis 100 anzugeben.

• Direkte Befragung häufig durchgeführt

Durch die Messung der Gesamtzufriedenheit werden eher unscharfe Zufriedenheitsstimmungen der Kunden ermittelt als die konkreten Ursachen für diese Zufrieden-

• Konkrete Ursachen der (Un-)Zufriedenheit nicht ermittelbar

heit. Es kann lediglich festgestellt werden, ob Handlungsbedarf besteht, nicht jedoch wie dieser exakt aussieht.
Aufgrund des geringen Aufwandes bei der Erhebung ist
dieses Verfahren insbesondere für eine Überwachung der
Zufriedenheit im Zeitablauf geeignet. Bei einer signifikan-
ten Abweichung der Zufriedenheit können dann mit genaueren Methoden die Ursachen für diese Abweichung
ermittelt werden.

DISKREPANZMODELLE

• Diskrepanz
zwischen erwartetem
und erhaltenem
Nettonutzen

Die Diskrepanzmodelle messen das Ausmaß der Abweichung zwischen dem erhaltenen Nettonutzen nach dem
Kauf und den diesbezüglichen Erwartungen des Kunden
vor dem Kauf. Aus dem Ausmaß der Abweichung kann die
Kundenzufriedenheit abgeleitet werden. Werden die Erwartungen bestätigt oder übertroffen, dann ist der Kunde
i. d. R. zufrieden; werden die Erwartungen nicht erreicht,
dann ist der Kunde unzufrieden.

Bei der Messung dieser Diskrepanz wird zwischen der
ex ante/ex post-Messung sowie der ex post-Messung unterschieden. Bei der ex ante/ex post-Messung wird der
Kunde vor der Nutzung bzw. dem Konsum des Produktes
zu seinen Erwartungen und nach der Nutzung zu seinen
Erfahrungen befragt. Die Differenz dieser beiden Werte
dient als Maß für die Zufriedenheit. Bei der ex post-Messung wird der Kunde direkt nach dieser Differenz befragt.

• Ex Post-Messung
berücksichtigt
Veränderungen der
Kundenerwartungen

Ein Vorteil der ex post-Messung ist die Berücksichtigung der während der Produktnutzung entstehenden Veränderungen der Kundenerwartungen. Beispielsweise kann
ein Computerkäufer erwartet haben, daß sein neuer Com-
puter die Disketten seines alten Computers lesen kann.
Bei der Nutzung wird ihm klar, daß diese Erwartung aufgrund des technischen Fortschrittes nicht erfüllt werden
kann. Er verändert daraufhin seine Erwartungen in die
Richtung, daß er diese Kompatibilität nicht mehr fordert.
Bei der ex ante/ex post-Messung wäre das Ergebnis, daß
seine Erwartungen nicht erfüllt sind. Bei der ex post-Messung dagegen, daß seine Erwartungen erfüllt sind, was
seinem tatsächlichen Zustand auch entspräche ([Sta85],
S. 28; [Schü92], S. 186 f.).

MULTIATTRIBUTIVE MESSUNG

Bei der multiattributiven Messung wird die Zufriedenheit des Kunden mit einzelnen Produktmerkmalen erhoben und daraus die Gesamtzufriedenheit abgeleitet ([Sta85], S. 18 ff.; [Schü92], S. 187 f.). Dazu werden zuerst die relevanten Merkmale ermittelt (z. B. mit Hilfe der Critical-Incident-Technique). Dann wird die Gewichtung der einzelnen Merkmale festgelegt. Danach werden die Zufriedenheitsausprägungen erhoben. Schließlich erfolgt die Verknüpfung der Einzelzufriedenheiten zur Gesamtzufriedenheit. Dabei sind kompensatorische und nicht-kompensatorische Modelle zu unterscheiden. Bei den kompensatorischen Modellen wird eine niedrige Zufriedenheit mit einem Produktmerkmal durch eine hohe Zufriedenheit mit einem anderen ausgeglichen. Bei den nicht-kompensatorischen Modellen müssen dagegen alle Teilzufriedenheiten ein gewisses Mindestniveau erreichen. Ist das nicht der Fall, führt dies zur Unzufriedenheit mit der gesamten Produktleistung.

• Zufriedenheit mit einzelnen Produktmerkmalen

Literatur

[ALB85] Albrecht, K.; Zemke, R.: Service America!, Homewood 1985.

[AND82] Andreasen, A.R.: Verbraucherunzufriedenheit als ein Beurteilungsmaßstab für die unternehmerische Marktleistung, in: U. Hansen; B. Stauss; M. Riemer (Hrsg.): Marketing und Verbraucherpolitik, Stuttgart 1982, S. 182-195.

[BAC94] Backhaus, K.; Erichson, B.; Plinke, W.; Weiber, R.: Multivariate Analysemethoden, 7. Aufl., Berlin et al. 1994.

[BER93] Berekoven, L.; Eckert, W.; Ellenrieder, P.: Marktforschung, 6. Aufl., Wiesbaden 1993.

[BOR89] Borg, I.; Staufenbiel, T.: Theorien und Methoden der Skalierung, Bern et al. 1989.

[BOR84] Bortz, J.: Lehrbuch der empirischen Forschung, Berlin et al. 1984.

[DÖG86] Dögl, R.: Strategisches Qualitätsmanagement im Industriebetrieb, Göttingen 1986.

[FOR92] Fornell, C.: A National Customer Satisfaction Barometer: The Swedish Experience, in: Journal of Marketing, 56. Jg., Januar 1992, S. 6-21.

[FRE79] Freter, H.: Interpretation und Aussagewert mehrdimensionaler Einstellungsmodelle im Marketing, in: H. Meffert; H. Steffenhagen; H. Freter (Hrsg.): Konsumentenverhalten und Information, Wiesbaden 1979, S. 163-184.

[GRE78] Green, P. E.; Srinivasan, V.: Conjoint Analysis in Consumer

Research: Issues and Outlook, in: Journal of Consumer Research, 5. Jg., 1978, S. 103-123.

[GRE90] Green, P.E.; Srinivasan, V.: Conjoint Analysis in Marketing: New Developments With Implications for Research and Practice, in: Journal of Marketing, 54. Jg., Oktober 1990, S. 3-19.

[HAM94] Hammann, P.; Erichson, B.: Marktforschung, 3. Aufl., Stuttgart et al. 1994.

[HAY92] Hayes, B.E.: Measuring Customer Satisfaction, Milwaukee 1992.

[HEN92] Hentschel, B.: Dienstleistungsqualität aus Kundensicht, Wiesbaden 1992.

[HOF 74] Hofstätter, P.R.; Wendt, D.: Quantitative Methoden der Psychologie, Band 1: Deskriptive, Inferenz- und Korrelationsstatistik, 4. Aufl., Frankfurt/M. 1974.

[HUB91] Huber, J.C.; Wittink, D.R.; Fiedler, J.A.; Miller, R.L.: An Empirical Comparison of ACA and Full Profile Judgements, in: Proceedings of the Sawtooth Software Conference 1991, S. 189-202.

[JUR74] Juran, J.M.: Quality Control Handbook, 3. Aufl., New York 1974.

[KAA84] Kaas, K.P.; Runow, H.: Wie befriedigend sind die Ergebnisse der Forschung zur Verbraucherzufriedenheit?, in: DBW, 44. Jg., 1984, Heft 3, S. 451-460.

[KAW69] Kawlath, A.: Theoretische Grundlagen der Qualitätspolitik, Wiesbaden 1969.

[KOT95] Kotler, P.; Bliemel, F.W.: Marketing-Management, 8. Aufl., Stuttgart 1995.

[KRO92] Kroeber-Riel, W.: Konsumentenverhalten, 5. Aufl., München 1992.

[LAB88] Laberenz, H.: Die prognostische Relevanz multiattributiver Einstellungsmodelle für das Konsumenten-Verhalten, Hamburg 1988.

[LIN77] Linde, R.: Untersuchungen zur ökonomischen Theorie der Produktqualität, Tübingen 1977.

[LIN90] Lingenfelder, M.; Schneider, W.: Die Kundenzufriedenheit, Arbeitspapier Nr. 80, Institut für Marketing Universität Mannheim, Mannheim 1990.

[NIE94] Nieschlag, R.; Dichtl, E.; Hörschgen, H.: Marketing, 17. Aufl., Berlin 1994.

[RIE75] Riegel, J.: Die Qualitätsänderung als preisstatistisches Problem, Frankfurt; Zürich 1975.

[SCH92] Schildknecht, R.: Total Quality Management, Frankfurt; New York 1992.

[SCHÜ92] Schütze, R.: Kundenzufriedenheit, Gabler 1992.

[SMI93] Smith, G.F.: The meaning of quality, in: Total Quality Management, 4. Jg., Nr. 3, 1993, S. 235-244.

[STA85] Standop, D.; Hesse, H.-W.: Zur Messung der Kundenzufriedenheit mit KFZ-Reparaturen, DBW-Depot der Fachzeitschrift Die Betriebswirtschaft, Stuttgart 1985.

[TRO75] Trommsdorff, V.: Die Messung von Produktimages für das Marketing: Grundlagen und Operationalisierung, Köln et al. 1975.

[WIT89] Wittink, D.R.; Cattin, P.: Commercial use of Conjoint Analysis: An Update, in: Journal of Marketing, 53. Jg., Juli 1989, S. 91-96.

[WIT94]   Wittink, D.R.; Vriens, M.; Burhenne,V.: Commercial use of conjoint analysis in Europe: Results and critical reflections, in: International Journal of Research in Marketing, 11. Jg., 1994, S. 41-52.

5 Qualitätscontrolling von Leistungsprozessen

HORST WILDEMANN
MITARBEIT: STEFAN KELLER,
MICHAEL SCHNERRING UND DIETER STRICH

Die zentrale Aufgabe des Qualitätscontrollings von Leistungsprozessen ist die Optimierung von Wirtschaftlichkeit, Zeiteffizienz und Erfüllung von Qualitätsanforderungen der Prozesse der betrieblichen Leistungserstellung. Hierzu sind die Aktivitäten zu koordinieren und methodische Unterstützung zu bieten sowie Instrumente zur gleichzeitigen Beeinflussung der Zielgrößen Kosten, Zeit und Qualität zu integrieren. Es handelt sich dabei um Instrumente des Qualitätsmanagements, des Controllings, der Unternehmensplanung und der Organisationsgestaltung.

5.1 Aufgabenfelder

Es ist zu unterscheiden zwischen der Qualität von Vorgaben für ausführende Prozesse und der Qualität der Prozeßausführung. Resultat von planenden Prozessen sind Vorgaben nach Art, Termin und Mengen. Steuerungsprozesse haben die Aufgabe, die Realisierung der Vorgaben auszulösen und zu überwachen. Das Qualitätscontrolling von Leistungsprozessen bezieht sich sowohl auf die Qualität der Vorgaben an die Leistungserstellung, die mit den Kundenanforderungen übereinstimmen müssen, als auch auf die Prozeßausführung (Bild 5.1).

Die Qualität von Informationen mit dem gesamten Spektrum an qualitätsrelevanten Aspekten ist ein wesentlicher Bestandteil des Qualitätscontrollings, wobei konkrete Strategien nur einzelfallbezogen abzuleiten sind. Sind die einem Prozeß zugrundeliegenden Planungsinformationen fehlerhaft, kann die vom Kunden geforderte Qualität nicht erstellt werden. Das Qualitäts-

• Die zentrale Aufgabe des Qualitätscontrollings

• Das Qualitätscontrolling integriert Instrumente des Qualitätsmanagements, Controllings, der Unternehmensplanung und Organisationsgestaltung

• Gegenstand des Qualitätscontrollings ist das kundenseitige Ergebnis der Leistungserstellung und die interne Leistungserstellung als solche

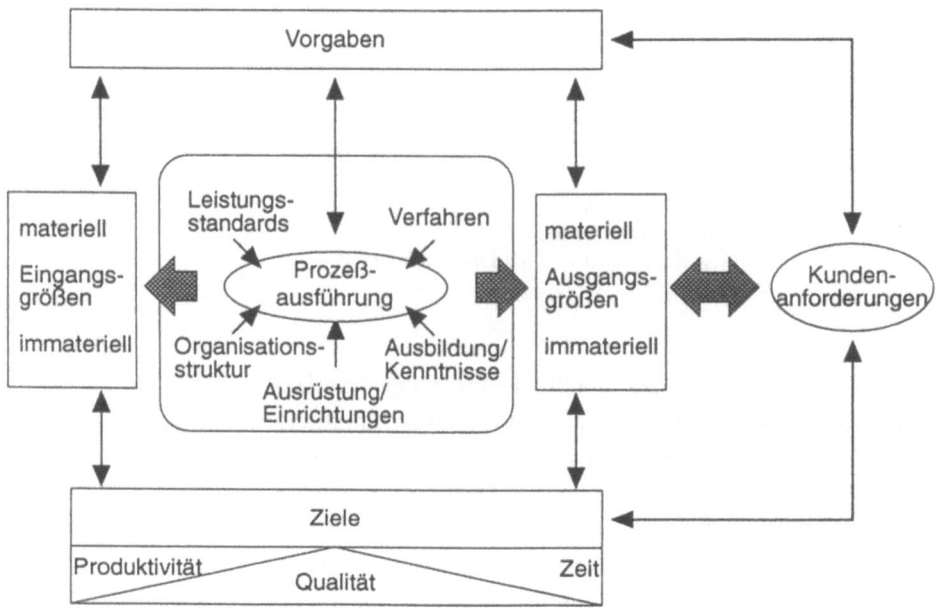

Bild 5.1: Bezugsebenen des Qualitätscontrollings

• Anzustreben ist ein
hoher Autonomiegrad
in den ausführenden
Prozessen

controlling muß sowohl die Datensicherheit erhöhen als auch etwaige Informationsasymmetrien aufzeigen und Maßnahmen zur Verbesserung der informatorischen Schnittstellen auslösen. Ziel ist die Sicherstellung der Ergebnisqualität auch bei unsicheren Eingangsdaten durch eine flexible Gestaltung der Ausführungsprozesse, wie sie beispielsweise durch einen hohen Autonomiegrad in der ausführenden Ebene erreicht werden kann. Ein wichtiger Einflußfaktor auf die Qualitätsfähigkeit der Prozesse ist das Zeitverhalten des Systems. Verringerte Durchlaufzeiten der Aktivitäten und ihrer Streubreiten sowie bessere inhaltliche Verknüpfungen zwischen den Systemen ermöglichen eine schnellere Reaktion auf marktseitige Veränderungen, da die Leistungserstellung näher an den Bedarfzeitpunkt des internen oder externen Kunden rückt, was die Systemkomplexität wiederum verringert.

• Ansatzpunkte des
Qualitätscontrollings

Ansatzpunkte eines Qualitätscontrollings von Leistungsprozessen liegen damit in der Verbesserung der Qualität der Eingangsgrößen, der Verringerung der Systemkomplexität, der Verbesserung des Zeitverhaltens und in der Erhöhung der Qualitätsfähigkeit der ausführenden Prozesse. Ein wichtiger Bestandteil eines umfassenden Qualitätscontrollings ist das Entstörmanagement, das nicht versucht, die Folgen von Störungen für die Durchsetzung von Vorgaben zu minimieren, sondern die Störungsursachen zu bekämpfen ([WIL94a], S. 42). Um Schwachstellen und Kausalitäten zur Gestaltung der Prozesse mit dem Ziel der Verbesserung zu erkennen, ist eine problemspezifische Kombination von Qualitätssicherungsmethoden sinnvoll. Dabei sind standardisierte Verfahren wie die FMEA, die Pareto-Analyse und das Ursache-Wirkungs-Diagramm im Rahmen eines partizipativen Verbesserungsprozesses zielgerichtet einzusetzen.

5.2 Gestaltungsansätze des Qualitäts controllings von Leistungsprozessen

Zur Gestaltung von Leistungsprozessen lassen sich zwei Ansätze unterscheiden. Einerseits wird vertreten, daß aufgrund der Ineffizienz funktionaler Strukturen die bestehenden Prozesse zu verwerfen und gänzlich neue Prozesse zu modellieren seien ([HAM90], S. 108). Andere Autoren gehen davon aus, daß bestehende Aktivitätenfolgen zu analysieren und darauf aufbauend Prozesse zu definieren und zu verbessern sind [STR88], [HAI89]. Aufgrund der Tatsache, daß Prozeßverbesserungen auf Basis vorhandener Aktivitätenfolgen stattfinden, wird hier eine Kombination von Neugestaltung und Prozeßverbesserung zugrundegelegt. Dabei ist es in erster Linie relevant, ein effektives Zusammenwirken einzelner Methodenbausteine sicherzustellen. Die Zielsetzung, Effizienz und Effektivität der Prozesse zu gewährleisten und zu verbessern, bedeutet für das Qualitätscontrolling von Leistungsprozessen folgende Aufgaben:

• Prozesse können überarbeitet oder grundlegend neu gestaltet werden

– Die Prozesse sind zu definieren und zu beschreiben. Nur wenn das Zusammenwirken einzelner Aktivitäten und die wesentlichen Einflußparameter auf den Prozeßverlauf und das Prozeßergebnis bekannt sind, lassen sich Gestaltungsmaßnahmen definieren.

• Aufgaben des
Qualitätscontrollings

– Es ist zu ermitteln, ob ein bestehender Prozeß die an
ihn gestellten Anforderungen erfüllt. Hier geht es darum, Prozeßziele zu definieren, Ist-Ausprägungen von
Prozeßparametern zu ermitteln und die Erfüllung von
Anforderungen zu beurteilen.
– Als dritter Schritt sind Maßnahmen in Abhängigkeit von
Abweichungen vom Prozeßziel zu definieren. Dies kann
über eine Prozeßverbesserung in kleinen Schritten oder
eine komplette Neugestaltung erfolgen.

5.3   Beschreibungsmodell für betriebliche Leistungsprozesse

Für das Qualitätscontrolling stellt sich zunächst die Frage, welche Charakteristika Leistungsprozesse aufweisen.
Dabei sind folgende Gestaltungsmerkmale zu definieren:

• Gestaltungsmerkma-
le von Leistungs-
prozessen

– Die Prozeßstruktur auf Mikroebene, also die einzelnen
Arbeitsstationen, die Bearbeitungsreihenfolge und die
Prozeßelemente.
– Die Prozeßstruktur auf Makroebene, die das Zusam-
menwirken einzelner Prozesse beschreibt.
– Die Steuerungs-, Regelungs- und Koordinationsmecha-
nismen der Prozesse, und zwar sowohl prozeßübergrei-
fend als auch prozeßintern auf Ebene der Teilprozesse.

5.3.1   Charakterisierung betrieblicher Leistungsprozesse

• Definition von
Prozessen

Grundsätzlich läßt sich jede Arbeit als Prozeß betrachten,
der aus einem definierten Anfang und einem definierten
Ende sowie einer Abfolge von Tätigkeiten besteht, die ein
Ergebnis hervorbringen ([WIL93b], Sp. 3396). Dabei handelt es sich um das Zusammenwirken von Menschen,
Maschinen, Material und Informationen unter Berücksichtigung von Richtlinien und Anweisungen mit dem Ziel
der Erstellung eines bestimmten Produktes oder einer
Dienstleistung ([STR88], S. 17).
Prozesse und die darin enthaltenen Aktivitätenfolgen
sind durch Kunden-Lieferanten-Beziehungen gekennzeich-

net. Der Lieferant erbringt den Prozeßinput in Form von Informationen, Material und Anlagen. Das Prozeßergebnis wird an den Kunden weitergegeben, der daran spezifische (Qualitäts-)Anforderungen stellt ([HAI89], S. 94). Kunde und Lieferant eines Prozesses können vor- oder nachgelagerte Prozesse oder Aktivitäten wie auch betriebliche Funktionsbereiche sein, so daß sich ein Unternehmen als komplexes System von Prozessen auffassen läßt ([FRO 92], S. 8). Innerhalb jedes Prozesses ist zwischen einer Planungs- bzw. Steuerungs- und einer Leistungsebene zu unterscheiden ([ELG93], S. 44). Das Ergebnis der Planungsebene ist in Form von Vorgaben gleichzeitig Input der Leistungsebene. Von der Leistungsebene gehen Rückkopplungsinformationen als Input an die Planungs- und Steuerungsebene, so daß auch hier Regelkreise vorliegen. Die Ausführungen zu Prozessen sind in Bild 5.2 in einem schematischen Prozeßmodell zusammengefaßt.

Die Definition von Prozessen hat auf verschiedenen Ebenen zu erfolgen. Leistungsprozesse sind übergeordne-

• Kennzeichnend für betriebliche Leistungsprozesse ist die Kunden-Lieferanten-Beziehung

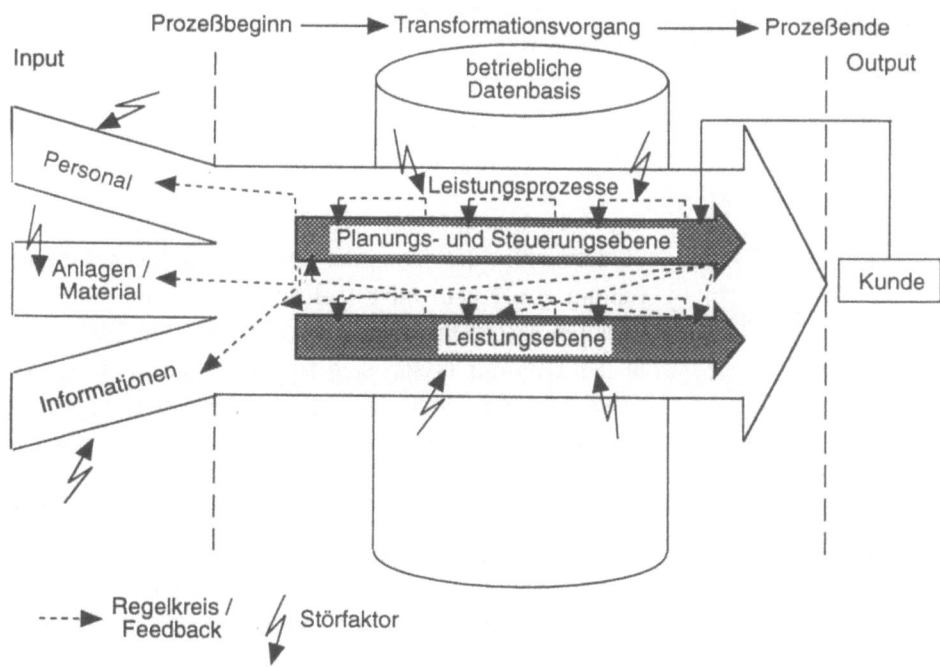

Bild 5.2 Prozeßmodell

• Betriebliche
Leistungsprozesse
gliedern sich im Un-
ternehmen in Makro-
und Mikroprozesse in
Form eines hierar-
chischen Ebenen-
modells auf

• Merkmale zur
Charakterisierung von
Leistungsprozessen

• Abgrenzung
betrieblicher
Leistungsprozesse

• Die Integration der
Arbeitsvorbereitung
in den Innova-
tionsprozeß kann
sinnvoll sein

te Makroprozesse, die sich aus Mikroprozessen verschiedener Ordnungen zusammensetzen. Mit Hilfe dieser Unterscheidung kann ein prozessuales Ebenenmodell in Form einer Prozeßhierarchie gebildet werden. Sie ist hilfreich, falls ein Leistungsprozeß die an ihn gestellten Anforderungen nicht erfüllt, da die Unterteilung in Mikroprozesse die Ursachenforschung erleichtert.

Zur Charakterisierung von Leistungsprozessen lassen sich zusammenfassend folgende Merkmale heranziehen:

– Vorhandensein mindestens zweier organisationsinterner oder -externer Kunden und Lieferanten,
– Auslösung durch ein - meist externes – Ereignis,
– eindeutige Definition von Prozeßbeginn und -ende,
– Verarbeitung eines Input nach bestimmten Transformationsregeln zu einem Output,
– abteilungs- und funktionsübergreifender Ablauf,
– materieller und/oder informationeller Charakter,
– mehrschichtige Struktur (Planungs- und Steuerungsbzw. Leistungsebene),
– Bedienung eines Kunden oder Marktsegments mit definierter Leistung und
– Möglichkeit der selbständigen Abwicklung des Prozesses.

5.3.2   Beschreibungsmodell

Zur Präzisierung bietet es sich an, Leistungsprozesse so zu definieren, daß sie einen direkten Einfluß auf die Erfüllung von einem oder mehreren aus Kundensicht relevanten Erfolgsfaktoren aufweisen. Aus der Diskussion in der Literatur lassen sich fünf wichtige Leistungsprozesse erkennen: Innovationsprozeß, Produktionsprozeß, Auftragsabwicklungsprozeß, Logistikprozeß und Serviceprozeß.

Der Innovationsprozeß enthält die Aktivitäten der Bereiche Marketing, Entwicklung, Konstruktion sowie Prototypenentwicklung und Vorserienbau. Ebenfalls sind Änderungsprozesse durch markt- oder technikbedingte Rückkopplungen involviert. Mit der Integration der Arbeitsvorbereitung in den Innovationsprozeß ist die Schnittstelle zur Produktion abgedeckt, was eine parallele anstelle einer sequentiellen Prozeßabwicklung erleichtert. Der Innovationsprozeß umfaßt die gesamte Zeitspanne zwischen der Produktidee und der Markteinführung ([WIL93b], Sp. 3397).

Der Produktionsprozeß beinhaltet alle fertigungsnahen Aktivitäten zur Gütererstellung. Er umfaßt die Zeitspanne zwischen der Bereitstellung aller für die Produktion notwendigen Materialien bis zur Ablieferung des Endproduktes ([WIL93b], Sp. 3397f.). In den Produktionsprozeß integriert sind häufig qualitätssichernde und instandhaltende Tätigkeiten, so daß auch diese Hilfsprozesse einen Bestandteil des Leistungsprozesses Produktion bilden können.

• In den Produktionsprozeß eingeschlossen sind alle fertigungsnahen Funktionen

Dem Materialfluß entgegengerichtet, vorgeschaltet oder parallel begleitend ist der Informationsfluß der Auftragsabwicklung und der Logistik in der Informationsverarbeitung ([WIL93b], Sp. 3398). Es bietet sich an, die Aktivitäten der Beschaffungs-, Produktions- und Distributionslogistik in einem unternehmensübergreifenden Logistikprozeß zusammenzufassen. Der Beschaffungsprozeß, in der der zwischenbetriebliche Informations- und Materialstrom fließt, umfaßt die Informationsdurchlaufzeit zwischen Abnehmer und Lieferant sowie die Wiederbeschaffungszeit ([WIL95], S. 62f.). Wesentliche Aufgabe innerhalb der Produktionslogistik ist die Produktionsplanung und -steuerung. Die Distributionslogistik schließt sich direkt an die Fertigstellung des Produktes an. Im Logistikprozeß enthalten ist mit der räumlichen und zeitlichen Transformationen von Reststoffen auch die Entsorgungslogistik.

• Der Logistikprozess bündelt die logistische Kompetenz des Unternehmens

Die Unterscheidung zwischen Logistik- und Auftragsabwicklungsprozeß erfolgt dahingehend, daß im Logistikprozeß produktionsnahe Prozesse subsumiert werden, während der Auftragsabwicklungsprozeß die administrativen Prozesse der Anfragenbearbeitung, Angebotserstellung und Kundenauftragsbearbeitung sowie der finanziellen Abwicklung (Fakturierung) umfaßt. Die Zeitspanne des Auftragsabwicklungsprozesses beginnt mit der Anfragenbearbeitung und endet mit der Übergabe der erbrachten Leistung an den Kunden [WIL93a, S. 119f]. Getrennt

• Bestandteil des Auftragsabwicklungsprozesses sind alle Aktivitäten der Auftragsabwicklung von der Anfragenbearbeitung bis zur Übergabe an den Kunden

Prozeß	Aktions-träger		Aktions-objekt		Aufgaben-typ		Formalisierungs-grad/ Entschei-dungsintensität	
	pers.	masch.	mat.	immat.	Routine	Einzel	niedig	hoch
Innovation	personell		Information		Einzelaufgabe Projektaufgabe		nicht determiniert / innovativ	
Fertigung	personell/ maschinell		physisch		Routineaufgabe		determiniert / repetitiv	
Logistik	personell/ maschinell		Information/ pyhsisch		Regelaufgabe / Routineaufgabe		determiniert / repetitiv	
Kunden-auftrags-abwicklung	personell		Information		Regelaufgabe / Routineaufgabe		determiniert / repetitiv	
Service-prozeß	personell		Information		Regelaufgabe / Routineaufgabe		determiniert / repetitiv	

Bild 5.3 Prozeßcharakterisierung

• Leistungsprozesse
sind für jedes Unter-
nehmen individuell zu
definieren

davon ist der Serviceprozeß, bei dem technische Vorgänge im Bereich Inspektion, Reparaturen, Wartung, und
Außenmontage, gegebenenfalls unter Zuhilfenahme be-
triebsfremder Abteilungen, abgewickelt werden sowie
kaufmännische Beratungstätigkeiten in Rechts- und Fi-
nanzfragen stattfinden.

Die so definierten Leistungsprozesse stellen idealtypi-
sche Ausprägungen dar und müssen an spezifische Gegebenheiten angepaßt werden. Nach den wesentlichen Prozeßmerkmalen Aktionsträger, Aktionsobjekt, Aufgabentyp und Formalisierungsgrad ist jedoch eine Einordnung
möglich (Bild 5.3). Wichtig bei der unternehmensspezifischen Anpassung ist, daß die Leistungsprozesse eindeutig in der Zuordnung von Teilprozessen und Einzelakti-
vitäten zu übergeordneten Leistungsprozeßketten sind
und unabhängig von der Aufbauorganisation definiert
werden ([KAI92], S. 50).

Die Prozeßstruktur, die Ausgestaltung der Schnittstellen und die Regelungs- und Koordinationsmechanismen
werden von Produktionstyp, Auftragstyp, Organisations-
typ der Produktion, Produktionsprogramm und Produkt-
struktur beeinflußt (Bild 5.4). Bei der Großserien- und

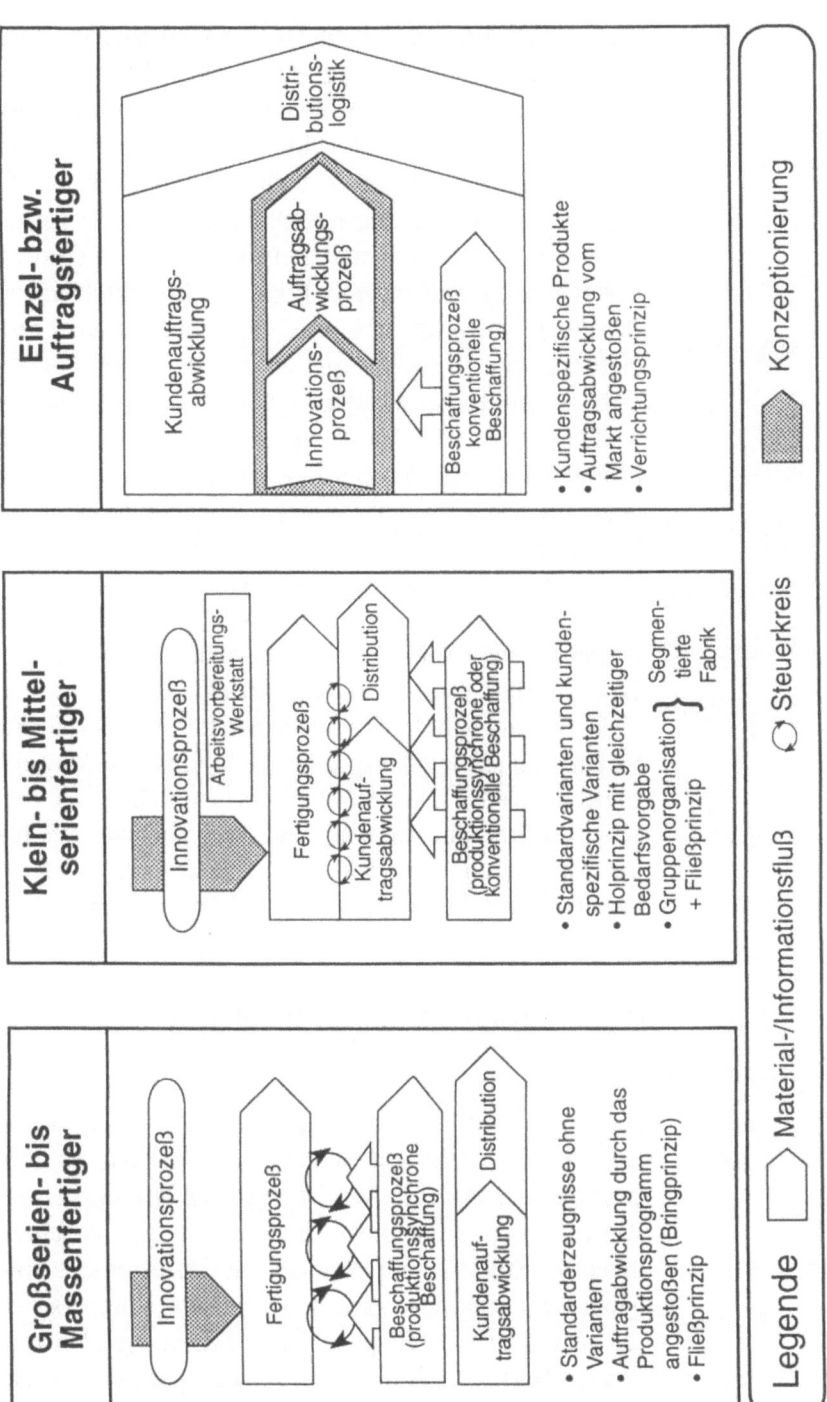

5.4 Systematisierung von Prozeßtypen

• Die Ausprägung der
Leistungsprozesse ist
insbesondere ab-
hängig von dem
Produktions- und Auf-
tragstyp und dem
Produktionsprogramm

Massenfertigung für einen anonymen Markt (Typ A) ist der Innovationsprozeß durch einen einmaligen Durchlauf für Standarderzeugnisse gekennzeichnet ([WIL93b], Sp. 3398ff.). Dies impliziert eine enge Kopplung mit dem Absatzmarkt, um nicht an den Kundenwünschen vorbeizuproduzieren, bedeutet aber auch eine weitgehende Abkopplung vom Auftragsabwicklungsprozeß. Zwischen Produktions-, Logistik- und Auftragsabwicklungsprozeß liegen enge Verbindungen in Form von Regelkreisen vor. Bei der Einzelfertigung (Typ C) sind Innovations-, Produktions- und Logistikprozeß als Teil der damit übergeordneten Auftragsabwicklung anzusehen. Die Auftragsabwicklung wird vom Markt angestoßen, und es werden Produkte nach Kundenspezifikationen produziert. Zur Integration kann ein Auftragsabwicklungszentrum installiert werden, in dem auch die logistischen Aufgaben der Produktionsplanung und -steuerung sowie die Versandabwicklung wahrgenommen werden ([SCHOM80], S. 23ff.). Zwischen den Typen A und C besteht eine Mischform (Typ B). Hier werden im Rahmen der Herstellung von kleineren und mittleren Serien neben fertig konstruierten Varianten auch kundenspezifische Produkte auftragsbezogen hergestellt. Dies erfordert eine enge Kopplung zwischen Auftragsabwicklungs- und Innovationsprozeß bei der Vorbereitung von Produktneuanläufen und der technischen Bearbeitung eingegangener Kundenaufträge.

5.4   Meßgrößen zur Bewertung von Leistungsprozessen

• Wesentliche
Grundlage für ein
Controllingkonzept ist
die Festlegung von
Meßgrößen

Die Meßgrößen für Geschäftsprozesse bilden die Grundlage zur Kontrolle von Soll/Ist-Abweichungen im Prozeßverhalten und zur Abschätzung der Wirkungen von Verbesserungsmaßnahmen. Kennzahlen zur Beschreibung der Effizienz und Wirksamkeit des Prozesses sind dabei vergleichsweise einfach festzulegen, sofern es sich um quantifizierbare Eingangs- oder Ergebnisgrößen handelt ([HAL91], S. 158-165). Die Ermittlung aussagefähiger Kennzahlen zur Bewertung der Prozeßeigenschaften bereitet größere Schwierigkeiten. Insbesondere Eigenschaften wie Prozeßkomplexität, -verantwortung und -organisation sind schwer darstellbar. Dimensionen im Meßmodell (Bild 5.5) sind

– die Prozeßleistung,
– die Prozeßkosten,
– die Prozeßdurchlaufzeit,
– die Abwicklungsqualität und
– prozeßübergreifende Wechselwirkungen

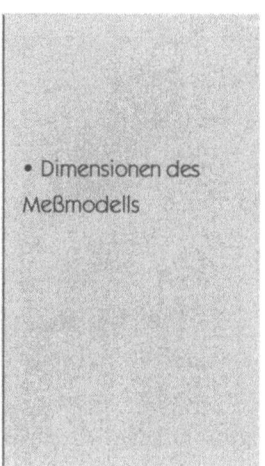

• Dimensionen des Meßmodells

Es wird dabei zwischen Meßgrößen unterschieden, die Bestandteil der mit einem Kunden vereinbarten Leistung sind (Prozeßleistung), und solchen Größen, die für die interne Prozeßbeurteilung notwendig sind. Den Kunden in-

Dimension	Inhalt	Messung
Prozeß- leistung	Erfüllung vorgegebener Anforderungen in Kosten, Zeit und Qualität	• Zielabweichung • Kundenzufriedenheit • Übereinstimmung mit Anforderungen
Prozeß- kosten	Aufwand zur Erfüllung der Prozeßaufgaben	• Prozeßkosten • Kostentreiber • Faktorproduktivität • Wirtschaftlichkeit
Prozeß- zeiten	Höhe und Streuung der Zeiten zur Erfüllung der Prozeßaufgaben	• Durchlaufzeit • Streuung der Durchlaufzeit/ Variabilität
Abwicklungs- qualität	Erfüllung interner Anforderungen an die Prozeßdurchführung	• Fehlerfreiheit • Prozeßfähigkeit • Störanfälligkeit (Robustheit) • Rückverfolgbarkeit • Kontrollier- und Steuerbarkeit • Flexibilität • Verbesserungsrate
Wechsel- wirkungen	Beeinflussung von Eingangsgrößen anderer Prozesse durch Prozeßergebnisse	• Abweichungen, Spannbreiten • Beeinflussungsgrade • Durchgängigkeit

Bild 5.5 Dimensionen im Meßmodell

• Unterschiedliche
Meßebenen
gewährleisten ein
Controlling von
Effektvität und
Effizienz der
Leistungserstellung

• Zur Beurteilung der
Prozeßleistung
werden Zeit-, Kosten-
und Qualitätsgrößen
herangezogen

• Die Erfüllung der
Kundenanforderun-
gen ist letztlich
entscheidend

teressiert bei einem Bestellabruf nur eine termingerecht gelieferte Ware, nicht aber die interne Durchlaufzeit oder Effizienz der Auftragsabwicklung beim Lieferanten, sofern der Liefertermin dadurch nicht berührt wird. Die prozeßübergreifende Ebene trägt der starken Verflechtung der Leistungsprozesse Rechnung. Es werden Wechselwirkungen auf die Eingangsgrößen und Struktur anderer Prozesse aufgezeigt. Dadurch soll eine über die Einzelprozesse hinausgehende, ganzheitliche Ausrichtung im Sinne der Gesamtleistung des Unternehmens sichergestellt werden ([SOM89], S. 27f.).

PROZEßLEISTUNG

Als Bewertungsdimensionen für die Prozeßleistung sind Zeit- und Qualitätsgrößen sowie Kostengrößen geeignet. Zeitgrößen und qualitätsbezogene Größen sind heranzuziehen, da eine alleinige Betrachtung von Kostengrößen zu kurz greifen würde. Eine Ausrichtung auf Kostengrößen vernachlässigt die Bedeutung von sogenannten weichen Faktoren für den Kunden ([OES91], S. 25) sowie die Wechselwirkungen zwischen den Zielgrößen, die oft in konkurrierender Beziehung stehen. Der Prozeßoutput ist für eine Bewertung den Kundenanforderungen gegenüberzustellen. Bewertungsdimensionen sind Kostengrößen für den Kunden wie Kaufpreis oder Lebenszykluskosten, Zeitgrößen (Lieferzeit, Liefertreue, Durchlaufzeit) und Qualität im Sinne der bewerteten Beschaffenheit des Prozeßergebnisses. Eine wesentliche Rolle spielt dabei, ob das Prozeßergebnis die Anforderungen des (internen oder externen) Kunden erfüllt. Dies kann über eine Kundenzufriedenheitsanalyse bestimmt werden, die die Erwartungen und die erhaltene Leistung gegenüberstellt ([KOT95], S. 283). Hilfsgrößen hierfür sind die Reklamationsquote, der Erfüllungsgrad von Anforderungen oder die Anzahl abgewanderter Kunden.

Die Leistungsbetrachtung beinhaltet nicht die Fehlerfreiheit des Prozesses, also dessen Abwicklungsqualität. Diese ist zwar für ein Qualitätscontrolling von hoher Bedeutung, muß jedoch von der Erfüllung kundenbezogener Anforderungen getrennt werden, da für den Kunden die ihn nicht unmittelbar betreffende Prozeßqualität nicht relevant ist. Auf dieser Ebene interessieren lediglich die Abweichungen, die beim Kunden bemerkt werden.

PROZEßKOSTEN

Für eine interne Effizienzbeurteilung der Leistungsprozesse sind Kostengrößen heranzuziehen. Die bei Ausführung eines Prozesses anfallenden Kosten können mittels der Prozeßkostenrechnung verursachungsgerecht zugeordnet werden ([COE91], S. 23). Wesentlich ist dabei der Zusammenhang zwischen Kosten und den Kosteneinflußgrößen (Kostentreibern). Hierbei bietet sich die Kombination einer prozeßorientierten Kostendarstellung und der konzeptionellen Neugliederung der Qualitätskosten an ([WIL92], S. 766f.). Zusätzlich zu einer prozeßorientierten Kostenerfassung sollen Ansatzpunkte zur Produktivitätssteigerung und Zeitverkürzung etwa durch eine wertanalytische Analyse einzelner Prozeßschritte oder den Abbau von Beständen ermittelt werden ([WIL94b], S. 206).

• Die Bestimmung von Prozeßkosten ist Basis einer internen Effizienzbeurteilung

PROZEßDURCHLAUFZEIT

Die Prozeßdurchlaufzeit umfaßt die Zeitspanne vom Prozeßbeginn bis zu einem definierten Prozeßende. Der Prozeßbeginn ist durch die erste Aktivität oder den Zeitpunkt, an dem alle für die Prozeßdurchführung erforderlichen Inputs vorliegen, charakterisiert. Das Prozeßende ist erreicht, wenn das angestrebte Prozeßergebnis vorliegt. Es ist bei der Zeitmessung hilfreich, Bearbeitungs-, Liege- und Transportzeiten zu unterscheiden. Weiterhin kann vor allem bei Teilprozessen mit hoher Wiederholhäufigkeit der Mittelwert und die Streuung der Durchlaufzeiten interessant sein. Es empfiehlt sich, auch eine Häufigkeitsverteilung der Durchlaufzeiten vorzunehmen, um aufzuzeigen, von welchen Faktoren die Durchlaufzeit abhängt und mit welcher Wahrscheinlichkeit eine bestimmte Zielzeit erreicht wird. Vor allem bei variablen Prozessen mit stark unterschiedlicher Durchlaufzeit ist eine einfache Mittelwertbildung nicht ausreichend.

• Gesamtdurchlaufzeit eines Prozesses und Streuung der Durchlaufzeiten müssen gemessen werden

ABWICKLUNGSQUALITÄT

Meßgrößen zur Beurteilung der Abwicklungsqualität geben Aufschluß darüber, wie der Prozeß durchlaufen wird und ob der Prozeßdurchlauf die internen Anforderungen erfüllt. Damit können Schwachstellen und Ansatzpunkte für Verbesserungen ermittelt werden; eine rein ergebnis-

• Prozeßinterne Meßgrößen zum Aufdecken von Schwachstellen

bezogene Sicht ist nicht ausreichend.

Prozeßinterne Meßgrößen können anhand der Dimensionen:

- Fehlerfreiheit,
- Prozeßfähigkeit,
- Störanfälligkeit/Robustheit,
- Rückverfolgbarkeit,
- Kontrollier- und Steuerbarkeit,
- Flexibilität und
- Verbesserungsrate

- Dimensionen
prozeßinterner
Meßgrößen

systematisiert werden. Bei der Erhebung der Fehlerfreiheit ist auf eine eindeutige Klassifikation zu achten. Fehler, die beim Kunden auftreten, betreffen die Ebene der Prozeßleistung. Fehler, die im Prozeßablauf auftreten, sind davon getrennt zu behandeln, da bei ihnen prinzipiell die Möglichkeit besteht, sie durch Nachbesserung zu eliminieren. Zweitens ist danach zu unterscheiden, ob der Fehler als unerwünschte Abweichung von einem Soll-Ergebnis aufzufassen ist oder ob bereits das angestrebte Prozeßergebnis von den tatsächlichen Kundenanforderungen abweicht. Letzteres erfordert ein Infragestellen des gesamten Prozesses, während eine unerwünschte Abweichung durch Verbesserungsmaßnahmen zu beseitigen ist.

- Fehler im Prozeß-
ablauf sind in Ab-
hängigkeit von der
Schwere zu beur-
teilen

Die Analyse der Prozeßsicherheit im Sinne von Prozeßfähigkeit und Variabilität erfolgt mittels statistischer Methoden. Die Prozeßfähigkeit kann als Vermögen einer (technischen) Anlage gesehen werden, eine bestimmte Toleranzgrenze nicht zu überschreiten; die Prozeßbeherrschung stellt das Vermögen des Anwenders dar, die Prozeßfähigkeit der Anlage zu nutzen. Für die Abbildung der Prozeßfähigkeit wird ein Streuungsmaß, der cp-Wert, verwendet, der aus dem Verhältnis von Toleranzbreite von Prozeßindikatoren und ihrer Streuung gebildet wird, wobei lediglich die Streuung des Wertes berücksichtigt wird. Bei der Bewertung der Prozeßfähigkeit mit dem cpk-Wert wird zusätzlich die Lage des Mittelwerts innerhalb der Toleranz berücksichtigt. Die Werte sind gleich, wenn der Prozeß in Toleranzmitte zentriert ist (ausführlich dazu [FRO92], S. 10f.; [FÜL88], S. 470; [JUR91], S. 219ff.;

- Beurteilung der
Prozeßfähigkeit über
Fähigkeitskennzahlen

[PFEI93], S. 245f.; [SEI92], S.467-489). Für Produktionsprozesse werden unterschiedliche Vorgaben für die Prozeßfähigkeitsindizes gegeben. Bekannt ist der Ansatz der
Firma Motorola, die Anforderungen in Form der sogenannten „Sechs-Sigma-Philosophie" zu definieren. Dabei
wird ein Prozeßfähigkeitsindex von cp=2 und cpk=1,5
vorausgesetzt, d.h. die Differenz zwischen oberer und un-
terer Toleranzgrenze entspricht ±6 s mit s = Standardab-
weichung, eine Streuung des Mittelwertes um ± 1,5 s ist
erlaubt ([SEI92], S. 475f.). Dies entspricht einem Fehler-
anteil von 3,4 ppm bezogen auf eine Fehlerart in einer Einheit, beispielsweise bei einem Prozeß mit 200 Schritten
einem Gesamtfehleranteil von 0,068 % (=200 * 3,4ppm).
Prinzipiell sind alle materiellen und informatorischen
Prozesse auch in indirekten Bereichen, vor allem repetitive Verwaltungsprozesse, als Anwendungsfeld möglich
([HAI89], S. 117f.). Es lassen sich in beleibiger Detaillie-
rung Kennzahlen ableiten, um das Prozeßverhalten, die
Häufigkeitsverteilung von Prozeßergebnissen und die
Prozeßfähigkeit abzubilden. Insbesondere die Einschätzung von Fehlerrisiken und von Zusammenhängen zwischen einzelnen Prozeßgrößen sind wichtige Elemente einer Analyse bestehender Prozesse, wobei eine Unterscheidung von systematischen und zufälligen Fehlern
wichtig ist. Die Prozeßfähigkeitskennzahlen sind umso
kleiner, je niedriger die Fähigkeit des betrachteten Prozesses ist. Sie sind als Basis für eine Schlüsselung qualitätsbezogener Kosten geeignet. Nimmt ein Produkt relativ viel Kapazität nicht fähiger Prozesse (kleiner Prozeßfähigkeitsindex) in Anspruch, so verursacht es auch hohe
prozeßbezogene Qualitätskosten, die ihm mittels des
Kehrwertes des Prozeßfähigkeitsindexes zugerechnet
werden ([WIL94c], S. 71). Falls ein Prozeßfähigkeitsindex
nicht rechnerisch bestimmt werden kann, können Maß-
zahlen auch durch Schätzung bestimmt werden ([FRÖ91],
S. 177).

Bei der Dimension Störanfälligkeit/Robustheit ist das
Ziel Auswirkungen nicht beherrschter Einflußgrößen zu
verringern, was bei Prozessen mit hoher Wiederholhäufigkeit durch die Taguchi-Methode erreicht werden kann
([DAN90], S.29f., 103ff.). Dabei steht die Ermittlung eines

• Die statistische
Ermittlung der
Prozeßfähigkeit ist
nur bei repetitiven
Prozeßtypen un-
problematisch

• Systematische
und zufällige Fehler
sind unbedingt
voneinander zu
unterscheiden

• Der Prozeßfähig-
keitsindex kann auch
geschätzt werden

Verlustes bei Abweichungen vom Zielwert im Vordergrund. Ausgangspunkt des Ansatzes von Taguchi ist eine
Neudefinition des Fehlerbegriffs im Rahmen der statistischen Versuchsplanung ([TAG87], S. 23) und die Überlegung, daß jede Abweichung von dem als optimal gefunde-
nem Zielwert zu einer tendenziellen Verschlechterung des
Unternehmensergebnisses führt. Über eine sogenannte
Verlustfunktion soll der Fehlleistungsaufwand in diesen
Bereichen quantifiziert werden.

Zur Aufdeckung von Fehlerquellen müssen die Prozesse rückverfolgbar sein. Dies erfordert eine definierte Prozeßstruktur mit klar abgegrenzten Arbeitsschritten, Kontrollpunkten und Schnittstellen. Eine lückenlose Dokumentation der Prozeßdaten ist ebenso wichtig wie die
Kontrollier- und Steuerbarkeit der Prozesse ([DAN90],
S.99f., [HAL91], S. 47). Hier ist es von Bedeutung, den Anteil der stochastischen Prozesse und Prozeßanteile durch
eine entsprechende Prozeßgestaltung zugunsten der de-
terministischen Prozeßanteile zu senken. Dies kann
durch eine Verkürzung der Rückkopplungswege und damit der Rückkopplungszeiten erreicht werden. Geeignete
Meßgrößen für die Kontrollier- und Steuerbarkeit sind
der Anteil definierter und dokumentierter Arbeitsschritte,
die Anzahl von Meßpunkten in einem Prozeß und der Anteil von Prozeßschnittstellen, bei denen Abweichungen
vom Soll-Ergebnis erfaßt werden. Mit der Dimension Flexibilität soll zum einen die Anpassungsfähigkeit des
Prozesses an veränderte Randbedingungen und zum
zweiten der Einsatzbereich des Prozesses abgebildet werden. Die zeitliche Anpassungsfähigkeit eines Prozesses
kann durch die kürzeste und längste Prozeßdurchlaufzeit
wiedergegeben werden, die Vielseitigkeit durch die Anzahl unterschiedlicher Bearbeitungsaufgaben wie beispielsweise Auftragstypen.

Eine weitere Meßgröße zur Beurteilung der Abwicklungsqualität ist die Verbesserungsrate des Prozesses. Dabei steht die Ermittlung von Lernraten im Vordergrund,
die durch die zeitliche Entwicklung von Meßgrößen untersucht wird ([SCHN88], S. 53). Es geht darum, die Zeit
zu ermitteln, in der ein Ausgangswert sich um ein be-
stimmtes Maß erhöht oder verringert. In Übereinstim-

mung zu der Halbwertszeit des Zerfallsgesetzes kann
auch für betriebliche Meßgrößen, wie etwa die Durchlaufzeit oder Fehlerraten, ermittelt werden, in welcher
Zeit eine 50%-ige Reduzierung erreicht wird. Darüber hinaus müssen 'weiche' Faktoren als prozeßinterne Bewer-
tungsgrößen definiert werden, um die Wirkung der Gestaltung betrieblicher Prozesse auf Größen wie Motivation, Arbeitszufriedenheit, Leistungsbereitschaft abbilden
zu können.

PROZEßÜBERGREIFENDE WECHSELWIRKUNGEN
Für eine Untersuchung der prozeßübergreifenden Wirkungen auf nachfolgende und benachbarte Prozesse ist
zunächst eine Analyse und Dokumentation der Prozeßstruktur und der Inputfaktoren durchzuführen, um in einem zweiten Schritt wesentliche Wirkungszusammenhän-
ge aufzeigen zu können. Hilfreich sind hierzu Relationen-
diagramme ([MIZ88], S. 88ff.). Die Zusammenhänge der
einzelnen Prozesse lassen sich mittels einer Prozeß- und
Kennzahlen-Hierarchie abbilden ([WIL93a], S. 116). Entsprechend der Gliederung in Leistungs- und Teilprozesse
sind Kennzahlen zu definieren, die durch den betrachteten Prozeß beeinflußt werden. Damit ist aufzuzeigen, inwieweit ein Prozeßergebnis als Eingangsgröße eines anderen Prozesses relevant ist und welche Konsequenzen
Abweichungen auf nachfolgende oder übergeordnete
Prozesse haben. Ein Beispiel wäre, inwieweit Abweichungen von einer vorgegebenen Bearbeitungszeit sich auf die
Lieferzeit und damit die Kundenzufriedenheit auswirken.
Aus einer solchen Analyse könnte zum Beispiel die Emp-
fehlung resultieren, die Organisationsstruktur an zentralen Leistungsprozessen auszurichten oder die Aktivitäten
innerhalb der Prozesse zu integrieren, beispielsweise
durch Bildung von Arbeitsteams oder autonomer Ferti-
gungssegmente.

> • Prozeßübergreifen-
> de Wechselwirkungen
> sind wegen der
> Verflechtung von
> Leistungsprozesse zu
> berücksichtigen

5.5 Verbesserung der Prozesse

Die ermittelten Meßgrößen sind alleine noch nicht ausreichend, um ermitteln zu können, welche Verbesserungen
in den Zielgrößen möglich sind und welche Maßnahmen
sich daraus ableiten. Vielmehr ist dazu eine Schwachstel-

lenanalyse erforderlich, die die Ursachen für etwaige Ziel-
abweichungen und Ineffizienzen liefern soll.

SCHWACHSTELLENANALYSE

Das Ursache-Wirkungsdiagramm als klassisches Instrument der Qualitätsanalyse dient dem Aufdecken stören-
der Einflußgrößen auf den Prozeßverlauf ([HAL91], S.
45f.). Es wird offenbar, welche Grundkenntnisse über das
Problem vorliegen und in welchem Umfang der betrach-
tete, dem Problem zugrunde liegende Prozeß beherrscht
wird ([KAM95], S. 102). Zum Aufdecken der Einflußgrößen auf potentielle Fehler in Leistungsprozessen dient die
Prozeß-FMEA. Von besonderem Stellenwert ist dabei die
Überprüfung der Auswirkungen potentieller Fehler auf
Prozeßkosten und Termineinhaltung. In Ergänzung zur
gängigen Vorgehensweise werden Skalierungsraster vorgeschlagen, die eine Bewertung der Fehlerbedeutung hinsichtlich der Prozeßkosten und der Termineinhaltung
objektivieren. Die Risikoprioritätszahl kann somit gezielt
für Zeit- und Kostengrößen ermittelt werden (Bild 5.6).
Damit läßt sich beispielsweise systematisch beurteilen,
ob die Überschreitung einer Lieferzeit vom Kunden bemerkt wird und welche Bedeutung dieser potentiellen Abweichung zukommt. Eine systematische Identifikation
möglicher Ausfallkombinationen in Leistungsprozessen
sowie die Ermittlung von Ausfallwahrscheinlichkeiten
kann auch mittels einer Fehlerbaumanalyse vorgenommen werden.

In Abhängigkeit der ermittelten Abweichungen von
Soll-Vorgaben und den ermittelten Schwachstellen der vorliegenden Prozesse ist festzulegen, ob die bestehenden
Prozesse in kontinuierlichen Schritten zu verbessern oder
ob gänzlich neue Prozesse einzuführen sind ([ISH91], S.
37). In beiden Fällen ist es vorteilhaft, die jeweiligen Aufgaben in interdisziplinären Teams wahrzunehmen ([JON-
94], S. 29). Zur Prozeßverbesserung sind im Rahmen des
Qualitätscontrollings unterschiedliche Ansätze und Methoden einzusetzen:

– Auditierung,
– Standardisierung,
– Visualisierung,

• Ursache-Wirkungs-
diagramm und die
Prozeß-FMEA
zur Schwachstellen-
analyse

• Die Bewertung der
Fehlerbedeutung
hinsichtlich der
Prozeßkosten und der
Termineinhaltung wird
durch ein
Skalierungsraster
unterstützt

• Auf Basis der
Schwachstellenanaly-
se bestehende
Prozesse überarbeiten
oder gänzlich neu
gestalten

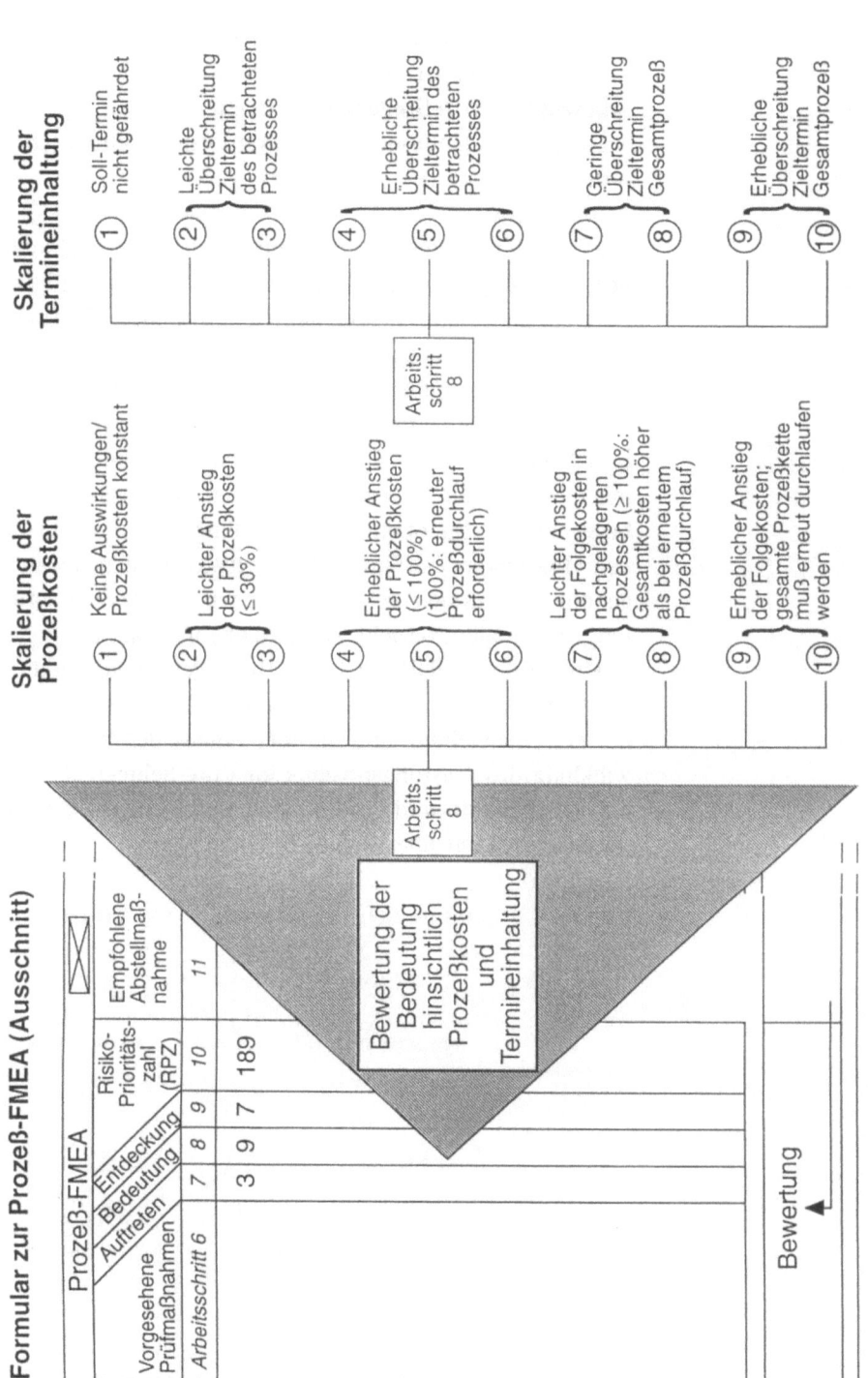

Bild 5.6 Erweiterte Prozeß-FMEA

• Ansätze und
Methoden zur
Prozeßverbesserung

- Selbstabstimmung in Teilprozessen,
- Beeinflussung der Abweichungshäufigkeit,
- Ersatz der Prozeßregelung durch -steuerung,
- Einsatz von Methoden der präventiven Qualitätssicherung.

AUDITIERUNG

• Durch eine
gegenseitige
Auditierung der
Fachbereiche wird
der Blickwinkel über
qualitätsbezogene
Themenstellungen
hinaus erweitert

Die Erweiterung des Untersuchungsfeldes über qualitätsbezogene Fragestellungen hinaus führt auf die Auditierung als Instrument des Qualitätscontrollings. Als Alternative zu einer zentralen Audit-Organisation bietet sich die gegenseitige Auditierung an, bei der sich verschiedene Organisationseinheiten abwechselnd beurteilen (Bild 5.7). Es ist dabei sinnvoll, daß eine gegenseitige Auditierung mit mehr als nur zwei eingebundenen Organisationseinheiten erfolgt. Die operative Controllingaufgabe wird von den Mitarbeitern im Sinne eines Selbstcontrollings wahrgenommen, das sich nicht mehr nur, wie bei der Selbstprüfung, auf Qualität bezieht, sondern ebenfalls auf Zeit- und Kostengrößen ([HOR93], S. 76). Die gegenseitige Auditierung führt zu einem verbesserten Informationsaustausch, der der Angleichung und darüber hinaus der Weiterentwicklung des Leistungsniveaus im Unternehmen förderlich ist. Qualitäts- und Produktivitätsunterschiede können durch Innovationsübertragung beseitigt werden.

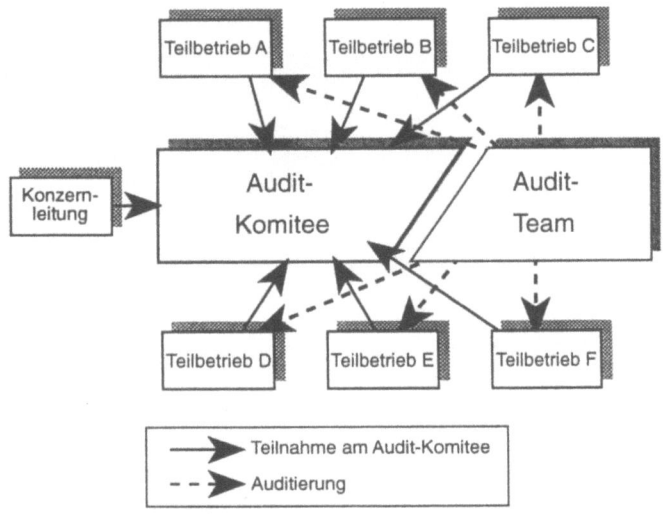

Bild 5.7 Organisation der gegenseitigen Auditierung

STANDARDISIERUNG

Der Ausgangspunkt jeder Verbesserung ist die Definition von Standards. Unter Standardisierung wird der Grad verstanden, mit dem repetitive Tätigkeiten durch Routineverfahren generalisiert und spezifiziert sind. Standardisierung beinhaltet Regeln und Programme, die für alle vergleichbaren Situationen unabhängig vom Handlungsträger festgelegt sind. Durch die Reduzierung der Bandbreite von Handlungsalternativen wird eine höhere Wiederholhäufigkeit des Prozesses sichergestellt. Es ist allerdings weder notwendig noch möglich, jeden einzelnen Arbeitsschritt zu standardisieren ([HAR93], S. 40). Die entscheidenden Elemente wie Zykluszeit, Rüstzeit oder Arbeitsfolge müssen jedoch meßbar und standardisiert vorliegen. Voraussetzung für die Standardisierung von Abläufen ist die Dokumentierbarkeit der am Prozeß beteiligten Informations- und Materialflüsse. Standardisierung ist dabei als dynamischer Prozeß zu verstehen, der in den Phasen „das Erreichte festhalten und einen Standard schaffen, den Erhalt des Standards sichern, den Standard in Frage stellen und den Standard ständig anpassen" abläuft.

> • Soweit möglich und sinnvoll, sind für jeden Prozeß Prozeßstandards festzulegen

VISUALISIERUNG

Zielsetzung der Visualisierung, also der bildlichen Darstellung von Informationen über Arbeitsabläufe und -ergebnisse, ist es, durch eine größere Transparenz über Prozeßziele, -leistungen und -ausführung die Motivation der Mitarbeiter zur Zielerreichung und kontinuierlichen Verbesserung zu steigern. Als Visualisierungsinhalte sind neben quantitativen Meßgrößen auch qualitative Merkmale heranzuziehen, die Aufschluß über Qualifikation und Problemlösungsaktivitäten der Mitarbeiter geben ([GRE91], S. 191). Qualitätsdaten können über Qualitätsregelkarten und fehlerbezogene Häufigkeitsanalysen dargestellt werden. Die Visualisierung ermöglicht den an einem Prozeß beteiligten Mitarbeitern eine unmittelbare Selbstkontrolle der Zielerreichung und bildet die Basis für eine gegenseitige Auditierung.

> • Die Visulisierung von quantitativen und qualitativen Leistungsdaten unterstützt die kontinuierliche Verbesserung der Leistungsprozesse

SELBSTABSTIMMUNG IN TEILPROZESSEN

Eine signifikante Verbesserung der Qualität der Prozesse kann durch Selbstabstimmung der an dem Prozeß beteiligten Mitarbeiter erreicht werden. Selbstabstimmung er-

- Einzelne
Leistungsprozesse
oder Teilprozesse
steuern sich
eingenverantwortlich
im Rahmen von
Zielvorgaben

folgt hauptsächlich in teilautonomen Arbeitsgruppen. Im Rahmen der Durchführung eines Prozesses werden für einen inhaltlich abgegrenzten Tätigkeitsbereich nur noch die Anzahl der bearbeitenden Mitarbeiter und die Prozeßziele vorgegeben. Die Gruppe legt selbständig die Arbeitsplatz- und Prozeßgestaltung, die Aufgabenverteilung und die Sicherstellung der Prozeßqualität, beispielsweise über die Definition und Überwachung von Kontrollpunkten oder die Festlegung von Standards, fest. Als Beispiel für eine Selbstabstimmung im Prozeß Auftragsabwicklung ist das Auftragszentrum anzuführen, in dem alle von außerhalb des Betriebs kommenden Impulse (Anfragen, Aufträge, Rückfragen und Reklamationen) aufgenommen, verarbeitet und beantwortet werden. Eine Überwachung und Ablaufkontrolle durch die übergeordneten Prozeßverantwortlichen oder Dritte entfällt bei dieser Konzeption. Es finden lediglich ergebnisorientierte Prüfungen der übergeordneten Prozesse und im Falle von Abweichungen detailliertere Analysen statt.

BEEINFLUSSUNG DER ABWEICHUNGSHÄUFIGKEIT

Speziell für materielle Prozesse gilt, daß auch bei einer Erhöhung der Prozeßsicherheit keine gänzlich störungsfreie Produktion zu erreichen ist. Bei einer konstanten Fehler- beziehungsweise Störungswahrscheinlichkeit eines Prozesses ist es die Häufigkeit der Prozeßdurchführung, die das Auftreten einer Abweichung determiniert. Für eine rein an der Prozeßhäufigkeit ausgerichtete Bekämpfungsstrategie existieren die prinzipiellen Möglichkeiten:

- Prozesse können
nicht völlig
störungsfrei verlaufen

- Verzicht auf den fehleranfälligen Prozeß
- Verminderung der Durchführungshäufigkeit des fehleranfälligen Prozesses
- Erhöhung der Durchführungshäufigkeit in repetitiven Prozessen bei Lerneffekten.

- Strategien zur
Bekämpfung von
Prozeßstörungen

Auf einen fehleranfälligen Prozeß kann verzichtet werden, wenn er durch einen Alternativprozeß ersetzt oder fremdvergeben werden kann. Als weitere Alternative kann die Fehleranfälligkeit bei der Prozeßplanung berücksichtigt werden, was zu einer gravierenden Veränderung des Produktionsprogramms führen kann. Die Reduzierung der Durchführungshäufigkeit wird durch eine Steigerung des Volumens je Prozeßdurchlauf erreicht, beispielsweise durch eine Aggregation der Losgröße. Diese einfache Strategie hat aber gravierende Nachteile und Gefahren. So bewirken große Losgrößen eine Erhöhung der Bestände und der Durchlaufzeit. Fehlerbehaftete Prozesse und Erzeugnisse werden mit entsprechenden Zeitverzügen festgestellt, so daß der Nacharbeitsanteil steigt. Als dritte Strategie ist eine gezielte Steigerung der Prozeßhäufigkeit denkbar. Anwendungsvoraussetzung ist ein funktionaler Zusammenhang zwischen der Fehleranfälligkeit eines Prozesses und seiner Durchführungshäufigkeit. In Analogie zum Erfahrungskurventheorem ist es zur Erreichung des Lerneffektes notwendig, daß Prozesse repetitiven Charakter aufweisen.

• Auswahl der geeigneten Strategie zur Beeinflussung der Abweichungshäufigkeit

ERSATZ DER PROZEßREGELUNG DURCH PROZEß-STEUERUNG

Im Gegensatz zur Regelung, die die zu regelnde Größe (Regelgröße) fortlaufend erfaßt, mit einer anderen Größe (Führungsgröße) vergleicht und abhängig vom Ergebnis dieses Vergleichs im Sinne einer Angleichung an die Führungsgröße beeinflußt, läßt sich die Steuerung durch einen offenen Wirkungsablauf, d.h. ohne Rückmeldung, ohne Kontrolle und ohne weitere Beeinflussung beschreiben. Das herkömmliche Controlling erfolgt in Regelkreisstrukturen, die ein hohes Maß an Koordinationsaufwand verursachen. Prozeßunsicherheiten werden nicht beseitigt, sondern durch permanente reaktive Eingriffe kompensiert. Im Gegensatz zu dem auch im Qualitätsmanagement vorwiegend angewandten Regelkreisprinzip kann darauf bewußt verzichtet werden, um originäre Prozeßverbesserungen anstelle einer Regelungsoptimierung hervorzurufen.

• Regelkreisstrukturen in Prozeßabläufen können ein Kennzeichen instabiler Prozesse sein

EINSATZ VON METHODEN DER PRÄVENTIVEN QUALITÄTS-SICHERUNG

Eine weitere Möglichkeit zur Verbesserung von Leistungsprozessen ist der Einsatz präventiver Qualitätssicherungsmethoden (Bild 5.8). Weit verbreitet ist bereits die Prozeß-FMEA, der auch die höchste Zielerreichung aller eingesetzten Methoden bei verhältnismäßig niedrigen Ko-

• Die Anwendung der Prozeß-FMEA zur qualitätsgerechten Prozeßgestaltungn ist bereits weit verbreitet

Methoden	Definition der Prozeßan- forderungen	Festlegung der Prozeßziele	Prozeß- struktu- rierung	Ermitteln der möglichen Zielerreichung	Definition der Prozeßverant- wortung	Festlegung v. Meßgrößen u. Berichtswesen
Methoden des Qualitätsmanagements						
Ursache-Wirkungs-Diagr.			◐	◐		
Quality Function Deployment (QFD)	●	●		◐		◐
Fehler-Möglichkeits-und Einflußanalyse (FMEA)			●	●		◐
statistische Prozeßkontrolle (SPC)	◐			◐		◐
Poka-Yoke			●			
Methoden der Unternehmensplanung						
Benchmarking	●	●	◐	◐		◐
Prozeß-Portfolio	●	●				
Ablaufanalysen			●		●	●
Ablaufkarten,Reihenf.gr. Balk.-,Gannt-,Blockdiagr.			●	◐	◐	◐
Relationendiagramm			●	◐	◐	◐
Matrixdiagramm			●	◐	◐	◐
CASE-Werkzeuge			●	◐		
Workflow-Software			●	◐	◐	◐
Netzplantechnik			●	◐		◐
Alternativensuchverfahren	◐	◐	●	◐		
Blueprinting			●		◐	
stat. Schätz- und Prognoseverfahren		◐		●		
Halbwertzeit-Konzept		◐		●		◐
Simulation			●	●		
Prozeßkostenrechnung				●		●

● geeignet   ◐ bedingt geeignet

Bild 5.8 Einsatz präventiver Qualitätssicherungsmethoden

sten zugesprochen wird ([WIL93a], S. 120). Dies ist auf die relativ einfache Durchführungssystematik und den standardisierten Ablauf der FMEA zurückzuführen. Auch die Anwendung des QFD für die qualitätsgerechte Prozeßgestaltung und der Einsatz von SPC für repetitive Teilprozesse ist denkbar, wenngleich sie in der Praxis für immaterielle Prozesse relativ selten eingesetzt werden.

Die Methoden der statistischen Versuchsplanung können in abgewandelter Form auch für immaterielle Prozesse eingesetzt werden. Es ist denkbar, für repetitive Teilprozesse die Vorgehensweise der Parameteroptimierung nach Taguchi ([TAG87], S. 109f.) einzusetzen. Alternative Steuergrößen der Prozesse wie beispielsweise unterschiedliche Bearbeitungsformen oder zentrale beziehungsweise dezentrale Steuerung können mit Ausprägungen von Störgrößen (Auftragseingangs- und Volumenschwankungen, Produktvariation) verknüpft und bei einer genügend großen Stichprobenanzahl der Einfluß auf das Prozeßergebnis ermittelt werden. Ebenso ist eine analog zur Versuchsmethodik von Shainin ([SON89], S. F1-18) aufgebaute Ermittlung von Einflußgrößen auf die Prozeßqualität für repetitive Teilprozesse denkbar. Hierbei kann ein paarweiser Vergleich mehrerer Prozeßdurchläufe bei gutem und unzureichendem Prozeßergebnis erfolgen, wenn die wichtigsten Einflußgrößen auf das Prozeßergebnis identifiziert werden. Denkbar ist auch eine Art „Komponentenaustausch", bei dem Konfigurationsmerkmale des Prozesses gezielt verändert und die Auswirkungen auf das Prozeßergebnis zu identifizieren sind. Eine Schwierigkeit in der Anwendung der Versuchsmethodiken zur Wirkungsanalyse ist darin zu sehen, daß eine genügend hohe Anzahl vergleichbarer Prozeßdurchläufe vorliegen muß und die Prozeßparameter eindeutig identifiziert werden können.

Für die Vermeidung des zufälligen und unbeabsichtigten Fehlers von Menschen als Teil von Arbeitssystemen sind die unter dem Begriff Poka-Yoke subsumierten Prinzipien, Methoden und Vorrichtungen auch auf indirekte Tätigkeiten anzuwenden. Ziel ist, zu verhindern, daß eine Fehlhandlung zu einem Fehler wird. Beispiele hierfür sind Zwangsabläufe, Eingabesperren und Alarmmethoden. Die Effektivität dieser Systematik in erster Linie in materiellen Prozessen konnte in einer Vielzahl von Fällen nachgewiesen werden [SHI86]. Allerdings findet Poka-Yoke in indirekten Bereichen bislang noch zu wenig Anwendung. Vorrichtungen zur Fehlervermeidung werden dort in erster Linie bei der Bedienung von Computerprogrammen, jedoch oft beschränkt auf Eingabefehler, eingesetzt.

• Der Einsatz von Methoden der statistischen Versuchsplanung und von SPC in den indirekten Bereichen ist denkbar

• Poka-Yoke: Vorrichtungen zur Fehlervermeidung auch in nicht fertigungsnahen Bereichen

5.6   Neugestaltung von Leistungsprozessen

Das Qualitätscontrolling muß auch die völlige Neugestaltung von Leistungsprozessen anregen und dafür geeignete Methoden bereitstellen. Falls bestehende Prozesse nur soweit verbessert werden, daß zwar Schwachstellen beseitigt, nicht aber die Erfüllung der an den Prozeß gestellten Anforderungen gewährleistet wird, müssen bestehende Strukturen im Sinne des Business Reengineering radikal in Frage gestellt werden [HAM94]. Leitlinie für Veränderungen ist nicht mehr die Frage: „Wie können wir unsere Arbeit schneller, besser oder kostengünstiger erledigen?", sondern „Warum machen wir das überhaupt?" ([HAM94] S. 15) in Verbindung mit einer konsequenten Kundenorientierung. Dies bedeutet einen Wandel von „process follows structure follows strategy" im Sinne Chandlers zu „structure follows process follows strategy"-[BRO93]. Die Neugestaltung von Geschäftsprozessen läßt sich in unterschiedliche Phasen gliedern ([ELG93], S. 44; [STR89], S. 169 ff.).

DEFINITION DER PROZEßANFORDERUNGEN

Prozeßanforderungen können in verschiedener Weise abgeleitet werden. Eine Möglichkeit besteht darin, aus den wichtigsten Erfolgsfaktoren des Unternehmens und Strategiezielen die Erfolgsfaktoren für zunächst nur grob definierte Prozesse wie etwa Auftragsabwicklung zu bestimmen. Dies bedeutet, daß beispielsweise aus dem Erfolgsfaktor Lieferzeit ein prozeßspezifischer Erfolgsfaktor Durchlaufzeit der Auftragsabwicklung abgeleitet wird. Dabei sind allerdings die Prozeßumfänge noch nicht exakt festgeschrieben, um nicht durch eine zu enge Vorgabe Verbesserungsmöglichkeiten durch eine alternative Prozeßstruktur auszuschließen. Es ist darauf zu achten, daß der Prozeß so definiert wird, daß die Beeinflußbarkeit der entscheidenden Erfolgsfaktoren gewährleistet wird. Als Hilfsmittel zur Ermittlung von Prozeßanforderungen kann die Portfoliotechnik eingesetzt werden. Ein Ansatz wurde dazu von Fröhling vorgeschlagen ([FRÖ92], S. 343ff.). Auf Basis dieser Untersuchungen ist die konkrete Prozeßaufgabe und sein Umfang zu definieren sowie die externen und internen Prozeßanforderungen festzuschreiben.

FESTLEGUNG DER PROZEßZIELE

Die Prozeßanforderungen sind im nächsten Schritt in konkrete Prozeßziele zu überführen. Für die Definition der Zielgrößen sind eine kundenorientierte Produkt- und Prozeßplanung nach der Methode Quality Function Deployment (QFD), ein systematischer Leistungsvergleich (Benchmarking) und prozeßorientierte Portfolio-Methoden einsetzbar. QFD ermöglicht ein Herunterbrechen der Kundenanforderungen auf die Prozeßebene und ist somit auch zur qualitätsgerechten Prozeßgestaltung geeignet. Dabei werden in drei sequentiell abzuarbeitenden Phasen Produktmerkmale über Konstruktions- in Prozeßmerkmale überführt, was zu einem 'Qualitätsplan-Prozeß' führt. Die QFD-Methodik ist geeignet, um ausgehend von den strategischen Unternehmenszielen unter Einbindung aller Hierarchieebenen spezifische Subziele zu definieren und prozeßorientierte, meß- und darstellbare Handlungsmaßnahmen abzuleiten ([ANA93], S. 90).

> • QFD und Leistungsvergleiche eignen sich zur Umsetzung von Prozeßanforderungen in konkrete Prozeßziele

Um Defizite bei der Formulierung von Zielen auf Basis von Wettbewerbsanalysen zu beseitigen, wird vorgeschlagen, Leistungsvergleiche branchenübergreifend und mit stärker operativer Ausrichtung in Form des Benchmarking vorzunehmen [CAM89]. Dies bedeutet, einen Vergleich mit dem besten Leistungsersteller eines Prozesses oder einer bestimmten Aufgabe anzustreben. Für das Qualitätscontrolling von Leistungsprozessen bietet es sich an, bestimmte Aktivitätsfolgen und Prozesse zu vergleichen. Dabei sind einzelne Prozeßabschnitte hinsichtlich ihrer Wirtschaftlichkeit und Zielerreichung Gegenstand der Untersuchung. Für die Vergleichbarkeit von Prozessen sind verschiedene Kriterien denkbar, wie die Art der in dem Prozeß verarbeiteten materiellen und immateriellen Objekte, der Aufgabentyp, die Prozeßstruktur, die Zusammensetzung der Inputfaktoren, das Anforderungsprofil an den Prozeßoutput oder typische Schwachstellen der Prozesse. Als Voraussetzung sind detaillierte Analysen zur Prozeßstrukturierung und -beschreibung erforderlich ([ZAI94], S. 69).

> • Zur Neustrukturierung von Leistungsprozessen von den besten Unternehmen lernen

PROZEßSTRUKTURIERUNG

Die Prozeßstrukturierung beinhaltet die Bestimmung des Aufbaus der einzelnen Prozesse und die Entwicklung einer Prozeßhierarchie mit zunehmendem Detaillierungsgrad. Es ist sinnvoll, unterschiedliche Prozeßstrukturen als Alternativen zu betrachten und soweit zu planen, bis sich ein eindeutiger Vorteil durch eine bestimmte Prozeßstruktur ergibt. Wesentlich ist, daß Möglichkeiten zur Prozeßgestaltung, die sich aus dem Einsatz von Informationstechnologien ergeben, mit einbezogen werden ([KLE95], S. 155). In der Phase der Bestimmung der Prozeßlogik werden Abhängigkeiten zwischen Aktivitäten untersucht. Es erfolgt eine Darstellung der Abfolge der Aktivitäten, des Datenflusses und der Entscheidungspunkte. Von großer Bedeutung ist die Definition der Schnittstellen und die exakte Beschreibung der Leistungsbeziehungen zwischen verschiedenen Prozessen. Die bereichsübergreifende Terminplanung legt die zeitliche Reihenfolge der Prozeßelemente innerhalb eines Prozesses fest . Im Rahmen der Prozeßstrukturierung müssen die Aktivitäten so verknüpft werden, daß die vorgegebenen Ziele optimal erfüllt und gleichzeitig in dem Prozeß die geringstmöglichen Ressourcen gebunden sind. Dies betrifft auch die Prozeßsteuerung.

Als Hilfsmittel können CASE-Werkzeuge zur Unternehmensprozeßmodellierung eingesetzt werden, die objektorientiert aufgebaut sind und anhand der Objektklassen Produkt, Ressource und Auftrag prozeßbezogene Unternehmensmodelle in verschiedenen Detaillierungsgraden erzeugen ([MER92], S. 53). Der Vorteil liegt in erster Linie in der Arbeitserleichterung gegenüber manueller Prozeßmodellierung. Für die Unterstützung bei der Vorgangsbearbeitung im Bürobereich sind Vorgangsunterstützungssysteme (Workflow-Software) bekannt ([KLÄ93], S. 42, [KAR93], S. 45 [GAL95], S. 23), die sich auch für eine Prozeßgestaltung und -konfigurierung einsetzen lassen. Auch ist es möglich, Prozesse aus unterschiedlichen Sichten zu beurteilen, indem etwa Leistungen, Kosten und eingesetzte Ressourcen betrachtet und unterschiedliche Prozeßstrukturen und Systemlasten simuliert werden ([KUH95], S. 56f.).

ERMITTELN DER MÖGLICHEN ZIELERREICHUNG

Vor der Prozeßeinführung ist zu überprüfen, ob die Neugestaltung der Prozesse das Erreichen der Zielgrößen ermög-

Marginalien

- Es sollten mehrere Lösungsalternativen in Erwägung gezogen werden

- Schnittstellengestaltung mit anderen Leistungsprozessen und Dienstleistungsbereichen

- Der Einsatz von computerunterstützten Hilfsmitteln beschleunigt die Projektarbeit

licht. Sofern mathematische Gesetzmäßigkeiten identifizierbar sind, ist das Instrumentarium der statistischen Schätzverfahren anzuwenden. Es können auch parametrisierte Funktionen, wie etwa bei der Gegenüberstellung von Arbeitsbestand und Durchlaufzeit ([WIE87, S. 207ff.]), eingesetzt werden. Als Hilfsmittel ist die Simulation geeignet. In bestimmten Fällen lassen sich Prozeßverbesserungen und potentielle Zielerreichungsgrade über längere Zeiträume mittels Erfahrungsraten bestimmen ([WIL94d], S. 292). Falls sich quantifizierbare Abhängigkeiten nur ungenau angeben lassen, sind in erster Linie Expertenschätzungen für eine Wirkungsprognose heranzuziehen. Wenn eine Aufgliederung in einzelne Elemente des Prozesses und darauf aufbauend eine neue Prozeßstruktur vorliegt, ist über das Aufsummieren der Zeitelemente z. B. mittels der Netzplantechnik die Durchlaufzeit des veränderten Prozesses zu ermitteln. Kostenwirkungen einer alternativen Prozeßgestaltung lassen sich mittels der Prozeßkostenrechnung aufzeigen. Größere Schwierigkeiten entstehen, wenn durch Prozeßgestaltung die prozeßspezifische Kostenfunktion verändert wird, d.h. sich die Beziehung zwischen Ressourcenverbrauch und Prozeßausbringungsmenge verändert.

• Prozeßsimulation und Methoden zur Abschätzung der potentiellen Zielerreichung

DEFINITION DER PROZEßVERANTWORTUNG

Aufgabe der Prozeßverantwortlichen ist es, die Schnittstellen zu anderen Prozessen zu definieren, die Input-Output-Beziehungen und Arbeitsanweisungen festzulegen und den Prozeßfortschritt zu überwachen und sicherzustellen. Diese „Process-Owner"-Funktion kann als zentrale Funktion oder als Nebenfunktion in Form einer Prozeßpatenschaft wahrgenommen werden. Sie ersetzt in der Regel nicht die existierende Struktur der Funktionsbereiche und Berichtswege, sondern überlagert diese lediglich und ist grundsätzlich auf Dauer ausgelegt. Somit unterscheidet sich die Übertragung von Prozeßverantwortung vom Projektmanagement. Diese Führungsstruktur vereinigt in einer Matrixstruktur die Funktionseinheiten, Bereiche oder Abteilungen mit spezifischen Prozeßumfängen.

• Prozeßverantwortliche stellen die Umsetzung und Anpassung der Planung sicher

FESTLEGEN VON MEßGRÖßEN, KONTROLLPUNKTEN UND BERICHTSWESEN

• Ziel ist die Einrichtung eines permanenten Prozeßcontrollings

Als weiterer Schritt ist es erforderlich, die für ein laufendes Prozeßcontrolling erforderlichen Meßgrößen zu definieren und Kontrollpunkte anzugeben. Die Indikatoren orientieren sich in ihrer Struktur sinnvollerweise an dem oben dargestellten Meßmodell. Wesentliche Komponenten für eine Optimierung des Berichtswesens sind die Verstärkung des Holprinzips und die Verstärkung der Empfängerorientierung der Informationen sowie die Ausrichtung auf ein Prozeßcontrolling im Sinne der Steuerung anstelle der Auswertung von Soll-Ist-Abweichungen. Das Berichtswesen soll nicht nur über ein erreichtes Ergebnis informieren, sondern es soll aktuelle Prozeßzustände abbilden, beispielsweise in Form der Fehleranfälligkeit oder Prozeßstabilität. Hierbei können auch einfache Klassifizierungsraster, die durch Schwellwerte etwa der Fehlerhäufigkeit pro Zeit oder pro Prozeßdurchlauf festgelegt sind, sinnvoll eingesetzt werden.

• Die Einführung neuer Prozeßstrukturen ist in einen kontinuierlichen Verbesserungsprozeß zu überführen

Auf Basis dieser Planung ist die neue Prozeßstruktur umzusetzen. Nach Durchlaufen der neugestalteten Prozesse sind weitere Verbesserungsmöglichkeiten durch Messung in den unterschiedlichen Dimensionen und systematische Analyse von Verbesserungspotentialen zu identifizieren. Dazu ist es erfoderlich, auch die neugestalteten Leistungsprozesse einer systematischen Prozeßanalyse zu unterziehen, um die Einhaltung der geplanten Abläufe und etwaige Änderungen erfassen zu können. Parallel dazu sind regelmäßig Prozeßvergleiche und Schwachstellenanalysen durchzuführen und zu kontrollieren, inwieweit Anforderungen noch erfüllt werden.

5.7   Fallbeispiele der qualitätsgerechten Gestaltung von Leistungsprozessen

• Identifizierung des unsicheren Prozeßablaufs

Auf Basis von Fallstudien soll im Folgenden exemplarisch die Anwendung unterschiedlicher Methoden verdeutlicht werden.

Fallstudie I: Fehlteilmanagement

In dem betrachteten Unternehmen der Telekommunikationsindustrie waren häufig Sonderaktionen in der Beschaffung und Störungen in der Produktion aufgrund von Fehlteilen zu verzeichnen. Da weder eine Materialverfügbarkeitsprüfung vor Einlastung der Aufträge noch ein ausreichendes Bestandscontrolling der Umlaufbestände vorlag, resultierte eine hohe Kapitalbindung und häufige Verschiebungen der Ausliefertermine. Das Ziel einer qualitätsgerechten Prozeßgestaltung bestand in einer Erhöhung der Versorgungssicherheit und des Materialverfügbarkeitsgrades, der Optimierung der Bestandsstruktur über alle Stufen der logistischen Kette und der Verbesserung der Instrumente der Bestandskontrolle und -verantwortung.

Zur Identifikation und Gewichtung der Ursachen für Fehlteile wurde ein Ursache-Wirkungs-Diagramm und eine FMEA auf Basis einer Prozeßanalyse erstellt. Zu Beginn der Analyse wurden von einem interdisziplinären Team in Form eines Brainstormings Fehlteilursachen identifiziert und in einem Katalog festgehalten, der durch die Befragung von Spezialisten bestätigt und erweitert wurde. Die Strukturierung der Fehlteilursachen erfolgt mit Hilfe eines Ursache-Wirkungs-Diagramms. Dazu wurden die einzelnen Ursachen den vier Haupteinflußgrößen Mensch, Methode, Material und Hard-/Software (von Lieferanten) zugeordnet (Bild 5.9). Parallel dazu erfolgte eine Aufnahme der Auftretenshäufigkeit von bestimmten Fehlteilursachen. Die Auftretenshäufigkeit schlägt sich im Ursache-Wirkungs-Diagramm durch die unterschiedliche Dicke der Pfeile nieder. In einem weiteren Schritt führte das Team eine detaillierte Prozeßanalyse und eine FMEA durch. Die Teammitglieder wurden fachmännisch in der Durchführung der Methoden geschult. Das Team isolierte 25 Prozeßschritte, die im weiteren analysiert wurden. Mit Hilfe der FMEA wurden fünf Teilprozesse als Hauptfehlteilverursacher identifiziert, denen jeweils die höchsten Anteile an der gesamten Risikopriorität zukamen (Bild 5.10). Die Erkenntnisse aus der FMEA führten zur Einführung einer Materialverfügbarkeitsprüfung mit der Konsequenz, Aufträge, für die nicht alle Teile verfügbar sind, nicht in die Fertigung einzulasten. Weiterhin wurde ein Terminierungssystem in der EDV implemen-

• Identifizierung des unsicheren Prozeßablaufs

• Prozeßverbesserungen auf Basis einer Prozeß-FMEA

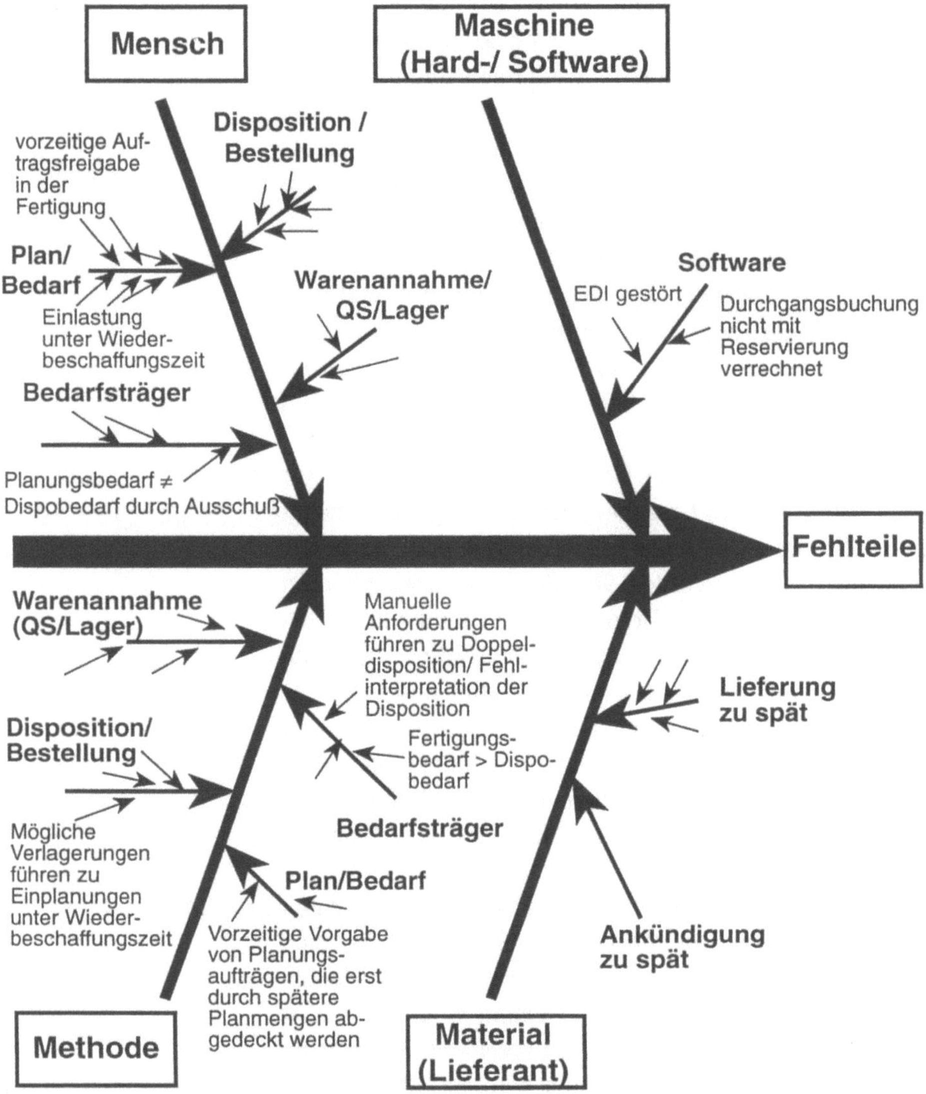

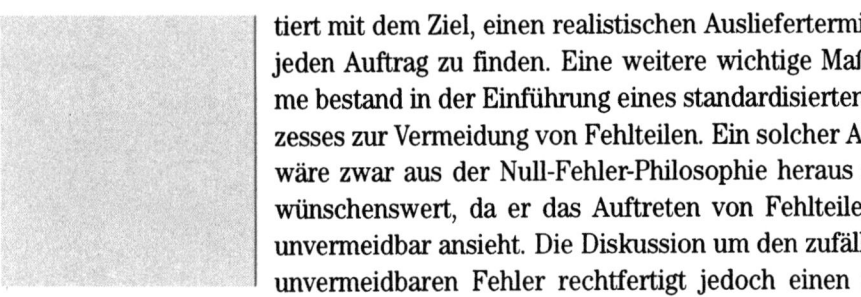

Bild 5.9 Ursache-Wirkungs-Diagramm zur Fehlteilanalyse

tiert mit dem Ziel, einen realistischen Ausliefertermin für jeden Auftrag zu finden. Eine weitere wichtige Maßnahme bestand in der Einführung eines standardisierten Prozesses zur Vermeidung von Fehlteilen. Ein solcher Ablauf wäre zwar aus der Null-Fehler-Philosophie heraus nicht wünschenswert, da er das Auftreten von Fehlteilen als unvermeidbar ansieht. Die Diskussion um den zufälligen, unvermeidbaren Fehler rechtfertigt jedoch einen Stan-

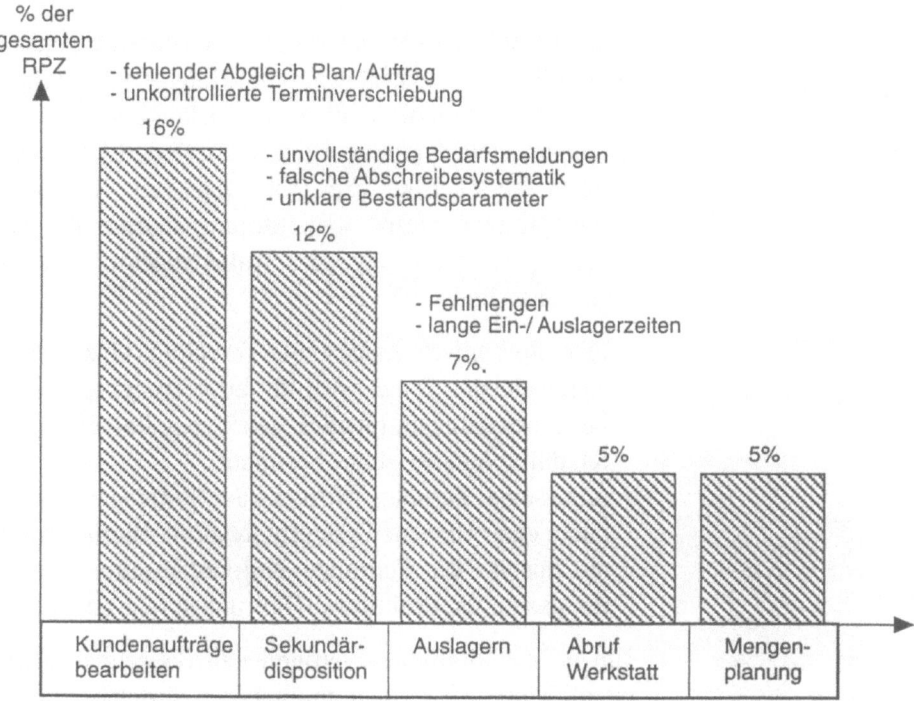

Bild 5.10: Fehlteil-FMEA mit prozeßbezogener Risikoermittlung

dardablauf zur Fehlteilbeseitigung unter der Maßgabe einer weitestmöglichen Vermeidung von Fehlteilen. Flankierend wurden Maßnahmen zur Beschleunigung des Materialflusses ergriffen. Für die einzelnen Teilprozesse wurden leistungs- und kostenbezogene Kenngrößen ermittelt und die Maßnahmen hinsichtlich der Zielerreichung bewertet. Die Auftretenshäufigkeit von Fehlteilen wurde einem laufenden Controlling unterzogen und die Voraussetzungen für eine Prozeßfähigkeitsanalyse der hauptsächlich fehlteilverursachenden Teilprozesse geschaffen. Aufgrund der besseren Materialverfügbarkeit konnten Verbesserungen in der Gesamtdurchlaufzeit und bei der Bestandssenkung von jeweils über 20 % erreicht werden.

Fallstudie II: Entstörmanagement im Automobilbau
Fallstudie II bezieht sich auf die Komponentenfertigung im Automobilbau. Die Ausgangssituation war durch permanente Änderungen der Fertigungsprogramme gekenn-

• Für ein anschließendes Prozeß-controlling wurden leistungs- und kostenbezogene Meßgrößen festgelegt

• Permanente
Störungen und hoher
Änderungsaufwand
entlang der
Prozeßkette

• Vorgehensweise
bei der
Störungsanalyse

• Identifikation der
zentralen Störungs-
ursachen

• Erarbeitung von
technischen und
organisatorischen
Verbesserungsmaß-
nahmen

zeichnet, die aus mangelnder Materialverfügbarkeit und häufigen Anlagenausfällen resultieren. Die Synchronisation der Prozeßkette gelang aufgrund langer und zeitintensiver Informationswege nicht ausreichend, so daß sich die Kostenstellenverantwortlichen durch den Aufbau von Puffern absicherten. Zur Ableitung von Handlungsschwerpunkten wurde eine Störungsanalyse durchgeführt. Dabei wurde folgendes systematisches Vorgehen angewandt(Bild 5.11).:

– Prozeßorientierte Analyse des Verhaltens einzelner Systemelemente. Dabei wird die Zuverlässigkeit der am Leistungserstellungsprozeß beteiligten Potentialfaktoren durch Aufschreibung bestimmt.
– Analyse des Zusammenwirkens der Systemelemente im Sinne einer Ursache-Wirkungs-Relation. Hierbei erfolgt die Analyse des Führungs- und Organisationskonzeptes, das für die Reaktion auf Störungen relevant ist.

Um die mit Störungen verbundenen Kapazitätsverluste quantifizieren zu können, mußten den einzelnen Störungen die Anlagenstillstandszeiten zugeordnet werden. Hierfür wurden unterschiedliche Kategorien von Störursachen gebildet und die entsprechende zeitliche Wirkung (Stillstandsminuten) erfaßt. Als Basis diente dazu eine detaillierte Prozeßanalyse mit Angabe der Prozeßbearbeitungs- und Liegezeiten sowie deren Streuung. Als wesentliche Verlustquellen traten unter anderem anlagentechnisch bedingte Stillstandszeiten auf. Das Konzept zur Reduzierung der anlagentechnisch bedingten Stillstandszeiten setzte sich aus technischen, organisatorischen und personellen Maßnahmenpaketen zusammen. Technische Maßnahmen waren zum Beispiel das Anbringen von Sensoren an qualitätskritischen Meß- und Prüfpunkten und weiterer Hilfsmittel zur Kollisionsüberwachung und der Einsatz von SPC. Das organisatorische Maßnahmenpaket umfaßte die Optimierung der Werkzeug- und Vorrichtungsorganisation und die Intensivierung vorbeugender Instandhaltungsaktivitäten, was durch die Erstellung von standardisierten Wartungs-Checklisten und von Inspektionsplänen unterstützt wurde. Im Rahmen der personalorientierten Maßnahmen wurde ein Qualifizierungskon-

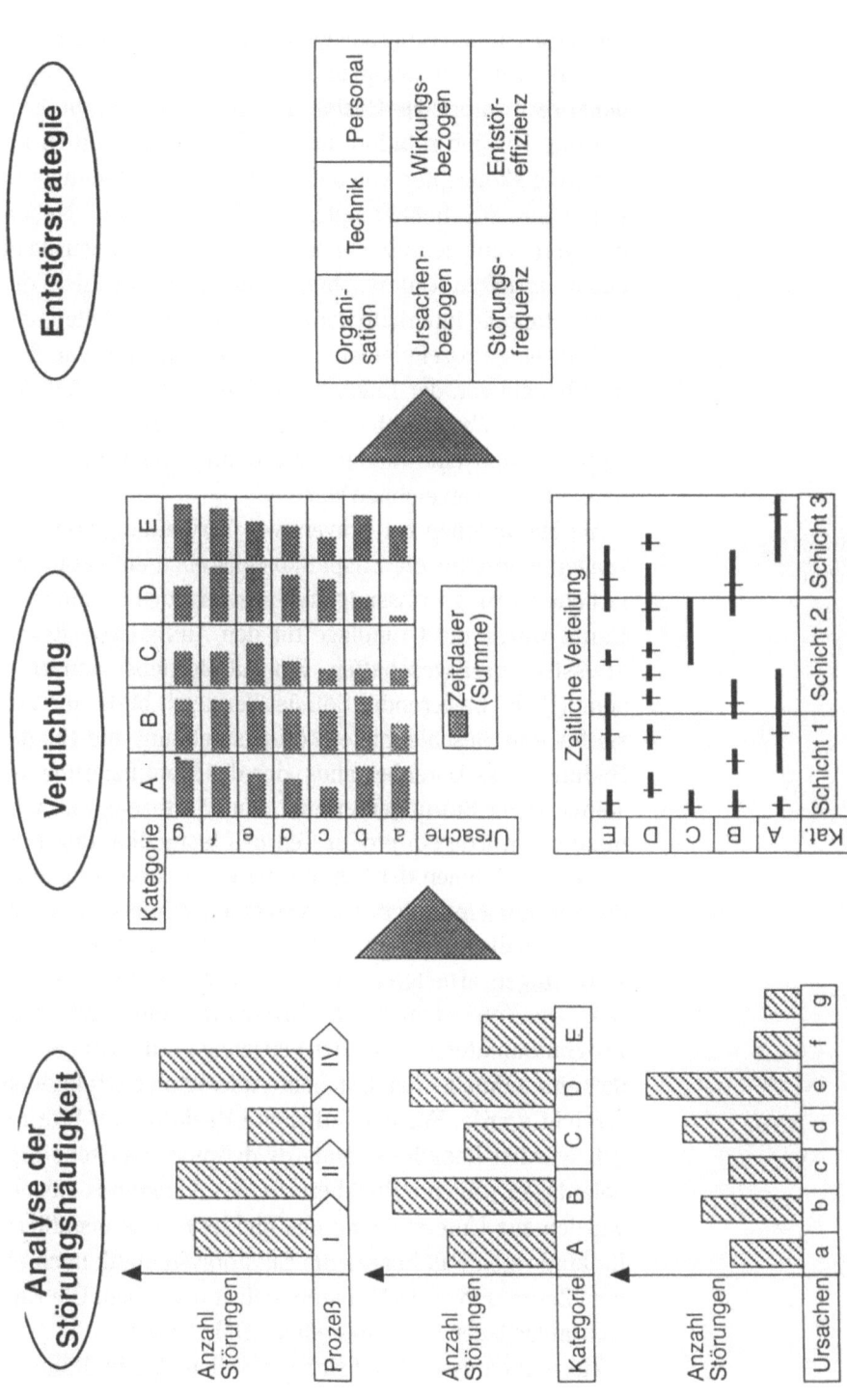

Bild 5.11 Störungsanalyse zur Materialflußoptimierung

• Einführung
mitarbeiterorientierter
Organisationsformen

• Realisierung des
Prinzips der
Prävention

• Verkürzung der
Reaktionszeiten bei
auftretenden
Störungen

zept erarbeitet, das die Anlagenbediener befähigt, die Verfügbarkeit und Prozeßqualität zu verbessern. Weitere arbeitsorganisatorische Gestaltungsansätze waren die Einführung von job rotation und die Einführung von Gruppenarbeitskonzepten wie beispielsweise der Bildung von Rüstteams für hochkomplexe Anlagensysteme. Neben diesen rein anlagenbezogenen Störungsanalysen wurde in einer vertieften Untersuchung analysiert, wie sich die Störzeitanteile innerhalb der einzelnen Kostenstellen und auf einzelne Prozeßelemente verteilen. Ergebnis war, daß unabhängig von der Engpaßsituation ein großer Teil der Störzeit aus Wartezeit bestand, unnötig lange Meldezeiten auftraten und eine unklare Zuordnung von Verantwortlichkeiten zu verzeichnen war.

Als Maßnahmen zur präventiven Vermeidung von Störungen wurde für die Engpaßkostenstellen eine kontinuierliche Störungserfassung und -auswertung beschlossen. Damit wurde die Grundlage für den Aufbau von Regelkreisstrukturen geschaffen. Ein auf Betriebsdatenerfassung (BDE) basierender Soll-/Ist-Vergleich bildet die Basis für eine beschleunigte Störungsmeldung und für die Bildung eines Datenbestands, der die Identifizierung systematischer Störungen erlaubt. Um Wartezeiten zu vermindern, wurde ein großer Teil des Instandhaltungspersonals im Rahmen der Einführung von Gruppenarbeit in die Fertigung integriert. Die verbleibende Reststruktur, in der Spezialisten für die unterschiedlichen Maschinensteuerungen arbeiteten, wurde prozeßbezogen segmentiert. Die Kompetenz für die Disposition und kurzfristige Programmbildung wurde der Fertigung mitübertragen, so daß eine schnelle Reaktion beim Auftreten von Fehlteilen erreicht wurde. Für eine effiziente Reaktion auf Störungen wurden Reaktionsstandards definiert. Optische Signalanlagen, die im Blickbereich des Leitstands liegen, wurden zur Unterstützung des Meldesystems installiert. Im konkreten Fall konnte die Entstörsystematik nach einem Zeitraum von 15 Monaten realisiert werden. Die Einsparungen lagen im sechsstelligen DM-Bereich.

Zusammenfassend läßt sich feststellen, daß im Rahmen von Qualitätskonzepten bislang überwiegend partielle Ansätze zu einer qualitätsgerechten Gestaltung von Leistungsprozessen verfolgt wurden. Ein umfassendes integriertes Planungsmodell für Leistungsprozesse beinhaltet organisatorische und qualitätsbezogene Methoden. Diese sind in ihren jeweiligen Einsatzbereichen so einzusetzen, daß Vorteile durch die gegenseitige Ergänzung resultieren. Sowohl eine Erweiterung und Modifizierung von Planungsmethoden aus der Unternehmensplanung und Organisationsgestaltung als auch die konzeptionelle Weiterentwicklung und Anwendung der Qualitätstechniken auch in indirekten Bereichen ist dabei anzustreben. Die Fallstudien zeigen, daß erst situationsbezogene Vorgehensweisen und die Anwendung unterschiedlicher Methoden und Maßnahmen eine wirksame Verbesserung der Qualität von Leistungsprozessen ermöglicht.

• Unternehmensplanung, Organisationsgestaltung und Qualitätsmanagement ergänzen und integrieren

Literatur

[BRO93]   Browning, J.: The power of process redesign, in: The McKinsey Quarterly 27 (1993) 1, S. 47-68

[COE91]   Coenenberg, A.G.; Fischer, Th.M. (1991): Prozeßkostenrechnung - Strategische Neuorientierung in der Kostenrechnung, in: DBW 51 (1991)1, S. 21-38

[ANA93]   Anand, K.N.; Bhoraskar, J.N.; Mulye, R.N. (1993): Using policy management to implement TQM, in: Quality Progress 26 (1993) 10., S. 89-93

[CAM89]   Camp, R.: Benchmarking - The Search for Industry Best Practices that Lead to Superior Performance, Milwaukee 1989

[DAN90]   Danzer, H. H.: Quality-Denken stärkt die Schlagkraft des Unternehmens, Zürich, Köln 1990

[ELG93]   Elgass P.; Krcmar H.: Computergestützte Geschäftsprozeßplanung, in: Information Management 8 (1993) 1, S. 42 - 49

[FRÖ91]   Fröhling, O.; Wullenkord, A. (1991): Qualitätsmanagement als Herausforderung an das Controlling, in: krp 35 (1991) 4, S. 171-178

[FRÖ92]   Fröhling O. Prozeßorientiertes Portfoliomanagement, in: DBW 52 (1992), S. 341-358

[FRO92]   Fromm, H.-J.: Das Management von Zeit und Variabilität in Geschäftsprozessen, in: CIM-Management 8 (1992) 1, S. 7-14

[FÜL88]   Füller, H.A.: Statistische Prozeßregelung, in: Masing, Walter (Hrsg.): Handbuch der Qualitätssicherung, 2. Aufl., München, Wien 1988, S. 467-483

[GAL95]   Galler, J.; Scheer, A.-W.: Workflow-Projekte: Vom Geschäftsprozeßmodell zur unternehmensspezifischen Workflow-Anwendung, in: Information Management 10 (1995) 1, S: 20-27

[GRE91]   Greif, M. (1991): The Visual Factory. Building Participation Through Shared Information, Cambridge/Norwalk 1991

[HAI89]   Haist F.; Fromm H.-J.: Qualität im Unternehmen: Prinzipien - Methoden - Techniken, München, Wien 1989

[HAM90]   Hammer, M.: Reengineering Work: Don´t automate, oblite-
          rate, in: Harvard Business Review 68 (1990) 4, S. 104-111.

[HAM94]   Hammer, M.; Champy, J.: Business Reengineering: die Radi-
          kalkur für das Unternehmen , 2. Aufl., Frankfurt 1994

[HAR93]   Harrington, H.J.: Process Breakthrough: Business Process
          Improvement, in: Journal of Cost Management 7 (1993) 3, S. 30-43

[HOR93]   Horváth, P.; Seidenschwarz, W.; Sommerfeld, H.(1993): Ko-
          stenmanagement - Warum die Schildkröte gewinnt, in: Harvard Bus-
          siness Manager 15 (1993) 3, S. 73-81

[ISH91]   Ishiwata, J.: IE for the Shop Floor: Productivity Through Pro-
          cess Analysis, Portland/Oregon 1991

[JON94]   Jones, C.R.: Improving Your Key Business Processes, in: The
          TQM-Magazine, 6 (1994) 2, S. 25-29

[JUR91]   Juran, J.M.: Handbuch der Qualitätsplanung, New York 1991,
          S. 219ff

[KAI92]   Kainz, G.A.; Walpoth, G.: Die Wertschöpfungskette als Instru-
          ment der IS-Planung, in: Information Management 7 (1992) 4, S. 48-57

[KAM95]   Kamiske, G.F.; Brauer, J.-P.(1995): Qualitätsmanagement von
          A bis Z, 2. Aufl., München, Wien 1995

[KAR93]   Karl, R. (1993): Workflow Management - Prozeßorien-
          tierte Vorgangsbearbeitung, in: Office Management 41 (1993) 3,
          S. 45-47

[KLÄ93]   Kläger, W.; Hoffmann, J. (1993): Lean Production - Fat Office,
          in: Office Management 41 (1993) 3, S. 36-44

[KLE95]   Klein, J.: Die Modellierung von Geschäftsprozessen in der lo-
          gistischen Praxis, in: Scheer, A.-W. (Hrsg.): Prozeßorientierte Unter-
          nehmensführung, Schriften zur Unternehmensführung, Bd. 53, Wies-
          baden 1995

[KOT95]   Kotler, P.; Bliemel, F.: Marketing Management, 8. Aufl., Stutt-
          gart 1995

[KUH95]   Kuhn, A.: Prozeßketten in der Logistik: Entwicklungstrends
          und Umsetzungsstrategien, Dortmund 1995

[MER92]   Mertins, K.; Süssenguth, W.: Integrierte Aufgabenmodellie-
          rung für die Entwicklung offener CIM-Architekturen, in: Reichwald,
          R. (Hrsg.): Marktnahe Produktion, Wiesbaden 1992, S. 51-67

[MIZ88]   Mizuno, S.: Management for Quality Improvement: The 7 New
          QC Tools, Cambridge/Massachusetts 1988

[OES91]   Oess, A.: Total Quality Management, 2. Aufl. Wiesbaden 1991

[PFE93]   Pfeifer, T. (1993): Qualitätsmanagement: Strategien, Metho-
          den, Techniken, München, Wien 1993

[SCHNE88] Schneiderman, A.M.: Setting Quality Goals, in: Quality Pro-
          gress 21 (1988) 4, S. 51-57

[SCHOM80] Schomburg, E.; Kittel, Th.: Das Auftragszentrum als Mittel-
          punkt einer effizienten Auftragsabwicklung, in: fir-Mitteilungen, Nr.
          38/1980, S. 23-33

[SEI92]   Seitz H.-J.: Six Sigma - Prozeßbeherrschung aller Vor-
          gänge   als Voraussetzung für TQM, in: Bläsing, J.P: (Hrsg.)_
          Qualitätsbewußte Unternehmensführung,München 1992, S. 467-
          489

[SHI86]   Shingo, S.: Zero Quality Control: Source Inspection and the
          Poka-yoke System, Cambridge/Massachusetts 1986

[SOM89] Sommerlatte, T.; Wedekind, E.: Leistungsprozesse und Organisationsstruktur, in: Arthur D. Little (Hrsg.): Management der Hoch-
leistungsorganisation, Wiesbaden 1989, S. 24-41

[SON89] Sondermann, J.P.; Leist, R.: Methodenbausteine für eine qualitätsorientierte Prozeßplanung, in: QZ 34 (1989) 10, S. 656-662

[STR88] Striening, H.-D.: Prozeß-Management. Versuch eines inte-
grierten Konzeptes situationsadäquater Gestaltung von Verwaltungs-
prozessen, Frankfurt 1988

[TAG87] Taguchi, G. (1987): System of Experimental Design, White
Plains, Dearborn 1987

]WIE87] Wiendahl, H.-P. (1987): Belastungsorientierte Fertigungs-
steuerung, München, Wien 1987

[WIL92] Wildemann, H.: Kosten- und Leistungsbeurteilung von Qualitätssicherungssystemen, in: ZfB 62 (1992) 7, S. 761-782

[WIL93a] Wildemann, H.: Unternehmensqualität: Einführung einer kontinuierlichen Verbesserung, München 1993.

[WIL93b] Wildemann, H.: Produktion, Organisation der, in: Wittmann,
W. u.a. (Hrsg.): HWB, 5. Aufl., Stuttgart 1993, Sp. 3388-3404

[WIL94a] Wildemann, H.: Entstörmanagement als PPS-Funktion, München 1994

[WIL94b] Wildemann, H.: Fertigunggstrategien, 2. Aufl., München 1994

[WIL94c] Wildemann, H.: Kosten- und Leistungsrechnung für präventive Qualitätssicherungssysteme, München 1994

[WIL94d] Wildemann, H.: Produktionscontrolling: Systemorientiertes
Controlling schlanker Produktionsstrukturen, 2. Aufl., München 1994

[WIL95] Wildemann, H.: Produktionssynchrone Beschaffung, 3. Aufl.,
München 1995

[ZAI94] Zairi, M.; Leonard, P.: Practical Benchmarking: The Complete
Guide, London u. a. 1994

6 Qualitätsorientiertes Personal-
controlling mit Kennzahlen

ROLF BÜHNER, DANIELA BREITKOPF
UND PATRICK STAHL

Qualitätsorientiertes Personalcontrolling bezieht sich auf die Mitarbeiter, die im Ebenenmodell des Unternehmens als Potentialfaktoren bzw. Ressourcen bezeichnet werden (vgl. Kap. 1). Die Mitarbeiterressourcen bilden zusammen mit den im Unternehmen ablaufenden Prozessen die Basis für erfolgreiche unternehmerische Problemlösungen.

Ziel eines qualitätsorientierten Personalcontrollings ist es, die Bereitstellung und den Einsatz der Mitarbeiterressourcen im Hinblick auf die Erfolgsfaktoren Kundenorientierung und Wirtschaftlichkeit zu überwachen und zu steuern. Eine Verschwendung von Mitarbeiterressourcen ist nach Möglichkeit von vornherein zu vermeiden. Verschwendung von Mitarbeiterressourcen tritt in zweierlei Formen auf:

– Die Mitarbeiter führen Tätigkeiten aus, die keinen Wert für den Kunden schaffen ([KAM93], S. 42). Darunter fallen u.a. Fehler und Nacharbeiten oder unnötige Transportvorgänge.
– Die Potentiale vieler Mitarbeiter werden nicht ausgeschöpft. Nur ein Teil ihrer vorhandenen Fähigkeiten und Kreativität kann im Rahmen der täglichen Arbeit im Unternehmen eingebracht werden. Der andere, nicht genutzte Teil, wird verschwendet.

Das Personalcontrolling läßt sich in den Qualitätsregelkreis (PDCA-Zyklus, [DEM86], S. 88) einbinden (Bild 6.1). In der Plan-Phase erfolgt die Planung und Entwicklung personalbezogener Maßnahmen, die in der Do-Phase umzusetzen sind. Auf der Basis regelmäßiger Checkergebnisse werden in der Act-Phase die notwendigen Korrekturmaßnahmen im Sinne einer kontinuierlichen Ver-

• Der Mitarbeiter steht im Mittelpunkt eines qualitätsorientierten Personalcontrollings

• Ziel ist die konsequente Vermeidung von Verschwendung der Ressource Mitarbeiter

• Personalcontrolling in den Qualitätsregelkreis einbinden

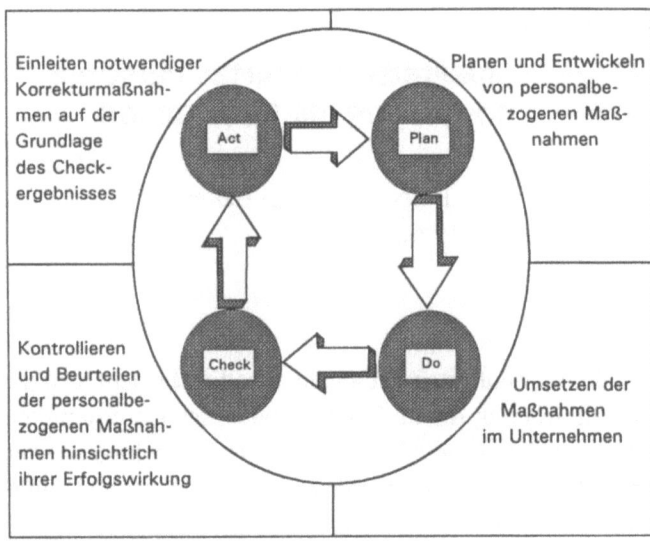

Bild 6.1 Der PDCA-Zyklus des Personalcontrollings

besserung eingeleitet. Die Check-Phase des Qualitätsregelkreises fordert eine konsequente Kontrolle und Beurteilung der personalbezogenen Maßnahmen hinsichtlich
ihrer Erfolgswirkung und stellt einen wesentlichen Stellhebel im qualitätsorientierten Personalcontrolling dar.
Verantwortlich für die Ingangsetzung und die permanente
Aufrechterhaltung dieses Regelkreises sind die jeweils
personalverantwortlichen Führungskräfte. Im folgenden
werden Kennzahlen angeboten, die sie bei dieser Arbeit
unterstützen sollen.

• Auch Personal-
leistungen sind
meßbar

Jede Leistung im Unternehmen ist letztlich an ihrem
Beitrag zum wirtschaftlichen Erfolg des Unternehmens
zu messen und muß in eine Verbesserung von finanziellen
Erfolgsgrößen wie z. B. Gewinn, Umsatz oder Cash-flow
münden. Auch die Personalleistungen unterliegen bezüglich ihrer Meß- und Quantifizierbarkeit zunehmend einem
ökonomischen Rechtfertigungsdruck und können sich einer finanziellen Bewertung nicht (mehr) entziehen.

Ein qualitätsorientiertes Personalcontrolling ist auf
Kennzahlen angewiesen, die eine Verbindung knüpfen
zwischen mitarbeiterbezogenen Leistungen im Unternehmen (mitarbeiterbezogene Wertetreiber-Ebene) und dessen Erfolg (finanzielle Werte-Ebene). Diese Kenngrößen

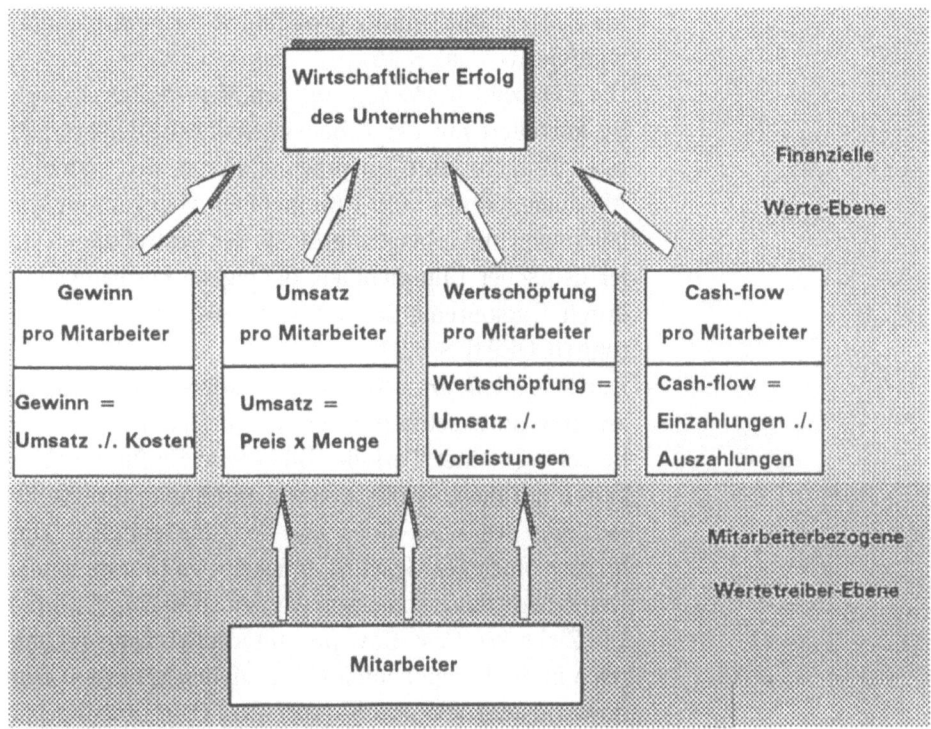

Bild 6.2 Finanzielle Erfolgsgrößen im qualitätsorientierten Personalcontrolling

verweisen darauf, daß es sich bei den Mitarbeitern nicht um Kostenverursacher, sondern um "echte" Leistungsträger bei der Realisierung kundenspezifischer Problemlösungen im Unternehmen handelt (Bild 6.2).

– Die Größe *Jahresüberschuß pro Mitarbeiter* kann zwar durch bilanzpolitische Maßnahmen in ihrer Höhe beeinflußt werden, eignet sich aber bei relativ konstanter Bilanzpolitik für unternehmensinterne Zeitvergleiche. Vergleiche mit anderen Unternehmen gestalten sich aufgrund von Bilanzierungseinflüssen hingegen problematisch.

– Die Kennzahl *Umsatz pro Mitarbeiter* ist für brancheninterne oder zeitliche Vergleiche geeignet. Der Bundesarbeitgeberverband Chemie nutzt die Kennzahl Umsatz pro Mitarbeiter für internationale Produktivitätsvergleiche. Dabei lag die deutsche Chemieindustrie 1994 mit 348.500 DM Umsatz pro Mitarbeiter noch hinter Frankreich, Italien und den USA. In Japan konn-

• Mitarbeiter-bezogene Leistungen wirken auf den finanziellen Erfolg des Unternehmens

ten 829.000 DM Umsatz pro Mitarbeiter erwirtschaftet werden ([OV95a], S. 16).

– Die Kennzahl *Wertschöpfung pro Mitarbeiter* ist negativ korreliert mit der Arbeitsintensität in der betrachteten Branche. Ihre Ausprägung ändert sich zudem in Abhängigkeit der vom Unternehmen zugekauften Vorleistungen und erlangt angesichts der Bestrebungen vieler deutscher Unternehmen, die eigene Fertigungstiefe durch Outsourcing zu verringern, wachsende Bedeutung ([COE94]; S. 621).

– Der *Cash-flow pro Mitarbeiter* beschreibt die pro Mitarbeiter durchschnittlich erwirtschafteten Zahlungsüberschüsse einer Periode. Bilanzielle Einflußmöglichkeiten auf diese Größe können durch eine direkte Ermittlung des Cash-flows aus den tatsächlichen Zahlungsströmen der Geschäftstätigkeit des Unternehmens weitgehend ausgeschlossen werden ([LAC73], S. 61 ff.). Die Zielgröße Cash-flow pro Mitarbeiter kann rechnerisch in die Komponenten Umsatzüberschußrate (Cash-flow/Umsatz) und Pro-Kopf-Umsatz (Umsatz/Mitarbeiter) aufgespalten werden:

$$\frac{\text{Cash-flow}}{\text{Mitarbeiter}} = \frac{\text{Cash-flow}}{\text{Umsatz}} \cdot \frac{\text{Umsatz}}{\text{Mitarbeiter}}$$

• Eine Erhöhung des Cash-flows pro Mitarbeiter führt zu einem höheren Iso-Kurven-Niveau

Das Zusammenspiel dieser beiden Größen im Hinblick auf eine Optimierung der Zielgröße läßt sich mit Hilfe der in Bild 6.3 dargestellten Iso-Kurven veranschaulichen. Eine Iso-Kurve beschreibt sämtliche Kombinationen aus Pro-Kopf-Umsatz und Umsatzüberschußrate, die zu einem Cash-flow pro Mitarbeiter in gleicher Höhe führen.

Ziel muß es sein, das Unternehmen durch geeignete Personalleistungen auf einem möglichst hohen Iso-Kurven-Niveau zu positionieren. Unternehmen A in Bild 6.3 realisiert bei gleicher Umsatzüberschußrate einen geringeren Pro-Kopf-Umsatz als Unternehmen B. Unternehmen B liegt deshalb auf einer höheren Iso-Kurve als Unternehmen A und erzielt einen höheren Cash-flow pro Mitarbeiter. Der Cash-flow pro Mitarbeiter spiegelt den Erfolg des Unternehmens unabhängig von seiner Wert-

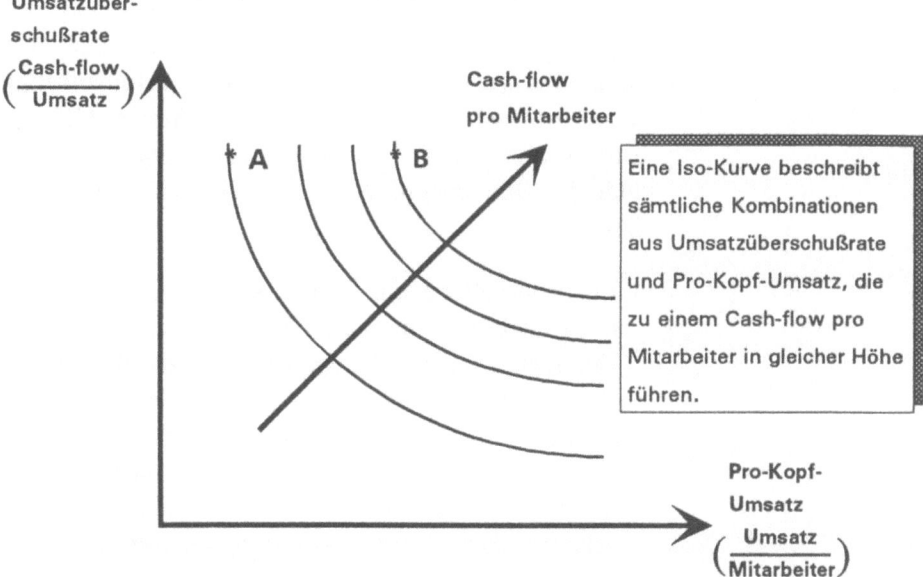

Bild 6.3 Die Iso-Kurve zum Cash-flow pro Mitarbeiter

schöpfung wider. Unternehmen mit einer hohen Eigen-
produktion werden allerdings eher im linken Teil des
Diagramms positioniert sein, während sich Unternehmen
mit geringer Wertschöpfung im rechten Teil finden lassen.

Auf den finanziellen Erfolg wirken zwei grundlegende
personalwirtschaftliche Handlungsfelder ein:

– Schaffung personalwirtschaftlicher Rahmenbedingungen.
– Effektiver Einsatz und effiziente Nutzung der investiv
  bereitgestellten Mitarbeiterressourcen.

6.1 Personalwirtschaftliche Rahmen-
bedingungen

Die personalwirtschaftlichen Rahmenbedingungen werden bestimmt durch Investitionen in die Mitarbeiter und
durch geeignete Arbeitsstrukturen, die den Mitarbeitern
ein Umfeld schaffen, das ihnen ein möglichst produktives
Arbeiten gestattet.

6.1.1   Investitionen in die Mitarbeiter

Der wirtschaftliche Erfolg eines Unternehmens wird
langfristig u.a. durch Investitionen in das Humankapital
gesichert. Insbesondere die Fort- und Weiterbildung im
Unternehmen ist als strategische Investition in die Qualität des Humanvermögens zu betrachten ([GEB90], S.
28):

– Ein dauerhafter Konkurrenzvorsprung wird heute nicht
  mehr allein über Investitionen in die Sachanlagen des
  Unternehmens erreicht, sondern vielmehr über Qualifi-
  zierungsmaßnahmen für die im Unternehmen tätigen
  Mitarbeiter. Neue Technologien in Form von Anlagen
  und Maschinen sind – sofern sie nicht selbst erstellt
  wurden – auch für den Wettbewerb rasch zugänglich,
  während Mitarbeiterpotentiale zumindest kurzfristig
  nicht imitierbar sind ([PFE94], S. 10 ff.).
– Beim Einsatz neuer Produkt- und Prozeßtechnologien
  spielt der Mitarbeiter stets die entscheidende Rolle. Das
  Konzept der menschenleeren Fabrik hat sich als Irrweg
  erwiesen: Die mit dieser Zielsetzung implementierten
  Technologien erfordern zusätzlich hochqualifizierte
  Mitarbeiter und sind vielfach investitionsintensiv, stör-
  anfällig und letztlich zu teuer ([PFE94], S. 10).
– Eine Folge der Innovationsdynamik ist die schnelle Ver-
  alterung des Wissens, die durch entsprechende Investitionen in die Fort- und Weiterbildung der Mitarbeiter
  aufgefangen werden muß. Insbesondere im Bereich der
  Datenverarbeitung ergibt sich die Notwendigkeit einer
  stetigen Qualifizierung. Auf diesem Gebiet wird die Hälfte des Wissens alle zweieinhalb Jahre obsolet ([CHAR94],
  S. 121). Bild 6.4 stellt die Halbwertszeiten des Wissens
  für verschiedene Wissensfelder dar.

Kennzahlen über die Höhe der Investitionen in die Fort-
und Weiterbildung geben Aufschluß darüber, inwieweit
das Unternehmen die Notwendigkeit strategischer Investitionen in die Mitarbeiter erkannt hat. Die optimale Höhe
der Investitionen in die Fort- und Weiterbildung läßt sich
allgemeingültig nicht festlegen. Vielmehr ist sie in Verbindung mit der Strategie, den Zielen und dem aktuellen

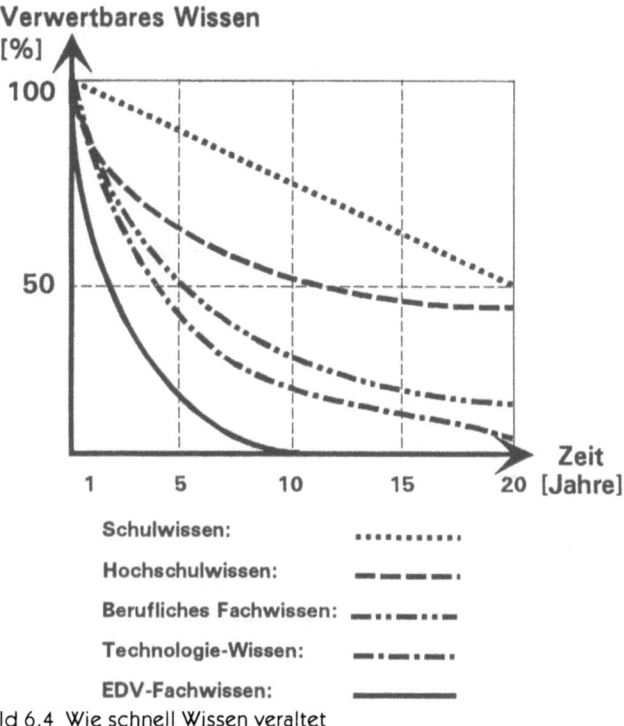

Bild 6.4 Wie schnell Wissen veraltet

Qualifikationsniveau der Mitarbeiter eines Unternehmens zu sehen.

Als Verhältniszahlen dargestellt eignen sich Kennzahlen zur Fort- und Weiterbildung für brancheninterne und -externe Vergleiche sowie für Zeitvergleiche und geben Hinweise darauf, ob weitere Investitionen in die Mitarbeiter notwendig sind:

• Kennzahlen zur Fort- und Weiterbildung

AUFWENDUNGEN FÜR AUS-, FORT- UND WEITERBILDUNG PRO MITARBEITER: Diese Kennzahl gibt den durchschnittlichen Aufwand für Bildungsmaßnahmen im Unternehmen pro Beschäftigtem wieder. So lag der durchschnittliche Weiterbildungsaufwand pro Kopf in deutschen Unternehmen mit mehr als 5.000 Mitarbeitern 1994 bei etwa 1.500 DM. Kleinere Unternehmen wenden allerdings pro Kopf deutlich mehr auf. Unternehmen mit 500 bis 1.000 Mitarbeitern investierten beispielsweise etwa 2.700 DM pro Mitarbeiter ([CHAR94], S. 122).

ANTEIL DER AUFWENDUNGEN FÜR DIE AUS-, FORT- UND WEITERBILDUNG AN DER LOHN- UND GEHALTSSUMME:

Diese Kennzahl stellt die bewertete Variante der erstge-
nannten dar und setzt die gesamten Aufwendungen für
die Aus-, Fort- und Weiterbildung ins Verhältnis zur
Lohn- und Gehaltssumme eines Unternehmens.

AUFWENDUNGEN FÜR AUS-, FORT- UND WEITERBILDUNG IM
VERHÄLTNIS ZU ERWEITERUNGSINVESTITIONEN IN ANLA-
GE- UND UMLAUFVERMÖGEN: Diese Kennzahl beschreibt
die Relation zwischen den beiden Investitionsalternati-
ven Sachvermögen und Humanvermögen. Sie zeigt an,
welche Bedeutung dem Humanvermögen im Vergleich
zum Sachvermögen beigemessen wird. Für viele Unternehmen errechnet sich ein Verhältnis zwischen den Investitionen in das Humanvermögen und den Investitionen in das Sachvermögen von 1:10 oder noch geringer.
Darin zeigt sich möglicherweise eine Diskrepanz zwischen der vielfach angestrebten Personalstrategie, den
"Menschen in den Mittelpunkt zu stellen", und dem
tatsächlichen Investitionsverhalten der Unternehmen.

Das Angebot unternehmensinterner Weiterbildungsveranstaltungen ist je nach Branche sehr unterschiedlich. Im
Dienstleistungsbereich bilden beispielsweise fast alle Unternehmen ihre Mitarbeiter regelmäßig weiter, während
dies in der Textilindustrie auf lediglich 37 % der Unternehmen zutrifft ([OV94], S. 28).

Die Höhe der Bildungsaufwendungen macht weder eine
Aussage über die Gestaltung bzw. Durchführung der Bildungsmaßnahmen noch über ihren Erfolg. Der Aussage-
gehalt von extern zugänglichen, allgemeinen Kennzahlen
läßt sich auf Basis der folgenden unternehmensinternen
Kennzahlen steigern:

- Anteil der Aufwendungen für Fort- und Weiterbildung in
  den unterschiedlichen hierarchischen Ebenen oder Ge-
  schäftsbereichen,
- Anteil der Aufwendungen für Seminare "off-the-job"
  und für Bildungsmaßnahmen am Arbeitsplatz,
- Aufwendungen für die Einarbeitung neuer Mitarbeiter,
- Durchschnittliche jährliche Weiterbildungszeit pro Mitarbeiter,
- Anzahl interner (haupt- oder nebenberuflicher) bzw. ex-
  terner Trainer,

• Kennzahlen zur
Durchführung der
Bildungsmaßnahmen

– Anzahl der Informationsveranstaltungen zur Erhöhung
  des Bekanntheitsgrads des Qualifikationsangebots,
– Arbeitsstunden für die Vorbereitung bestimmter Quali-
  fizierungsmaßnahmen.

Eine detaillierte Analyse dieser Kennzahlen kann Problemfelder und Unausgewogenheiten in der personalwirtschaftlichen Bildungsarbeit aufdecken und bietet damit
konkrete Ansatzpunkte für qualitätsorientierte Steue-
rungsmaßnahmen im Bildungsbereich.

6.1.2   Arbeitsstrukturen

Ein qualitätsorientiertes Personalcontrolling muß dafür
Sorge tragen, daß die Arbeitsstrukturen im Unternehmen
den Mitarbeitern die Möglichkeit bieten, ihr Leistungspotential zu entfalten und zu entwickeln. Eine Voraussetzung dafür ist, daß die Arbeitsstrukturen die Handlungs-
spielräume und Entscheidungskompetenzen für die Mitarbeiter erweitern und die Kommunikation fördern.

Die *Anzahl der Hierarchieebenen* ist ein grundlegen-
des Strukturmerkmal im Unternehmen. Traditionelle,
starre Strukturen mit in Relation zur Mitarbeiterzahl vielen Hierarchieebenen können die betrieblichen Entschei-
dungs- und Informationsprozesse behindern. Einzelne
Stellen oder ganze Hierarchieebenen sind ausschließlich
mit vorbereitenden oder planenden Tätigkeiten betraut,
die nicht direkt der Wertschöpfung dienen. Diese "verti-
kale Blindleistung" ([TOE93], S. 139 f.) in hierarchischen
Strukturen kann die Initiative und das Engagement der
Mitarbeiter lähmen, die stets die Erfahrung machen,
nichts bewegen und verändern zu können. Flache Hierarchien ermöglichen hingegen, daß die Verantwortung für
jede Handlung und Entscheidung unmittelbar ersichtlich
ist.

Die *Führungsspanne* (auch als Leitungs- oder Kontrollspanne bezeichnet) gibt an, wieviele Mitarbeiter eine Führungskraft zu führen hat. Mit einer Verminderung (Vergrößerung) der Hierarchieebenen vergrößert (vermin-
dert) sich – bei konstanter Personenzahl – die Führungsspanne.

• Kennzahlen zu
Organisation und
Führung

Flache Hierarchien mit größeren Führungsspannen
stellen höhere Anforderungen an alle Mitarbeiter – nicht
nur an die Führungskräfte – und können einen wachsen-
den Qualifikationsbedarf bedingen. Darin zeigt sich, daß
strategische Entscheidungen der Organisation in einem
engen, wechselseitigen Zusammenhang mit der Personalstrategie zu sehen sind.

Bei der Bestimmung der Führungsspanne sind u.a. die
folgenden Faktoren zu berücksichtigen ([WUN80], S. 315):

– Art der Aufgaben (z. B. Ausmaß der standardisierten
  Prozeduren),
– Bedarf an Interaktion zwischen Mitarbeitern und Füh-
  rungskraft,
– Erfahrung der Mitarbeiter mit ihrer Aufgabe,
– Fähigkeiten der Führungskräfte und der Mitarbeiter.

Während in den ausführenden Ebenen eher eine Tendenz
zur Verkleinerung von Führungsspannen zu beobachten
ist (Porsche hat beispielsweise die Führungsspannen im
Fertigungsbereich auf etwa 20 Mitarbeiter pro Meister
verringert), findet in mittleren und oberen Führungsebe-
nen eine Vergrößerung der Führungsspannen statt (beispielsweise bei Porsche auf 8 bis 13 Mitarbeiter pro
Führungskraft).

• Kennzahlen zur
Anwendung
gruppenorientierter
Arbeitsstrukturen

Ein qualitätsorientiertes Personalcontrolling muß für
ein ausgewogenes Verhältnis zwischen Hierarchie und
Führungsspanne sorgen. Einen möglichen Lösungsansatz
bietet die Einführung von Gruppenarbeit, bei der die Mitarbeiter Koordinationsaufgaben weitgehend selbständig
übernehmen ([BAE94], S. 96). Gruppenorientierte Arbeitsstrukturen fördern durch erweiterte Handlungsspielräu-
me und verbesserte Kommunikation die Bereitschaft und
Fähigkeit der Mitarbeiter, sich engagiert in den Arbeits-
prozeß einzubringen ([BUE93], S. 29). Der Verbreitungsgrad der Gruppenarbeit kann anhand der *Anzahl der Mitarbeiter, die in Team- oder Gruppenarbeit eingebunden
sind*, gemessen werden. Der Automobilzulieferer Löhr
und Bromkamp (Löbro GmbH) hat sich beispielsweise
zum Ziel gesetzt, ausnahmslos jeden Mitarbeiter in grup-
penorientierten Arbeitsstrukturen, zumindest in tempo-
rären Projektgruppen und Qualitätszirkeln, einzusetzen.

Zur Beschreibung gruppenorientierter Arbeitsstrukturen steht eine Vielzahl von Kennzahlen zur Verfügung. Die folgenden Kennzahlen geben über das Vorhandensein von Gruppenkonzepten hinaus Einblicke in die Art und Weise ihrer Umsetzung:

- Die *Dauer der Anwendung von Gruppenarbeit* in einem Unternehmen oder einem Organisationsbereich des Unternehmens dient als Indikator für die erfolgreiche Einführung gruppenorientierter Arbeitsstrukturen.
- Die *Anzahl von Qualitätsworkshops und Qualitätszirkeln* zeigt den Verbreitungsgrad temporärer Gruppenkonzepte im Unternehmen an.
- Der Gruppenzusammenhalt läßt sich anhand der *durchschnittlichen Dauer der Zusammenarbeit in Gruppen gleicher Besetzung* bzw. anhand der *Häufigkeit von Mitarbeiterwechseln* in den Gruppen beschreiben.
- Die Flexibilität des Personaleinsatzes innerhalb der Gruppen wird durch *Job-Rotation-Maßnahmen* gefördert. Die *Dauer ihrer Durchführung* und die *Zahl der Beteiligten* dienen als Indikatoren für die Einsatzflexibilität des Personals. Sie läßt sich ebenfalls anhand der *Häufigkeit des geplanten Arbeitsplatzwechsels* (gruppenintern und -extern) beschreiben.
- Die *Anzahl der Gruppenbesprechungen pro Monat oder pro Jahr* beschreibt die Kommunikationsintensität innerhalb der Gruppe.

• Kennzahlen zur Umsetzung von Gruppenarbeit

6.2 Personaleffizienz

Die investiv bereitgestellten Mitarbeiterpotentiale sind effizient zu nutzen und einzusetzen. Die Operationalisierung der sogenannten *Personaleffizienz* läßt grundsätzlich mehrere Möglichkeiten zu. Als Meßlatte für die Wirtschaftlichkeit der Nutzung des Mitarbeiterpotentials kann eine beliebige betriebliche Outputgröße (z. B. die produzierte Stückzahl) dienen, die in ihrer Relation zu einer personalbezogenen Inputgröße (z. B. Personalkosten, Arbeitsstunden oder Mitarbeiterzahl) betrachtet wird.

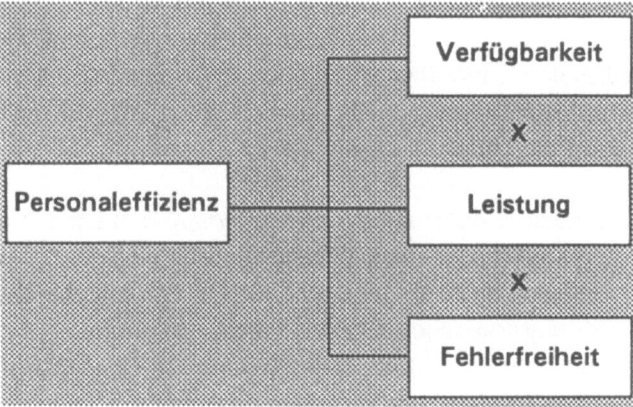

Bild 6.5 Personaleffizienz

• Einflußfaktoren auf
die Personaleffizienz

Die Personaleffizienz läßt sich als Funktion der Verfügbarkeit, der Leistung der Mitarbeiter sowie der Fehlerfreiheit ihrer Arbeit im Unternehmen darstellen (Bild 6.5).

Die Verfügbarkeit des Mitarbeiters gibt den zeitlichen Rahmen an, innerhalb dessen er Leistung für das Unternehmen erbringen kann. Daneben beeinflußt das Leistungsverhalten der Mitarbeiter die Personaleffizienz. Die Leistungskomponente beschreibt das quantitative Leistungspotential der Mitarbeiter. Sie ist mit der "Fehlerfreiheit" zu verknüpfen, denn nur der fehlerfreie Anteil der Mitarbeiterleistung trägt dazu bei, die Anforderungen der Kunden zu erfüllen. Die Fehlleistung als Gegengröße zur Fehlerfreiheit repräsentiert den Teil der Leistung, der durch nicht werterhöhende bzw. durch wertvernichtende Aktivitäten verschwendet wird (Bild 6.6).

6.2.1 Verfügbarkeit der Mitarbeiter

• Die Verfügbarkeit
hängt von der
effektiven Arbeitszeit
und Dauer der
Betriebszugehörigkeit
ab

Die Verfügbarkeit beschreibt die gesetzlich oder tariflich festgelegte Gesamtarbeitszeit, in der die Mitarbeiter dem Unternehmen zur Erbringung ihrer Arbeitsleistung zur Verfügung stehen. Die Verfügbarkeit des einzelnen Mitarbeiters wird von seiner effektiv geleisteten Arbeitszeit sowie von der Dauer seiner Betriebszugehörigkeit bestimmt. Wesentliche Kenngrößen sind:

– Absentismus und
– Fluktuation bzw. Loyalität der Mitarbeiter.

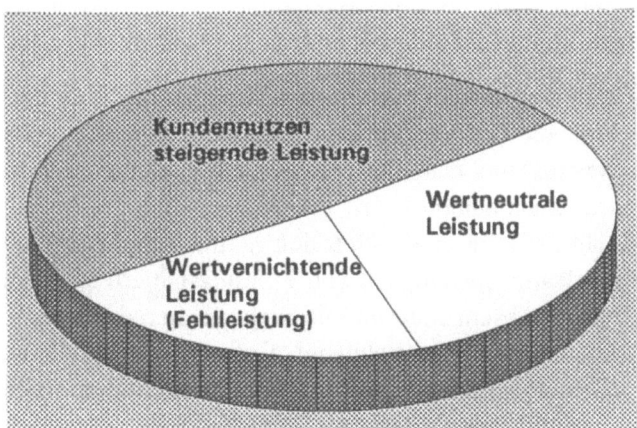

Bild 6.6 Bestandteile der Mitarbeiterleistung

Der *Absentismus* ist eine der in der betrieblichen Praxis am häufigsten ermittelten personalbezogenen Kennzahlen. Er erfaßt die vorübergehende Abwesenheit der Mitarbeiter (z. B. Fehlzeiten wegen Krankheit oder gesetzlich geregelte Fehlzeiten) und gibt damit Auskunft über die Zeit, in der die Mitarbeiter dem Unternehmen nicht produktiv zur Verfügung stehen. Der Hauptanteil der beeinflußbaren betrieblichen Fehlzeiten wird durch Krankheit verursacht. In Deutschland war 1993 jeder Arbeitnehmer durchschnittlich fast drei Wochen krank gemeldet ([OV95b], S. 29), was die Unternehmen insgesamt 93 Mrd. DM kostete. Die VW AG wurde beispielsweise 1993 durch jedes Prozent Krankenstand mit 100 Mio. DM belastet. In dieser Summe sind die Lohn- und Gehaltsfortzahlungen im Krankheitsfall sowie die Kosten für die erforderlichen Ersatzkräfte, die Terminüberschreitungen und die ungenutzten Kapazitäten enthalten ([SCHN94], S. 88). Als eine Ursache für hohen Absentismus wird häufig eine schlechte Mitarbeiterführung genannt. Führungskräfte, die ihre Mitarbeiter selten loben, unter Druck setzen und geringschätzen, müssen mit einem erhöhten Absentismus als Reaktion auf diese Verhaltensmuster rechnen.

Fehlzeiten werden auch durch Arbeitsunfälle verursacht. Die *Art und Zahl der Unfälle pro Jahr* gibt Auskunft über die Bedeutung dieser Ursache von Fehlzeiten.

• Absentismus

• Arbeitsunfälle

Kennzahlen, die über Maßnahmen zur Reduktion der Ausfallzeiten der Mitarbeiter Aufschluß geben, sind z. B.:

– Zahl der Rückkehrgespräche, in denen die Führungskraft die Gründe für das Fernbleiben herauszufinden
  versucht und den Mitarbeitern die Bedeutung ihrer An-
  wesenheit demonstriert,
– Zahl der Führungskräftetrainings und -schulungen, um
  die Wahrscheinlichkeit von Führungsfehlern als Ursache für Absentismus im Unternehmen zu reduzieren,
– Art und Zahl betrieblicher Gesundheitsmaßnahmen
  (Gesundheitszirkel) als vorbeugende Investition in die
  Gesundheit der Mitarbeiter.

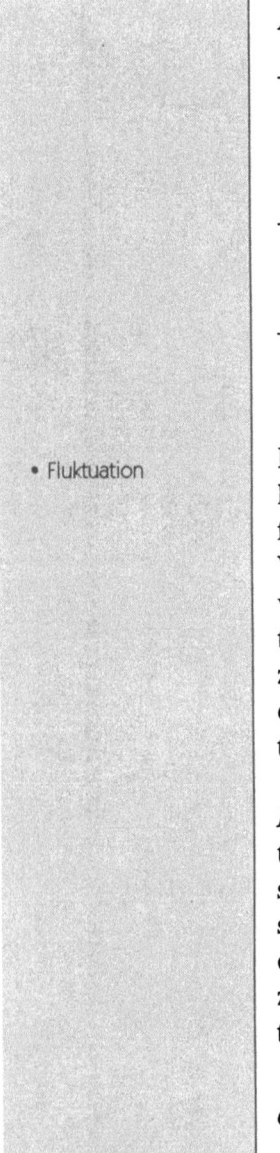

• Fluktuation

Die *Fluktuation* als Kennzahl der Mitarbeiterverfügbar-
keit kennzeichnet die Zahl der aus dem Unternehmen
freiwillig und dauerhaft ausgeschiedenen Mitarbeiter. Die
Vermeidung des kostspieligen und unerwünschten Ab-
wanderns qualifizierter Mitarbeiter setzt eine konsequente Analyse des Fluktuationsverhaltens im Unternehmen,
z. B. durch Abgangsinterviews, voraus. Die Fluktuation ist
ebenfalls ein Indikator für die Zufriedenheit der Mitarbeiter mit ihrer Führung.

Die komplementäre Größe zur Fluktuation stellt die
Mitarbeiterloyalität dar, die durch die Dauer der Betriebszugehörigkeit ausgedrückt wird. Empirische Untersuchungen weisen einen positiven Zusammenhang zwischen der Dauer der Betriebszugehörigkeit und der Produktivität des Mitarbeiters nach ([JAC94], S. 144). Bild 6.7
zeigt, daß Mitarbeiter innerhalb von zehn Jahren Betriebszugehörigkeit ihre Produktivität verdreifachen.

6.2.2 Leistung der Mitarbeiter

Die Leistung des Mitarbeiters bzw. der Gruppe wird maßgeblich durch die Arbeitsziele und die Rückkopplung
über den aktuellen Leistungsstand beeinflußt.

ZIELVEREINBARUNG
Ziele erfüllen drei bedeutende Funktionen, mit denen die
Führungskraft das Leistungsverhalten der Mitarbeiter
entscheidend beeinflussen kann ([BUE94], S. 206). Ziele
haben Informations-, Motivations- und Feedbackcharak-

Mitarbeiter-Produktivität (Index)

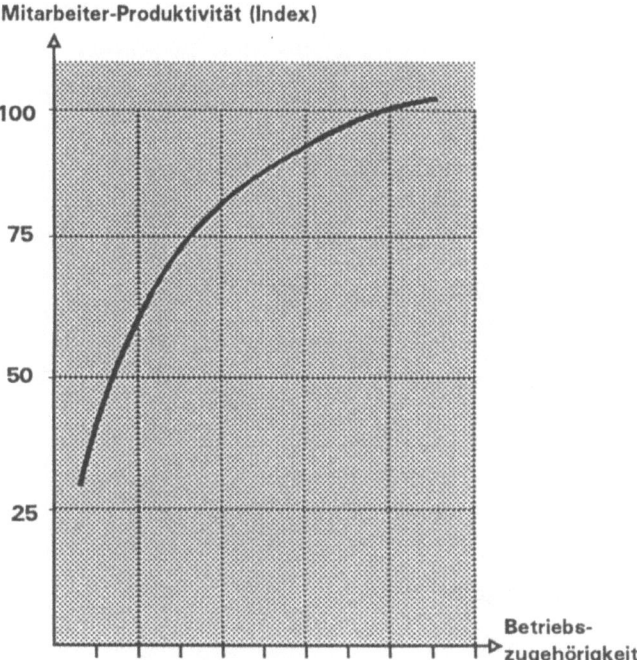

Bild 6.7 Produktivität und Loyalität

ter. Voraussetzung für die Realisierung dieser Funktionen ist das partizipative Zielvereinbarungsgespräch zwischen Führungskraft und Mitarbeiter.

Die *Zahl der Zielvereinbarungsgespräche einer Führungskraft* pro Jahr und die Regelmäßigkeit der Gespräche zeigen an, wie konsequent die Führungskraft das Instrument des Zielvereinbarungsgesprächs mit ihren Mitarbeitern nutzt.

Die *Anzahl der Mitarbeiter bzw. Führungskräfte mit schriftlich fixierter Zielvereinbarung* dient als Indikator für die Transparenz der Zielbildung im Unternehmen. Durch die Schriftform kann eine präzise Zieldefinition gewährleistet werden. Im Rahmen der Zielvereinbarungsgespräche sind der Zielinhalt (was?), der Zielumfang (wieviel?), das Zielgebiet (wo?), die Zielfrist (wann?) sowie die Zielverantwortung (wer?) verbindlich festzulegen. Die Erreichbarkeit der Ziele für den Mitarbeiter ist sicherzustellen (Bild 6.8). Zugleich sind die Ziele auf leicht meßba-

• Kennzahlen zur Vereinbarung von Arbeitszielen

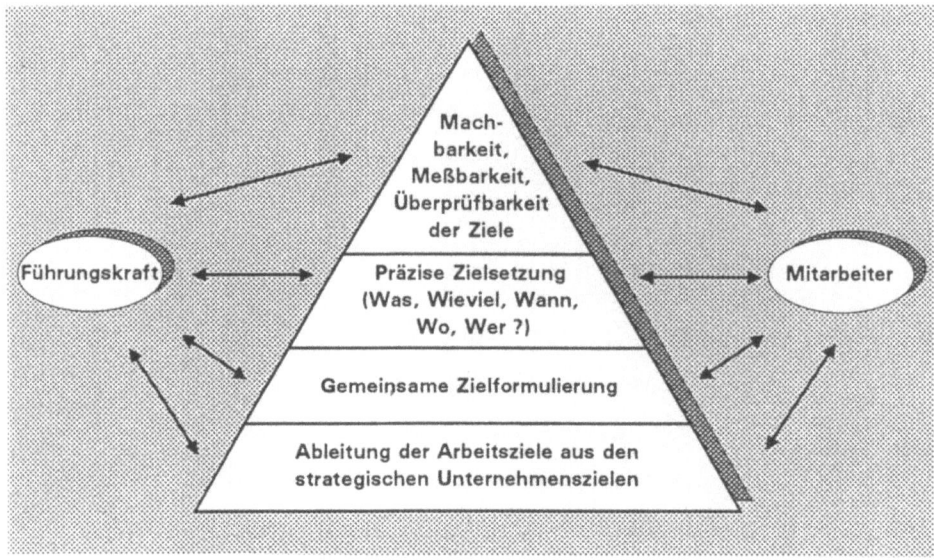

Bild 6.8 Das partizipative Zielvereinbarungsgespräch

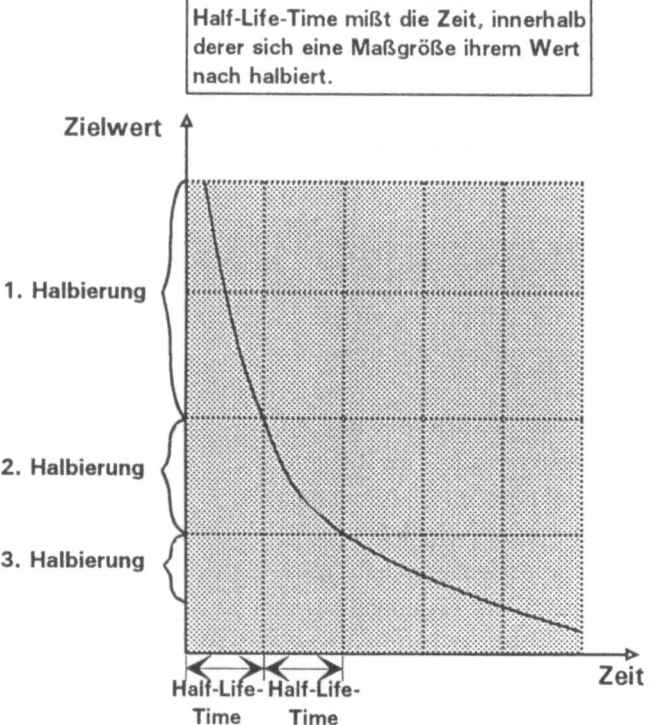

Bild 6.9 Half-Life-Time

re Daten, Fakten und Zahlen zu stützen und, wenn möglich, in quantitativen Kenngrößen zu konkretisieren.

Die Geschwindigkeit zur Zielerreichung kann als Komponente in die Zielvereinbarung mit aufgenommen werden. Die *Half-Life-Time* eignet sich als Maßgröße für die Verbesserung eines Zielwertes ([FIS94], S. 196). Sie gibt die Zeit an, die benötigt wird, um einen definierten Zielwert um die Hälfte bzw. auf das Doppelte (Double-Life-Time) seines Ursprungswertes zu verbessern (Bild 6.9).

RÜCKKOPPLUNG ÜBER DEN LEISTUNGSSTAND

Eine Rückkopplung über den Grad der Zielerreichung gewährleistet, daß der Mitarbeiter über die Einschätzung seiner Leistung informiert wird. Auf dieser Basis kann er sein Arbeitsverhalten korrigieren und lernen.

Die *Häufigkeit der Rückkopplung* und die *Länge der Rückkopplungszyklen* entscheiden dabei über die Wirksamkeit der Rückkopplung: je eher eine Rückmeldung über die aktuelle Leistung im Vergleich zum Ziel erfolgt, um so schneller kann der Mitarbeiter sein Verhalten in Richtung der Zielerreichung lenken ([ROS93], S. 218). Dieser Zusammenhang wird anhand der Half-Life-Time in Bild 6.10 verdeutlicht. Die Half-Life-Time und die Schwankungsbreite verkürzen sich mit der Häufigkeit der Rückmeldungen.

• Kennzahlen zur schnelleren Zielerreichung

Die *Visualisierung* stellt eine mögliche Form der Rückkopplung dar, die kurze Feedback-Zyklen gewährleistet. Die *Anzahl der Organisationsbereiche mit Visualisierung* gibt Aufschluß über die Verbreitung dieses Instrumentes im Unternehmen. Auf Tafeln können Leistungsdaten der Mitarbeiter eines Bereichs dargestellt und arbeitstäglich auf den neuesten Stand gebracht werden. Noch kürzere Rückkopplungszyklen bieten elektronische Anzeigetafeln, auf denen der Mitarbeiter jeweils den aktuellen Leistungsstand seines Arbeitsbereichs ablesen kann. Bild 6.11 stellt beispielhaft Ziele dar, die sich für eine Visualisierung eignen. Dazu gehört auch die Kennzahl *Verbesserungsvorschläge pro Mitarbeiter*, die mit der Führungskraft eines Bereichs vereinbart werden kann. Die Kennzahl umgesetzte Verbesserungsvorschläge *pro Mitarbeiter* gibt zusätzlich Auskunft darüber, ob die Vorschläge der

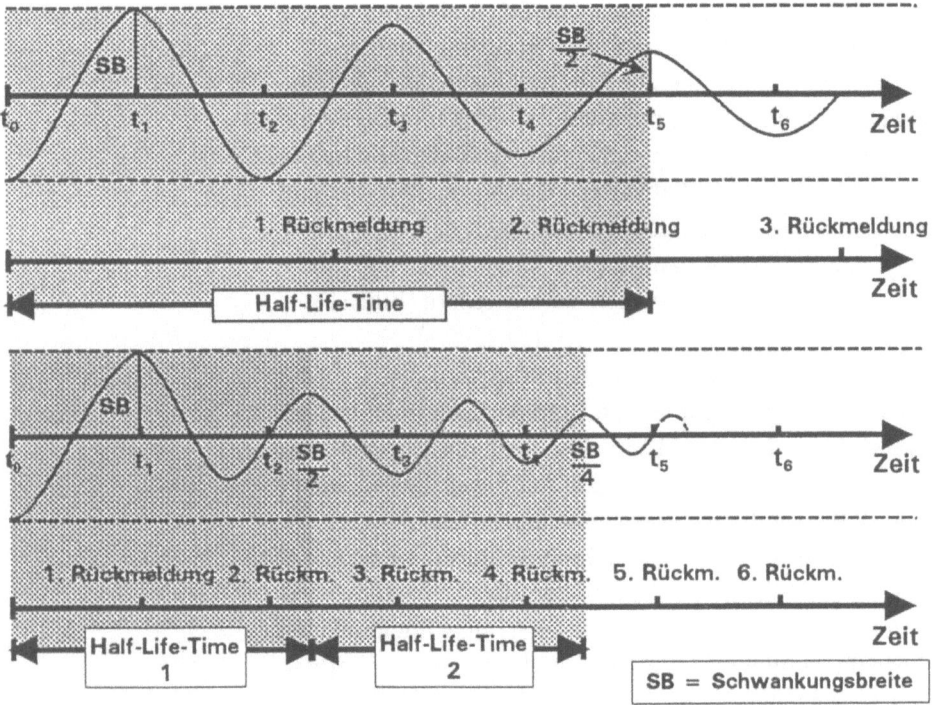

Bild 6.10 Auswirkungen der Häufigkeit von Feedbacks auf die Half-Life-Time

Mitarbeiter ernst genommen werden, indem sie schnell beurteilt, anerkannt und umgesetzt werden.

Die Kennzahl *Beschwerden der Mitarbeiter* über die Personalarbeit, also beispielsweise über schlechte Beratung durch die Personalabteilung, fehlerhafte Gehaltsabrechnungen der Personalverwaltung oder unangemessenes Führungsverhalten der Führungskräfte, stellt eine Rückkopplung über die Leistung der Personalarbeit dar. Sie läßt sich in den betroffenen Verantwortungsbereichen anhand von Graphiken visualisieren (Bild 6.11). Die Beschwerden bieten Anhaltspunkte für konkrete Verbesserungen.

Neben der Visualisierung werden regelmäßige Gespräche zwischen Mitarbeiter und Führungskraft als Rückkopplungsinstrument eingesetzt. Die *Anzahl und Dauer der Rückkopplungsgespräche* können über Mitarbeiterbefragungen ermittelt werden. Erfahrungsgemäß werden sie in der Praxis häufig zu kurz oder überhaupt nicht geführt: Bei 60 % der Mitarbeiter dauern solche Gespräche

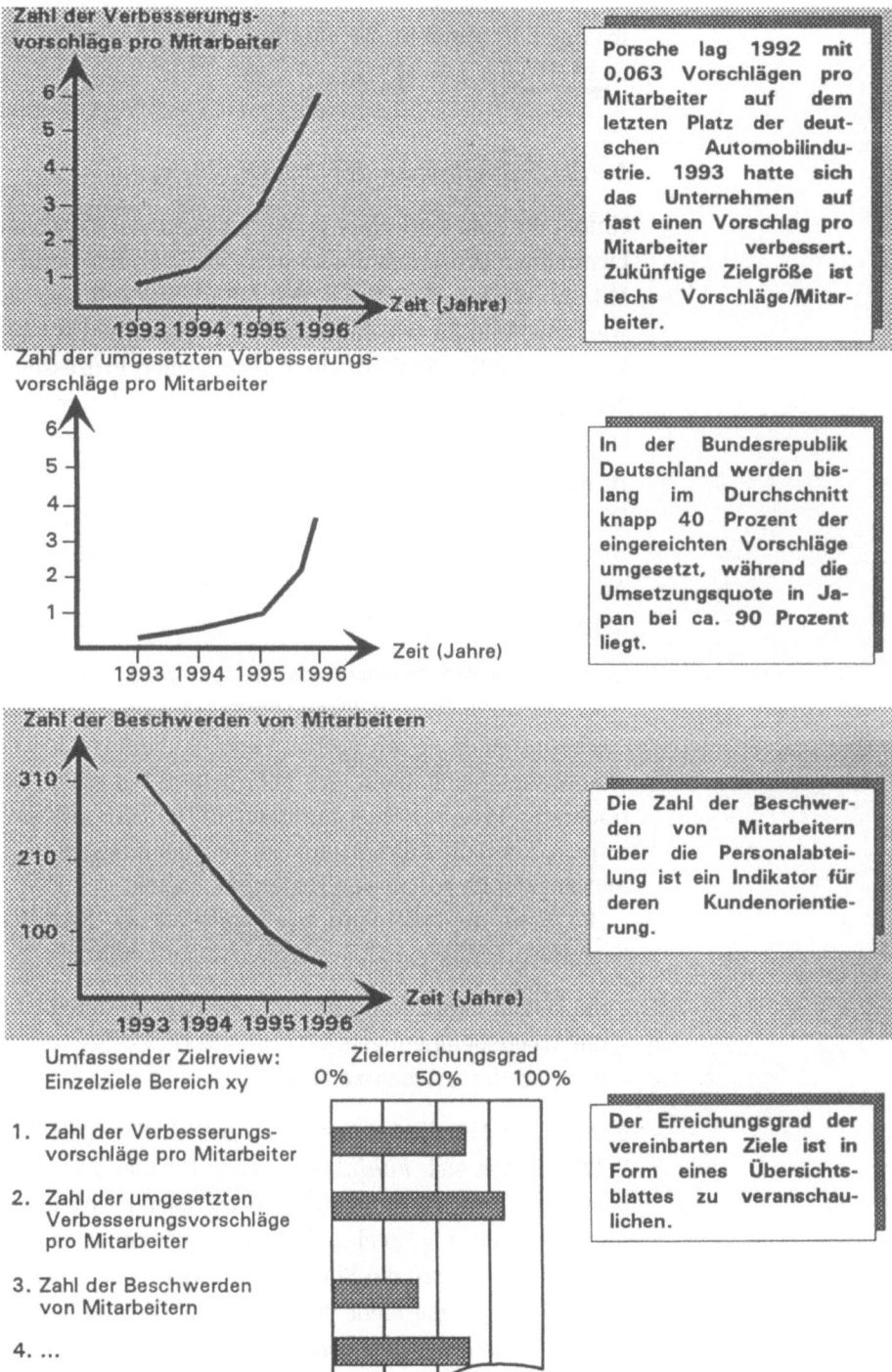

Bild 6.11 Zielbeispiele zur Steuerung der Humanressourcen

maximal 10 Minuten, 24 % führen solche Gespräche gar nicht ([WOL87], S. 24).

6.2.3 Fehlerfreiheit der Mitarbeiterleistung

• Kennzahlen zur
Fehlerfreiheit und
Prozeßsicherheit

Nimmt die Zahl der Fehler in überwiegend von Menschen bestimmten Prozessen ab, so steigt die Prozeßsicherheit. Mit ihr wächst der Anteil der Mitarbeiterleistung, der wertschaffend für den Kunden ist. Die Sicherheit solcher Prozesse muß – ähnlich wie in technischen Prozessen – zunächst bewertet, dann auf Ursachen analysiert und schließlich verbessert werden.

BEWERTUNG DER PROZEßSICHERHEIT

Die *menschliche Fehlerwahrscheinlichkeit (Human Error Probability; HEP)* ist definiert als das Verhältnis der Anzahl fehlerhafter Prozesse zur Anzahl insgesamt ausgeführter Prozesse ([BUB94], S. 10).

$$HEP = \frac{\text{Anzahl fehlerhafter Prozesse}}{\text{Anzahl insgesamt ausgeführter Prozesse}}$$

Sie gibt einen ersten groben Hinweis darauf, mit welcher Wahrscheinlichkeit den Mitarbeitern bei einem betrachteten Prozeß Fehler unterlaufen. Die HEP läßt sich ex post durch die Auswertung von Beobachtungsdaten ermitteln oder im voraus von Experten schätzen.

Die Höhe der HEP wird von verschiedenen Faktoren beeinflußt. Einige sind hier beispielhaft aufgeführt:

– die Vertrautheit des Mitarbeiters mit dem Prozeßablauf,
– die Arbeitsbedingungen,
– das geforderte Arbeitstempo.

In Anlehnung an die technische Prozeßfähigkeit ([KIR94], S. 264) lassen sich *Fähigkeitsindizes* für von Menschen bestimmte Prozesse definieren und analysieren. Grundlage für die Ermittlung solcher Prozeßfähigkeitsindizes sind Zielvereinbarungen, die Standards für den Prozeß festlegen und Toleranzbereiche definieren. Beispielsweise können die Anzahl der von den Mitarbeitern eines Bereichs zu leistenden Verbesserungsvorschläge pro Jahr und der akzeptable Toleranzbereich Gegenstand einer Zielvereinbarung mit der Führungskraft sein. Fähigkeitsindizes beschreiben das Verhältnis zwischen der Toleranz und der beobachteten Abweichung vom Standard.

$$\text{Fähigkeitsindex} = \frac{\text{Toleranz}}{\text{durchschnittliche Abweichungen vom Standard}}$$

Je „stabiler" der zum Ziel führende Prozeß ist, um so höher ist der resultierende Prozeßfähigkeitsindex.

URSACHENANALYSE

Die Bedeutung einzelner, zu Prozeßabweichungen führender Ursachen kann über eine *Befragung* der Mitarbeiter sachkundig eingeschätzt werden. Diese liefert eine wertvolle Basis zur Analyse der "Fehlerquelle Mensch" ([FOR95], S. 1).

* Fehleranalyse

Mit Hilfe eines *Ishikawa-Diagramms* ([ISH91], S. 231) können die Ursachen von Prozeßabweichungen menschlicher Arbeitsprozesse im Detail analysiert werden. Als mögliche Ursachen menschlicher Fehler kommen Unkenntnis, Unfähigkeit oder Unwillen des Mitarbeiters sowie informelle Regeln der Kollegen, die eine fehlerfreie Arbeitsausübung behindern, in Frage. Darüber hinaus kann ein Versehen des Mitarbeiters (z. B. Vergessen) vorliegen. Bild 6.12 stellt beispielhaft ein für menschliche Fehlhandlungen modifiziertes Ishikawa-Diagramm dar. Auf der Basis der darin dargestellten Ursachen kann eine strukturierte und fundierte Suche nach den wahren Gründen für die Prozeßabweichung vorgenommen werden.

* Ursachen menschlicher Fehler

Bei der Analyse der einem Fehler zugrunde liegenden Auslöser hat sich bewährt, die Ursachen entsprechend dem *5-Warum-Prinzip* mehrfach zu hinterfragen ([SHI89], S. 254). Tritt ein Personalproblem auf, sieht dieses Prinzip ein fünfmaliges Hinterfragen der genannten Ursache vor.

Menschlichem Fehlverhalten kann durch entsprechende personalwirtschaftliche Maßnahmen präventiv entgegengewirkt werden. Bild 6.13 zeigt eine *Fehlertypologie* für menschliches Fehlverhalten und stellt den einzelnen Fehlertypen personalwirtschaftliche Maßnahmen gegenüber, durch die sie vermieden werden können.

VERBESSERUNG DER PROZEßSICHERHEIT

Die *Standardisierung* ist ein Instrument zur Erhöhung der Prozeßsicherheit in vom Menschen bestimmten Arbeitsabläufen. Standards legen fest, wie ein Ziel erreicht

* Standardisierungen von Arbeitsprozessen

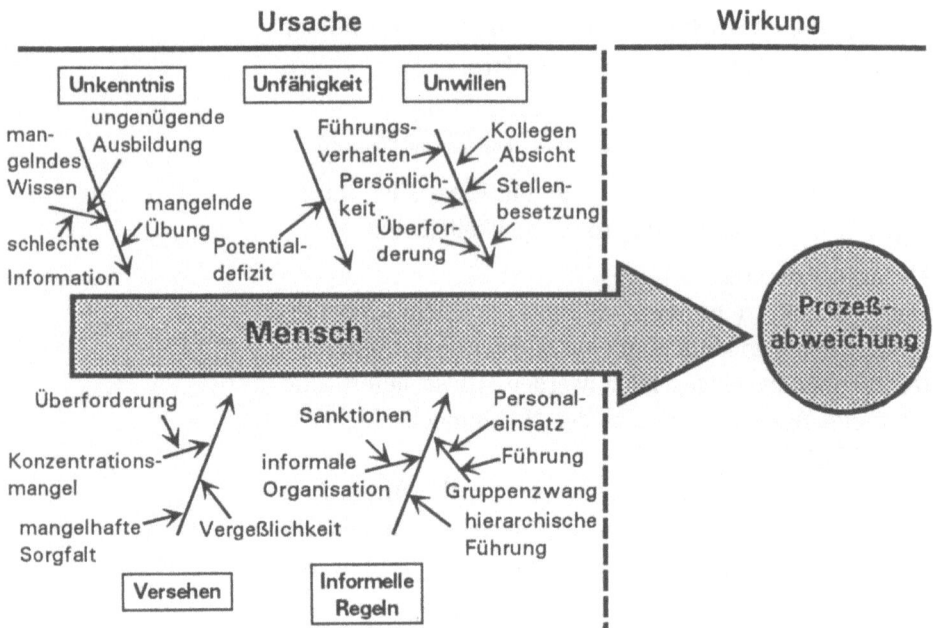

Bild 6.12 Ishikawa-Diagramm zur Beurteilung von Abweichungen in menschlichen Prozessen

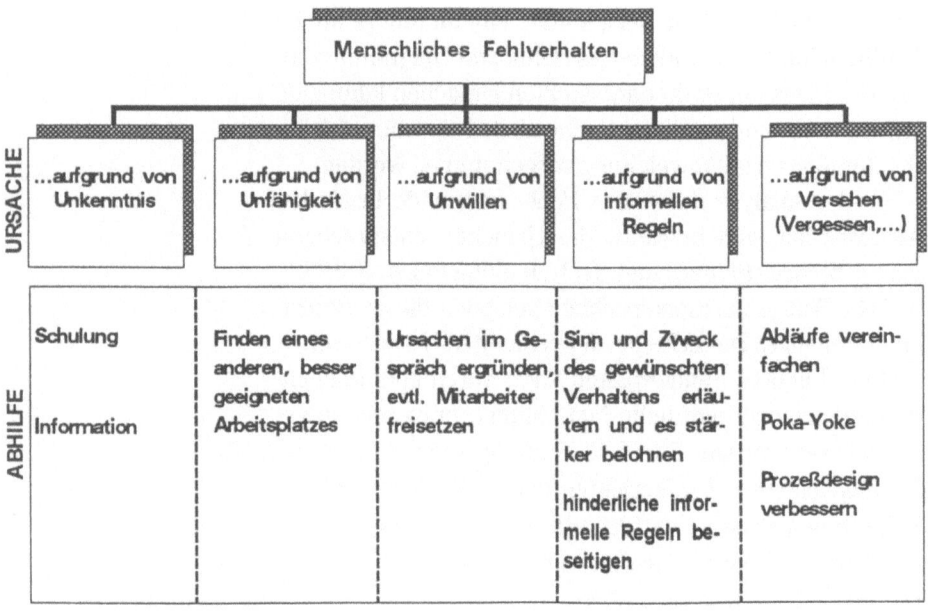

Bild 6.13 Fehlertypologie

werden soll, und unterstützen die Fehlerprävention durch
Ausschalten fehlerträchtiger Arbeitsweisen ([SUZ94],
S. 82 ff.). Menschliche Verhaltensabweichungen können
beispielsweise durch eine detaillierte Beschreibung von
Norm-Arbeitsweisen vermieden werden. Der *Anteil stan-
dardisierter Arbeitsvorgänge* an allen vorkommenden
Arbeiten im Unternehmen verdeutlicht, wie sehr die Stan-
dardisierung im Unternehmen bereits fortgeschritten ist.
Für Standards gilt, daß sie dynamisch angelegt sein müs-
sen: Einmal festgesetzte und erreichte Normen bilden den
Ausgangspunkt für neue, höhere Standards ([WIL93]; S.
145 f.). Gegenstand von Standardisierungen können sein:

- Tätigkeiten, bei denen Mitarbeiter aufgrund eines geringen Schwierigkeitsgrades und monotoner Arbeitsinhal-
  te zu wenig gefordert sind.
- Regelmäßig, aber selten vorkommende Aufgaben wie
  beispielsweise die Vorbereitung einer Personaleinstel-
  lung oder eines Mitarbeitergesprächs.
- Wartungsarbeiten sowie qualitätskritische Meß- und
  Prüfverfahren. Hier werden über Checklisten Standards
  gesetzt, die jeden Arbeitsschritt der Mitarbeiter exakt
  vorgeben.
- Verhaltensanleitungen bei Qualitätsproblemen, die regeln, wer bei welcher Art von Vorfall zu informieren ist.

Eine sogenannte *"Blue Card"* unterstützt die Standardisierung des Mitarbeiterverhaltens, wenn ein Fehler ent-
deckt wird ([KNO95], S. 120). In einer normierten Berichts-
karte, der "Blue Card", trägt der Mitarbeiter, bei dem sich
der Fehler auswirkt, die vermuteten Ursachen und den
vermuteten Entstehungsort des Fehlers sowie die durchgeführten Korrekturmaßnahmen ein (Bild 6.14). Die "Blue
Card" wird an die verursachende Stelle weitergeleitet und
dort ausgewertet. Sie stellt damit sicher, daß die verursachende Stelle eine standardisierte und gleichzeitig fundierte Rückmeldung über den Fehler erhält. Gleichzeitig erhält
der Prozeßverantwortliche detailliert Aufschluß über die
Zusammenhänge zwischen Fehler, Ursache und möglicher
Problemlösung und kann den Fehler künftig vermeiden.
Poka-Yoke-Einrichtungen sind Vorrichtungen und Maßnahmen einfachster Art und sorgen als spezielle Form der

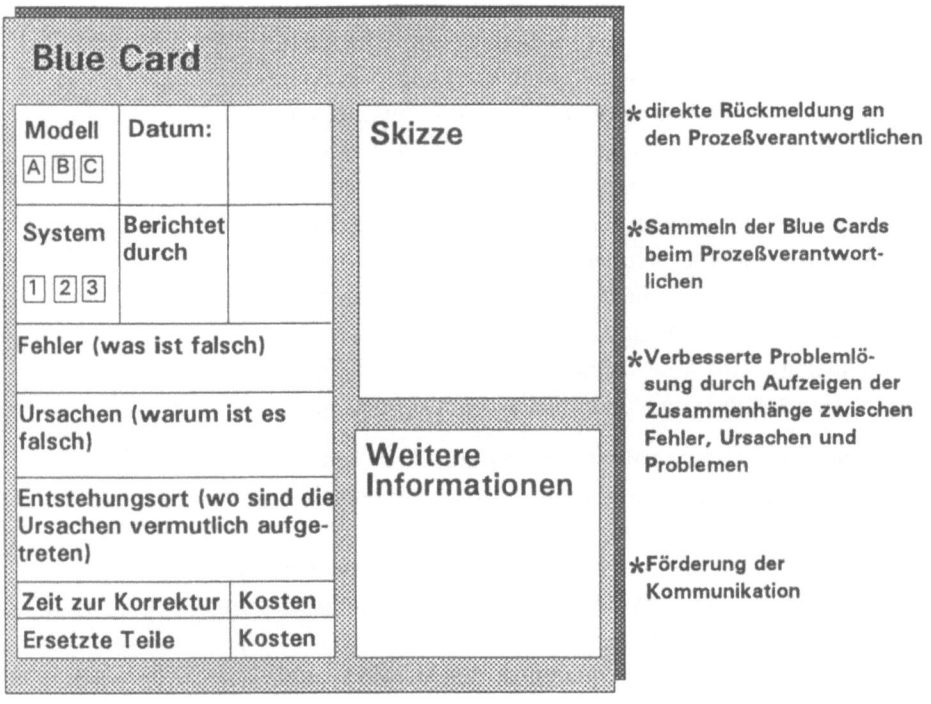

Bild 6.14 Die „Blue-Card"

Standardisierung dafür, daß Fehler aus Vergeßlichkeit oder aus Versehen vermieden werden. Der japanische Ausdruck Poka-Yoke bedeutet wörtlich übersetzt Vermeidung unbeabsichtigter Fehler (poka = zufälliger, unbeabsichtigter Fehler, yoke = Vermeidung). "Poka-Yoke verhindert, daß sich Arbeitsfehler im Prozeß fortpflanzen und so zu fehlerhaften Produkten werden" ([SON92], S, 7). Ihren größten Nutzen erzielen Poka-Yoke-Einrichtungen, wenn sie von den Mitarbeitern, die damit arbeiten, selbst initiiert und umgesetzt werden. Häufig wird das Prinzip im Produktionsbereich genutzt. Hier kommen beispielsweise Einrichtungen zur Anwendung, die das falsche Einlegen eines Werkstücks in eine Maschine durch entsprechende Führungsstifte verhindern ([SHI86], S. 102). Poka-Yoke kann jedoch auch in indirekten und Dienstleistungsfunktionen eingesetzt werden, wo menschliche Prozesse eine große Rolle spielen ([CHAS95], S. 36 ff.). Ein Beispiel für die Vermeidung menschlicher Fehler im Verwaltungsbereich ist ein Computerprogramm, das

die Eingabe von Daten automatisch auf Richtigkeit überprüft (z. B. muß die eingegebene Sozialversicherungs-
nummer mit dem Geburtsdatum des betreffenden Mitarbeiters übereinstimmen), die Annahme fehlerhafter Daten verweigert und gleichzeitig eine Fehlermeldung aus-
gibt. Bestimmte Fehler des Mitarbeiters bei der Datenein-
gabe werden dadurch zuverlässig verhindert.

Ein weiteres Beispiel für eine denkbare Poka-Yoke-
Maßnahme ist ein Computerprogramm, das bei Anrufen
automatisch die Daten der Geschäftsbeziehung (Umsät-
ze, letzte Korrespondenz des Anrufers) auf dem Bildschirm erscheinen läßt. Der Angerufene kann sich so
schnell auf den Gesprächspartner einstellen und vermei-
det dadurch mögliche Fehler.

6.3   Erkennen von Verbesserungspotentialen

Die vorgestellten Indikatoren eines qualitätsorientierten
Personalcontrollings geben Aufschluß über eine effiziente Nutzung der Personalressourcen im Unternehmen.
Zwei Instrumente – das Benchmarking und die Auditierung – nutzen diese Maßgrößen (einzeln oder kombiniert)
als Kriterien für eine Beurteilung und Verbesserung der
personalwirtschaftlichen Leistungen im Unternehmen.

6.3.1   Systematischer Unternehmensvergleich
(Benchmarking) im Personalbereich

Das Benchmarking ist eine systematische Methode zur
Ermittlung von herausragenden Aktivitäten oder Prozessen. Ziel ist es, das eigene Vorgehen mit dem anderer Unternehmen zu vergleichen und daraus konkrete Wege zur
Erreichung einer Bestleistung abzuleiten. Durch Benchmarking werden im Unternehmen operative Ziele gesetzt,
die aus der "best practice" anderer Unternehmen resultieren ([CAM89], S. XI). Der Aussagewert von Benchmarking darf jedoch nicht überschätzt werden. Letztlich muß
jedes Unternehmen seinen Personalbereich aufgrund der
eigenen Personalstrategie und Personalziele spezifisch
gestalten. Ein systematischer Vergleich mit anderen Unternehmen kann dafür Anhaltspunkte liefern.

* Benchmarking von
personalwirtschaftli-
chen Leistungen

Als Ansatzpunkte für Benchmarking im Personalbereich bieten sich die eigentlichen personalwirtschaftlichen Prozesse, wie beispielsweise in der Personalverwaltung oder im Bildungsbereich an. So läßt sich eine hervorragende Problemlösung bei der Gestaltung von Führungskräfteschulungen relativ leicht auf das eigene Unternehmen übertragen. Kennzahlen, die die Arbeit der Personalexperten im Unternehmen beschreiben, sind im allgemeinen auch für ein Benchmarking mit branchenfremden Unternehmen geeignet:

– Die *Betreuungsquote* gibt an, wieviele Mitarbeiter im Personalbereich für 1.000 Mitarbeiter im Unternehmen zuständig sind. Eine Untersuchung ergab, daß durchschnittlich 13,6 Mitarbeiter im Personalbereich 1.000 Mitarbeiter im Unternehmen betreuen. Der niedrigste Wert lag bei 4 Mitarbeitern ([SEE95], S. 53 u. 57).
– Die Erfolgsrate der Mitarbeiter im Personalbereich kann sich an der *Anzahl rechtzeitiger Personalbeschaffungen* oder am *Grad der Personaldeckung* (Anzahl beschaffter Mitarbeiter im Verhältnis zur Anzahl freier Stellen) bemessen.
– Der *Auslastungsgrad der Personalexperten durch interne Kunden* kann anhand der nachgefragten Arbeitszeit in Relation zur geleisteten Arbeitszeit errechnet werden.

6.3.2   Auditierungen im Personalbereich

* Qualitätsarbeit
durch Auditierung

Auditierungen sind systematische Untersuchungen betrieblicher Aktivitäten, durch die beurteilt wird, ob und in welchem Ausmaß bestimmte Anforderungen an diese Aktivitäten erfüllt werden ([KIR91], S. 207). Auditierungen erlangen angesichts der vielfältigen Qualitätsregelwerke und -preise wie der DIN ISO 9000 ff. und dem European Quality Award zunehmend an Bedeutung. Personalaudits ermöglichen den Unternehmen die Nachweisführung für die mitarbeiterbezogenen Kriterien, die im Augenblick noch unterrepräsentiert sind, in Zukunft jedoch stärkeres Gewicht erlangen werden.

Audits dienen einem qualitätsorientierten Personalcontrolling dazu, alle *personalwirtschaftlichen Aufgaben* zu

Immer: 1	Normalerweise: 2	Manchmal: 3	Selten: 4

Inwieweit erfüllt die Personalwirtschaft die folgenden Faktoren ?

☐   1. Versteht die Ziele des Unternehmens und kennt die Aufgaben des Managements

☐   2. Sorgt für eine Berücksichtigung der Mitarbeiterperspektive in der Unternehmensstrategie

☐   3. Besetzt die Personalabteilung mit kompetenten Mitarbeitern

☐   4. Nimmt aktiv an strategischen Planungsprozessen teil

☐   5. Übernimmt Risiken

☐   6. Reagiert umgehend

☐   7. Entwickelt personalwirtschaftliche Ziele unter Berücksichtigung der Unternehmensziele

☐   8. Macht ihre Hausaufgaben

☐   9. Sorgt für kompetente Unterstützung

☐   10. Erforscht Alternativlösungen für Probleme

☐   11. Findet Wege, die die eigenen funktionsbezogenen Interessen mit den Bedürfnissen des Unternehmens verbinden

☐   12. Reagiert schnell auf Veränderungen

☐   13. Antizipiert unternehmerische Probleme

☐   14. Unterstützt die Organisation bei der Erreichung der unternehmerischen Ziele anstatt sie zu behindern

☐   15. Viele suchen den Rat ihrer Mitarbeiter

☐   16. Setzt hohe Standards, um die eigene Effektivität zu überprüfen

☐   17. Betrachtet die Personalarbeit unter einer globalen Perspektive

☐   18. Entwickelt bedarfsgerechte Lösungen für unternehmerische Probleme

Bild 6.15 United Technologies – Befragung der „internen Kunden" der Personalwirtschaft

prüfen. United Technologies bedient sich beispielsweise des in Bild 6.15 dargestellten Fragenkatalogs, um die Einschätzung der Führungskräfte hinsichtlich der Leistungen der Personalabteilung zu erfahren ([HIL94], S. 46).

Bei Siemens konzentriert man sich auf eine Auditierung der betrieblichen *Fort- und Weiterbildungsmaßnahmen* ([SCHU94], S. 31). Eine weitere Möglichkeit besteht darin, die Existenz und Qualität von Laufbahnplänen, qualitätskonformen Anreizsystemen und Arbeitszeitregelungen mit Hilfe von Audits zu überprüfen.

Auch die *Mitarbeiterführung* kann Auditierungen zugänglich gemacht werden. Aus Gründen der Akzeptanz

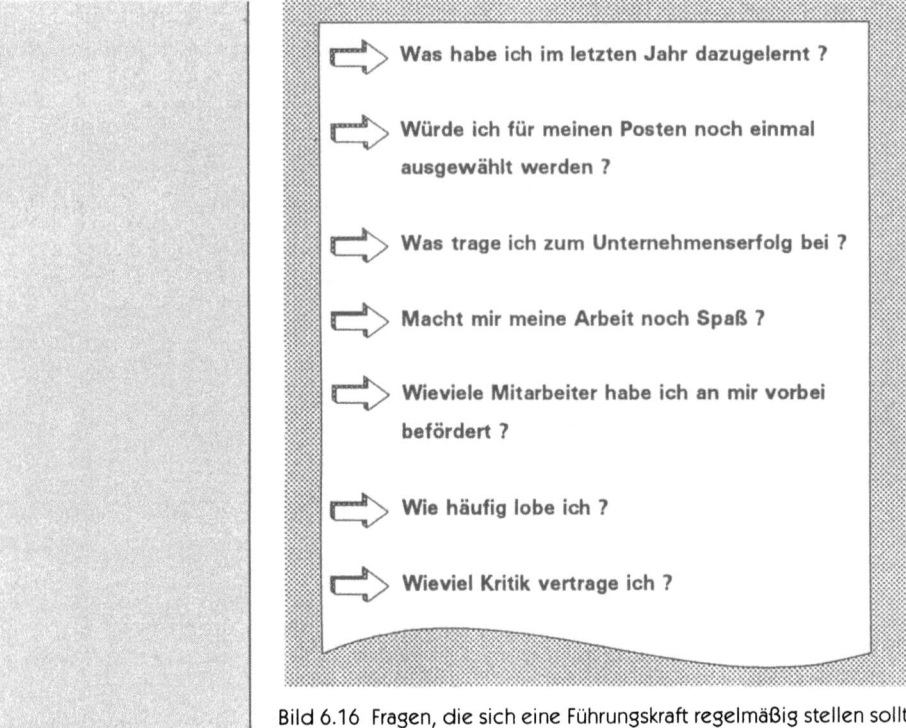

Bild 6.16 Fragen, die sich eine Führungskraft regelmäßig stellen sollte

• Auditierung der
Mitarbeiterführung

sollten sie zunächst in Form der Selbstauditierung (der Auditierte prüft sich selbst) durchgeführt werden. Bild 6.16 zeigt beispielhaft einige Fragen, die sich eine Führungskraft regelmäßig stellen muß ([SCHA94], S. 85 und [STE95], S. 44). Sie sollen der Führungskraft als Anregung zur Reflexion ihres eigenen Führungsverhaltens dienen ([BUE95b], S. 52 f.).

Die Handlungen der Führungskräfte können als Auditkriterien für die Qualität der Mitarbeiterführung herangezogen werden ([BUE95a], S. 14). Zur Strukturierung der Vorgehensweise kann auf die Qualitätstechnik FMEA zurückgegriffen werden. Sie identifiziert mögliche Führungsfehler, deren Ursachen und leitet Maßnahmen zu ihrer Vermeidung ab ([BUE95c], S. 1278 f.). Ihr besonderer Vorzug besteht in der Ermittlung einer der Risiko-Prioritäts-Zahl ähnlichen Maßzahl, durch die sich die Güte der Mitarbeiterführung spezifizieren läßt. Damit liefert sie sowohl Auditkriterien als auch eine Bewertungsvorschrift, aus der sich das Auditergebnis ableitet.

6.4 Fazit

Die vorgestellten Kennzahlen zum qualitätsorientierten Personalcontrolling lassen sich systematisch in einer *"Balanced Score Card"* ([KAP92], S. 72) zusammenfassen (Bild 6.17). Dieses Instrument gestattet durch eine Systematisierung der Kennzahlen eines qualitätsorientierten Personalcontrollings in vier Perspektiven eine gesamthafte Beurteilung der Bereitstellung und Nutzung der Humanressourcen im Unternehmen:

– Die *finanzielle Perspektive* eröffnet den Blick auf die monetäre Leistung des Personals;
– die *Mitarbeiterperspektive* spiegelt die Wahrnehmung der Arbeitssituation durch die Mitarbeiter wider;
– die *Führungsperspektive* repräsentiert die Bedingungen, die die Führungsleistung beeinflussen und bewertet das Ergebnis der Führung;

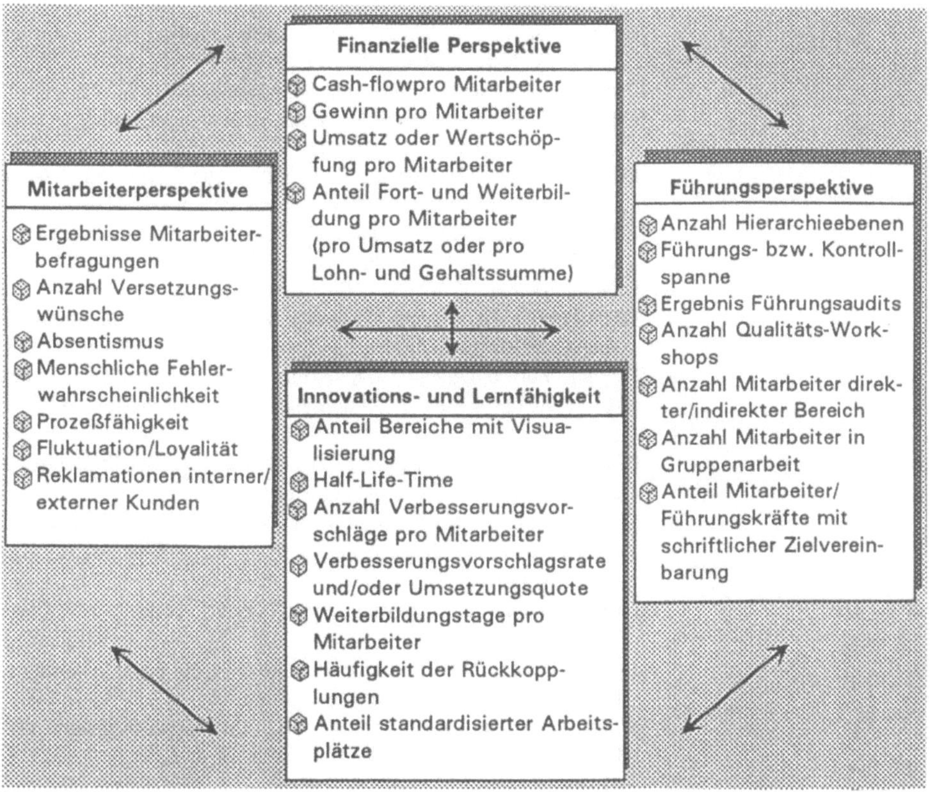

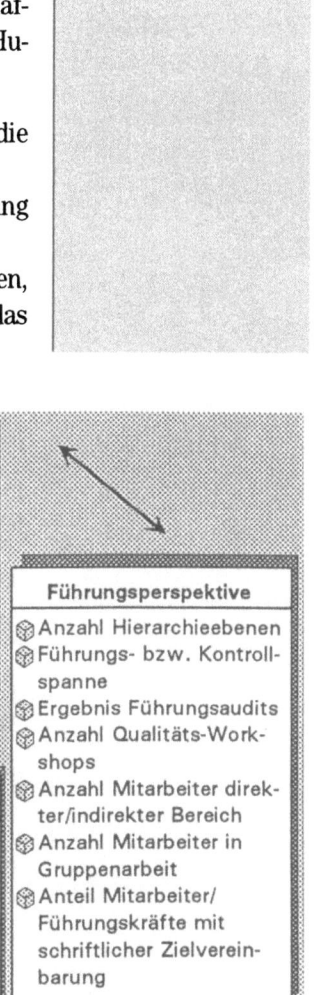

Finanzielle Perspektive
- Cash-flowpro Mitarbeiter
- Gewinn pro Mitarbeiter
- Umsatz oder Wertschöpfung pro Mitarbeiter
- Anteil Fort- und Weiterbildung pro Mitarbeiter (pro Umsatz oder pro Lohn- und Gehaltssumme)

Mitarbeiterperspektive
- Ergebnisse Mitarbeiterbefragungen
- Anzahl Versetzungswünsche
- Absentismus
- Menschliche Fehlerwahrscheinlichkeit
- Prozeßfähigkeit
- Fluktuation/Loyalität
- Reklamationen interner/externer Kunden

Führungsperspektive
- Anzahl Hierarchieebenen
- Führungs- bzw. Kontrollspanne
- Ergebnis Führungsaudits
- Anzahl Qualitäts-Workshops
- Anzahl Mitarbeiter direkter/indirekter Bereich
- Anzahl Mitarbeiter in Gruppenarbeit
- Anteil Mitarbeiter/Führungskräfte mit schriftlicher Zielvereinbarung

Innovations- und Lernfähigkeit
- Anteil Bereiche mit Visualisierung
- Half-Life-Time
- Anzahl Verbesserungsvorschläge pro Mitarbeiter
- Verbesserungsvorschlagsrate und/oder Umsetzungsquote
- Weiterbildungstage pro Mitarbeiter
- Häufigkeit der Rückkopplungen
- Anteil standardisierter Arbeitsplätze

Bild 6.17 Balanced Score-Card zum qualitätsorientierten Personalcontrolling

– die Perspektive der Innovations- und Lernfähigkeit beurteilt, wie gut und wie schnell sich die Organisation
entwickeln und lernen kann.

Literatur

[BAE94] Baethge-Kinsky, V., Betzl, K., Moldaschl, M.: Innovatives Qualitätsmanagement – Alltag oder Schwachstelle, in: QZ, 39. Jg., 2/1994,
S. 95 - 99.

[BUB94] Bubb, H.: Menschliche Zuverlässigkeit, Sicherheit und Risiko-
beurteilung, in: Zeitschrift für Arbeitswissenschaft, 48. Jg., 1/1994,
S. 8 -13.

[BUE93] Bühner, R.: Der Mitarbeiter im Total Quality Management,
Stuttgart 1993.

[BUE94] Bühner, R.: Personalmanagement, Landsberg/Lech 1994

[BUE95a] Bühner, R.: Führungsauditierung als Erfolgsbeitrag zum Total
Quality Management, in: Total Quality Management als Erfolgsstrategie, hrsg. von R. Berndt, Berlin u.a. 1995, S. 3 - 25.

[BUE95b] Bühner, R.: Führungsaspekte im Rahmen des Total Quality
Management, in: Total Quality Management I, hrsg. von D. B. Preß-
mar, Schriften zur Unternehmensführung, Band 54, Wiesbaden 1995,
S. 37 – 60.

[BUE95c] Bühner, R., Mitarbeiterführung systematisch verbessern, in:
QZ, 40. Jg., Heft 11 1995, S. 1276 – 1280.

[CAM89] Camp, R.: Benchmarking, Milwaukee 1989.

[CHAR94] Charlier, M., Henke, R., Rother, F.: Scheibe statt Flug, in: Wirtschaftswoche vom 24.11.1994, 48/1994, S. 120 – 122.

[CHAS94] Chase, R.B., Stewart, D.M.: Make Your Service Fail-Safe, in:
Sloan Management Review, 36. Jg., Spring 1994, S. 35 – 44.

[COE88] Coenenberg, A.G.: Jahresabschluß und Jahresabschlußanaly-
se, 15. Aufl., Landsberg/Lech 1994.

[DEM86] Deming, E. W.: Out of the Crisis, 2. Auflage, Cambridge 1986.

[FIS94]Fischer, Th., Schmitz, J.: Ansätze zur Messung von kontinuierlichen Prozeßverbesserungen, in: Controlling, 6. Jg., 4/1994, S. 196-204.

[FOR95] Forschungszentrum Karlsruhe (Hrsg.): Informationsblatt des
QS-Verbundprojektes 1, Teilprojekt „Menschbezogene Aspekte"
1995.

[GEB90] Gebert, D., Steinkamp, Th.: Innovativität und Produktivität
durch betriebliche Weiterbildung, Stuttgart 1990.

[HIL94] Hiltrop, J.M., Despes, Ch.: Benchmarking the Performance of
Human Resource Management, in: Long Range Planning, 27. Jg.,
6/1994, S. 43 – 57.

[ISH91] Ishikawa, K.: Introduction to Quality Control, 2. Auflage,
Tokyo 1991.

[JAC94] Jacob, R.: Why some customers are more equal than others,
in: Fortune vom 19.4.1994, S. 141- 146.

[KAM93] Kamiske, G.F., Tomys, A.-K.: Qualitätsmanagement verbessert den Wirkungsgrad der Produktion, in: ZwF, 88. Jg., 1/1993, S.
41 – 43.

[KAP92] Kaplan, R. S., Norton, D. P.: The Balanced Score Card – Measures that drive Performance, in: Harvard Business Review, 71. Jg., Jan./Febr. 1992, S. 71 – 79.

[KIR94] Kirschling, G.: Qualitätsregelkarten, in: Handbuch Qualitäts-Management, hrsg. von W. Masing, 3. Aufl., München, Wien 1994, S. 243 – 274.

[KIR91] Kirstein, H.: Audit als Management-Instrument zur Prozeßverbesserung, in: Qualität und Zuverlässigkeit, 36. Jg., 4/1991, S. 207 – 212.

[KNO95] Knowles, G., Kelly, D.J.: A system for the reduction of rework of complex assembled products in a medium sized manufacturing organisation, in: Proceedings of the first international conference on quality and reliability, Band 2, 11/12 April 1995, hrsg. von W.S. Lau u.a., Hong Kong 1995, S. 115 – 124.

[LAC73] Lachnit, L.: Wesen, Ermittlung und Aussage des Cash-flow, in: Zeitschrift für betriebswirtschaftliche Forschung, 25. Jg., 1/1973, S. 59 – 77.

[OV95a] o.V.: Chemie-Industrie für Ausgewogenheit, in: Süddeutsche Zeitung Nr. 1 vom 2.1.1995, S. 26.

[OV95b] o.V.: Wer fehlt wie lange?, in: Süddeutsche Zeitung, Nr. 113 vom 17.5.95, S. 29.

[OV94] o.V.: Repräsentative Befragung des Bundesinstituts für Berufsausbildung (Bibb) zur Weiterbildung 1993, in: Süddeutsche Zeitung, Nr. 296 vom 24./25./26.12.94, S. 28.

[PFE94] Pfeffer, J.: Competitive advantage through people, in: California Management Review, 36. Jg., 2/1994, S. 9 – 28.

[ROS93] Rosenstiel, L. v.: Anerkennung und Kritik als Führungsmittel, in: Führung von Mitarbeitern, hrsg. von L.v. Rosenstiel, E. Regnet und M. Domsch, Stuttgart 1993, S. 211 – 235.

[SCHA94] Schaar, H.: Die ganzheitliche Unternehmensentwicklung unter den Aspekten des Total Quality Management (TQM), in: Die Hohe Schule des Total Quality Management, hrsg. von Gerd F. Kamiske, Berlin u.a. 1994, S. 55 – 91.

[SCHN94] Schnitzler, L.: Häufiges Bücken, in: Wirtschaftswoche, 39/1994, S. 88 – 94.

[SCHU94] Schusser, W., Brehm, K.-H.: Unternehmer in eigener Sache, in: Personalwirtschaft, 10/1994, S. 29 – 31.

[SEE95] Seelig, D. u.a.: Benchmarking im Personalbereich, in: Personalführung, 1/1995, S. 52 – 59.

[SHI89] Shingo, S.: Das Erfolgsgeheimnis der Toyota Produktion, Landsberg 1989.

[SHI86] Shingo, S.: Zero Quality Control, Source Inspection and the Poka Yoke System, Cambridge, Norwalk 1986.

[SON92] Sondermann, J.: Poka-Yoke: Null-Fehler-Produktion mit einfachen Mitteln, in: H. Hirano, Poka-Yoke, Landsberg/Lech 1992, S. 7-14.

[STE95] Stewart, A.: Planning a career in a world without managers, in: Fortune, 5/1995, S. 40 – 45.

[SUZ94] Suzaki, K.: Die ungenutzten Potentiale, München, Wien 1994.

[TOE93] Töpfer, A., Mehdorn, H.: Total Quality Management, Neuwied, Kriftel, Berlin, 2. Aufl. 1993.

[WIL93] Wildemann, H.: Unternehmensqualität, München 1993.

[WIL95]   Wildemann, H.: Schnell lernende Unternehmen: Konzepte
und Fallstudien zur Erreichung von Wettbewerbsvorteilen in Kosten,
Qualität und Flexibilität, in: Wildemann, H. (Hrsg.): Schnell lernende
Unternehmen – Quantensprünge in der Wettbewerbsfähigkeit,
Tagungsband Münchener Management Kolloquium vom 26./27. April
1995, S. 1 – 68.

[WOL87]   Wolff, G., Göschel, G.: Führung 2000, Frankfurt 1987.

[WUN80]   Wunderer, R., Grunwald, W.: Führungslehre, Band 2: Kooperative Führung, Berlin, New York 1980.

7 Qualitätsbezogene Kosten und Kennzahlen

ADOLF G. COENENBERG UND
THOMAS M. FISCHER

Das betriebliche Qualitätscontrolling dient dazu, die vom Unternehmen angestrebten Qualitätsziele wirtschaftlich zu erreichen. Mit Hilfe qualitätsbezogener Kosten und Kennzahlen sind systematisch Informationen zu generieren, um die Umsetzung der Qualitätsziele innerhalb der drei Steuerungsebenen Produkt, Prozesse und Potentiale zu unterstützen.

• Qualitätsbezogene Kosten und Kennzahlen im Qualitätscontrolling

7.1 Abgrenzung qualitätsbezogener Kosten

Die sog. Qualitätskostenrechnung wird als zentraler Baustein des operativen Qualitätscontrolling gesehen. Informationen über qualitätsbezogene Kosten und insbesondere ihre Einflußgrößen (z. B. Fehlerarten) tragen dazu bei, Ansatzpunkte für Verbesserungen zu erkennen und die hierfür erforderlichen Maßnahmen einzuleiten.

• Qualitätskostenrechnung

Die traditionelle Unterteilung der Qualitätskosten in Fehlervorbeugungskosten, Prüfkosten und Fehlerkosten ([MAS57], S. 5), die als die am weitesten verbreitete Systematik qualitätsbezogener Kosten gilt, ist in mehrfacher Hinsicht für das Qualitätscontrolling ungeeignet ([KAM90], S. 445; [WIL92a], S. 762ff.). Um die qualitätsbedingten Ressourcenverbräuche abbilden zu können, ist eine geeignete Operationalisierung des Begriffs der Qualität erforderlich.

• Qualitätskostenkategorien

Zur Steuerung qualitätsbezogener Kosten bietet sich eine zweistufige Aufspaltung des Qualitätsbegriffs an ([HOR94], S. 794f.): Ausgehend von den Kundenanforderungen werden zunächst die Merkmale der vom Unternehmen am Markt anzubietenden Leistung (Sach-/Dienstleistung) definiert. Es ist zu gewährleisten, daß die Kunden-

• Übereinstimmungskosten

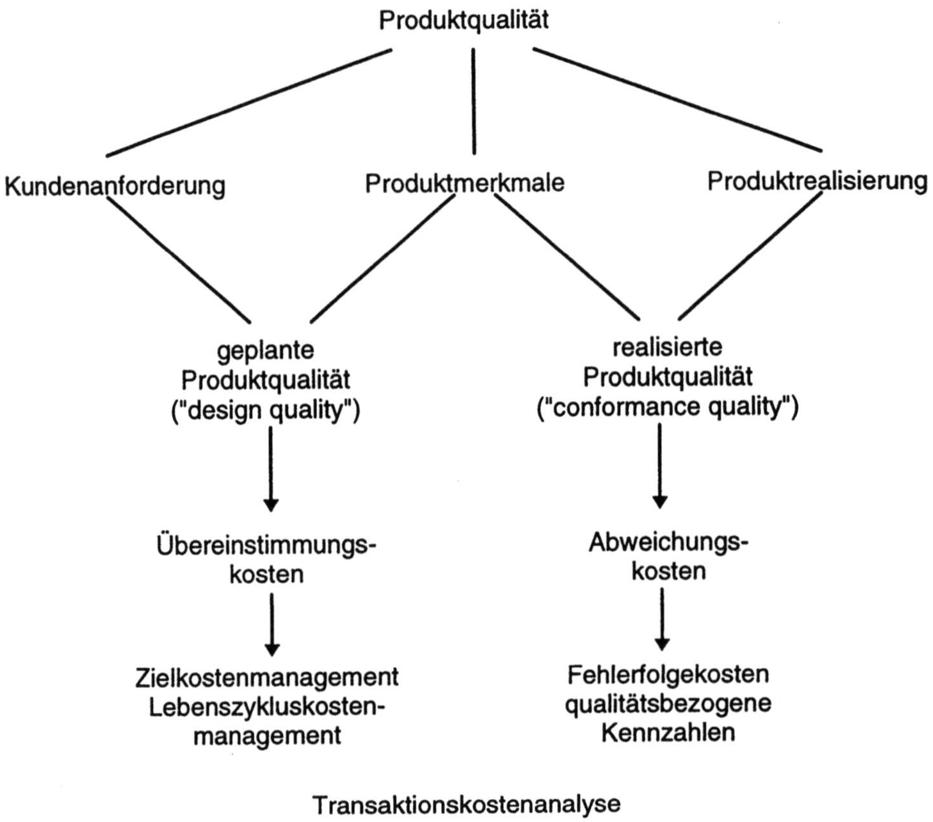

Produktqualität

Kundenanforderung   Produktmerkmale   Produktrealisierung

geplante   realisierte
Produktqualität   Produktqualität
("design quality")   ("conformance quality")

Übereinstimmungs-   Abweichungskosten   kosten

Zielkostenmanagement   Fehlerfolgekosten
Lebenszykluskosten-   qualitätsbezogene
management   Kennzahlen

Transaktionskostenanalyse

Bild 7.1: Kategorien qualitätsbezogener Kosten

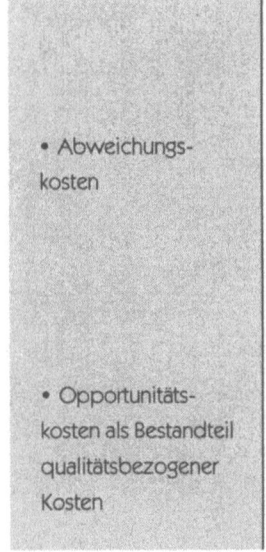

• Abweichungs-
kosten

• Opportunitäts-
kosten als Bestandteil
qualitätsbezogener
Kosten

anforderungen durch die Leistungsmerkmale erfüllt werden (sog. „design quality"). Die hierfür erforderlichen Ressourcenverbräuche stellen die sog. Übereinstimmungskosten (gleichlautend: Konformitätskosten) dar.

Während der Leistungserstellung ist der Deckungsgrad von geforderten Leistungsmerkmalen und realisierten Leistungsausprägungen zu überprüfen (sog. „conformance quality"). Falls diese nicht erreicht wurde, entstehen sog. Abweichungskosten (gleichlautend: Fehlleistungsaufwand, Nichtkonformitätskosten). Je geringer die Abweichungskosten, desto mehr entsprechen sich die angestrebten Merkmale und die tatsächlich realisierten Ausprägungen der Unternehmensleistung.

Die Summe von Übereinstimmungs- und Abweichungskosten entspricht den gesamten qualitätsbezogenen Kosten eines Unternehmens (Bild 7.1). Diese lassen sich definieren als die bewerteten Verbrauchsmengen derjenigen Produktionsfaktoren, die zur Erstellung von qualitätsbezogenen Leistungen im Unternehmen eingesetzt werden. Dabei sind auch sog. Opportunitätskosten (entgangene Deckungsbeiträge) zu berücksichtigen, um die Erfolgswirkungen bei Nichterreichen der vom Unternehmen verfolgten Qualitätsziele umfassend dokumentieren und analysieren zu können.

7.2 Qualitätsbezogene Zielkosten- und Lebenszykluskostenanalyse

Durch ein qualitätsbezogenes Zielkosten- und Lebenszykluskostenmanagement ist zu gewährleisten, daß die Übereinstimmungskosten markt- und wettbewerbsfähig sind.

7.2.1 Qualitätsbezogenes Zielkostenmanagement (Target Costing)

Die Zielsetzung des qualitätsbezogenen Zielkostenmanagements läßt sich in folgendem Gedanken zusammenfassen: „Die geforderte Qualität eines Produktes soll vom Unternehmen zu wettbewerbsfähigen Kosten hergestellt werden" ([HOW87], S. 26). Hierzu sind zunächst die über einen bestimmten Zeitraum (z. B. Produkt- und/oder Kundenlebenszyklus) erwarteten Erlöse zu schätzen. Wird von diesen eine unternehmensspezifisch festzulegende Zielrendite subtrahiert, so ergeben sich die unter den gegebenen Markt- und Wettbewerbsbedingungen als zulässig erachteten Gesamtkosten („allowable costs") ([COE94], S. 3ff.). Diese beinhalten den bewerteten Verzehr der zur Schaffung der geplanten Produktqualität erforderlichen Ressourcen, d. h. Kosten für externe Vorleistungen und die interne Erstellung der betrieblichen Wertschöpfung.

Bei fest vereinbarten Verkaufspreisen führt das Auftreten von Abweichungskosten zu einer Verringerung der angestrebten Zielrendite; u.U. können dadurch die Gesamtkosten nicht mehr durch die erzielten Erlöse gedeckt werden. Daraus leitet sich für jedes Unternehmen die

• Ansatzpunkt des Zielkostenmanagements

• Renditewirkungen von Abweichungskosten

Notwendigkeit ab, anfallende Abweichungskosten zu
minimieren. Um die angestrebte Zielrendite nicht zu ge-
fährden, sollte deshalb im Unternehmen die Umsetzung
von (externen) Marktanforderungen in interne technische Leistungsmerkmale möglichst detailliert erfolgen.
Im folgenden wird untersucht, wie die aus der kunden-
orientierten Produkt- und Prozeßplanung bekannte Methode „Quality Function Deployment (QFD)" im Rahmen
des qualitätsbezogenen Zielkostenmanagements eingesetzt werden kann ([FIS94b], S. 66f.; siehe auch Kap.
4.3.2.2).

• Zielkostenspaltung
mit der
Komponenten-/
Funktionenmatrix

Bild 7.2 zeigt den Zusammenhang zwischen der Kompo-
nenten-/Funktionenmatrix im Target Costing und den
Qualitätsplänen des QFD exemplarisch an der Funktion
„Bildqualität eines PC". Mit Hilfe der sog. Komponenten-/
Funktionenmatrix wird ermittelt, daß die aus Kundensicht z. B. mit einem Teilnutzen von 30 % bewertete Funktion „Bildqualität" durch die beiden Komponenten Grafikkarte und Bildschirm jeweils zu gleichen Teilen realisiert
wird. Die Summe der auf die einzelnen Komponenten ge-
schlüsselten Nutzenteilgewichte (50 % x 30 % = 15 %) bildet später die Grundlage für die Aufteilung der „allowable
costs" auf die einzelnen Komponenten (=Zielkostenspal-
tung): „Der Ressourceneinsatz für eine Komponente soll
genau der Gewichtung durch den Kunden für diese Komponente entsprechen" ([COE94], S. 13).

• Zielkostenspaltung
mit der QFD-
Methodik

Im Gegensatz zu der einstufigen Vorgehensweise im
Target Costing besteht die QFD-Methodik aus vier Planungsstufen: Qualitätsplan Produkt, Qualitätsplan Kon-
struktion/Teile, Qualitätsplan Prozeß, Qualitätsplan Produktion (siehe auch Kap. 3.1.2.1). Für die Zielkostenspaltung im Target Costing werden vor allem die Ergebnisse
der II. Phase des QFD „Qualitätsplan Konstruktion/Teile"
benötigt. Hier werden den technischen Produktmerkmalen die zu ihrer Realisation notwendigen Komponenten
gegenübergestellt. Nach Abschluß der II. Phase des QFD
liegen somit Daten vor, die auf den ersten Blick mit denen
der Komponenten-/Funktionenmatrix im Target Costing
vergleichbar erscheinen. Es besteht allerdings der Unterschied, daß die Kundenanforderungen nicht direkt in Produktkomponenten überführt wurden, sondern eine zu-

Target Costing

Komponenten \ Funktionen	...	Bildqualität	...	Summe
Grafikkarte	...	15 %	...	15 %
Bildschirm	...	15 %	...	15 %
...	...	...	...	...
Summe	...	30 %	...	100 %

Quality Function Deployment

I

Funktionen \ technische Merkmale	Wdh.-Frequenz	Auflösung	Farbe	...	Summe
Spezifikation	70 HZ	1024 x 768 Pixel	ja	...	...
Bildqualität	10 %	10 %	10 %	...	30 %
...	...	...	...	...	...
Summe	10 %	10 %	10 %	...	100 %

II

technische Merkmale \ Komponenten	Grafikkarte	Bildschirm	...	Summe
Wdh.-Frequenz	5 %	5 %	...	10 %
Auflösung	5 %	5 %	...	10 %
Farbe	5 %	5 %	...	10 %
...	...	...	...	...
Summe	15 %	15 %	...	100 %

Bild 7.2: Verknüpfung von Zielkostenmanagement und QFD

- Teilnutzenwerte von Produktkomponenten

- Bestimmung von Kundenanforderungen

sätzliche Analyse der technischen Merkmale bei den einzelnen Produktkomponenten durchgeführt wird (Bild 7.2).

Im betrachteten Beispiel werden zunächst die technischen Merkmale der Funktion Bildqualität festgelegt (Matrix I). Vereinfachend sei angenommen, daß der vom Kunden mit 30 % bewertete Teilnutzen der Bildqualität zu jeweils gleichen Teilen (10 %) durch die technischen Merkmale Wiederhol-Frequenz, Auflösung und Farbe und deren jeweilige Spezifikation determiniert wird. In einem zweiten Schritt (Matrix II) wird untersucht, durch welche Komponenten diese technischen Spezifikationen realisiert werden können. Im Beispiel werden die drei technischen Merkmale ebenfalls zu gleichen Teilen (jeweils 5 %) durch die Komponenten Grafikkarte und Bildschirm umgesetzt, so daß sich für diese jeweils ein Nutzenanteil von 15 % aus Kundensicht ergibt.

Die Überleitung der Kundenanforderungen in Produktkomponenten gestaltet sich im Rahmen des QFD aufwendiger als bei der traditionellen Vorgehensweise des Target Costing. Der Mehraufwand erscheint jedoch v. a. bei der Entwicklung von Neuprodukten gerechtfertigt, da hier eine detaillierte Aufspaltung der Kundenanforderungen erforderlich ist, um ein den Kundenwünschen entsprechendes Produkt wirtschaftlich herzustellen. Durch den Einsatz von QFD können die Kundenanforderungen dahingehend untersucht werden, ob bei den zugehörigen Produktmerkmalen „direkte" Kundenwahrnehmung besteht oder nicht (Beispiel: Design der Fahrgastzelle vs. Montage elektrischer Leitungen im PKW). Im Fall einer „direkten" Wahrnehmung besitzt das betreffende Merkmal höhere Bedeutung, was die Zuteilung eines entsprechend größeren Anteils aus dem Zielkostenbudget rechtfertigen würde.

7.2.2 Qualitätsbezogenes Lebenszykluskostenmanagement (Life Cycle Costing)

Die vom Kunden geforderte Qualität der Unternehmensleistung muß nicht nur während der Beschaffung, Entwicklung und Produktion gewährleistet sein, sondern auch während der nachfolgenden Nutzung und Entsorgung. Dieser Grundgedanke erfordert im Zusammenhang mit der betrieblichen Steuerung qualitätsbezogener Kosten eine doppelte Analyseperspektive: Neben den Kosten- und Erlöswirkungen im Lebenszyklus eines am Markt eingeführten Produktes (Product Life Cycle Costing (PLCC)) sollten - v. a. in Branchen mit kurzen Produktlebenszyklen (z. B. EDV) - auch die Lebenszykluskosten der Kunden von der Anbahnung bis zur Beendigung der Geschäftsbeziehung untersucht werden (Customer Life Cycle Costing (CLCC)). Dies läßt erkennen, inwieweit durch einen Kunden verschiedene Produkte bzw. Produktgenerationen eines Unternehmens genutzt werden und welche Auswirkungen auf den Unternehmenserfolg hieraus resultieren. Im Vordergrund des CLCC stehen alle Kosten- und Erlöswirkungen der von den einzelnen Kunden getätigten oder zukünftig erwarteten entgeltpflichtigen Transaktionen mit dem Unternehmen ([REI94], S. 285f.). Im Zeitablauf unterscheidet sich die Profitabilität von produkt- und kundenbezogenem Lebenszykluskonzept (Bild 7.3).

Wird der Kundenlebenszyklus betrachtet, so ergeben sich qualitätsrelevante Aspekte nicht nur hinsichtlich der

- Product Life Cycle Costing (PLCC)

- Customer Life Cycle Costing (CLCC)

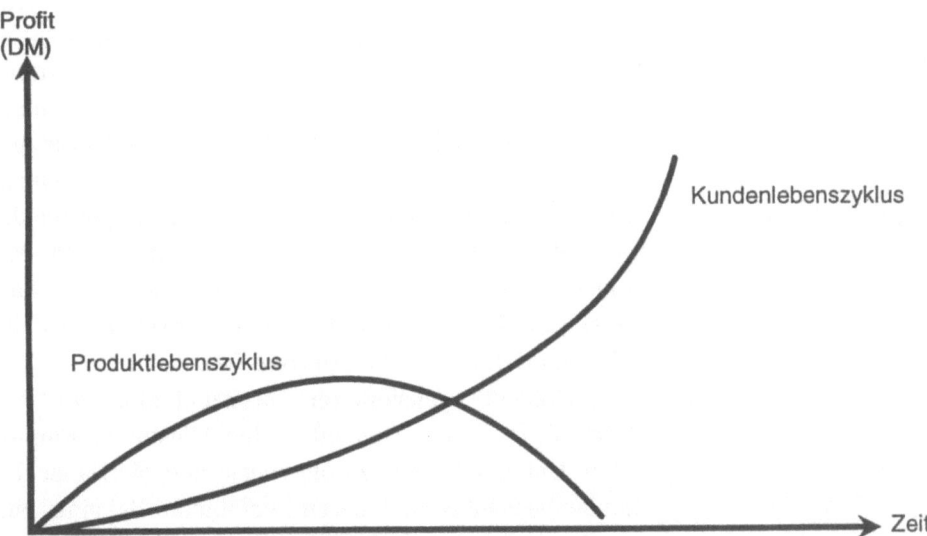

Bild 7.3 Profitabilität im Produktlebenszyklus und Kundenlebenszyklus

• Phasen der Kunden-
beziehung

Gestaltung der Verkaufstransaktion zwischen Unternehmen und Kunde, sondern während der gesamten Dauer
der Kundenbeziehung. Damit die Kosten möglichst vollständig erfaßt werden, sind im CLCC verschiedene Phasen zu unterscheiden:

– Die *Initiierungsphase* widmet sich der Erkennung ei-
  nes Kundenproblems.
– In der *Akquisitionsphase* beschäftigt sich das Unternehmen mit der Anbahnung einer Kundenbeziehung.
– Die *Realisierungsphase* führt zur Entwicklung einer
  Lösung des Kundenproblems.
– Zu Beginn der *Nutzungsphase* gehen die Verfügungs-
  rechte an der Problemlösung vom Hersteller auf den
  Abnehmer über. In der Folgezeit kommt es mit unterschiedlicher Häufigkeit zu weiteren Kontakten (Garan-
  tiefälle, Reparaturen, Serviceleistungen).
– Bei hoher Kundenzufriedenheit kann sich eine nachhal-
  tige *Bindungsphase* entwickeln. Im Falle geringer Kundenzufriedenheit wird sich die Dauer der Geschäftsbeziehung entsprechend verkürzen; u.U. wird sie beendet.

• Kundenbezogene
Rentabilitätsanalyse

Bisher sind die innerbetrieblichen Rechnungssysteme
meist nicht in der Form gestaltet, daß sie erkennen lassen,
wie rentabel eine Kundenbeziehung für das Unternehmen
ist. Kundenbezogene Kostenanalysen richten sich, wenn
sie durchgeführt werden, vorwiegend auf die Kauftrans-
aktion ([RAP94], S. 45). Ausgangspunkt für eine kundenbezogene Rentabilitätsanalyse könnte z. B. das Umsatzpotential sein, das von einem Unternehmen mit einem
Kunden realisiert werden könnte, zumindest wenn die
Qualität der angebotenen Leistung kontinuierlich den
Kundenanforderungen entspricht und nicht andere Barrieren (z. B. Umzug des Kunden) eine Fortsetzung der Geschäftsbeziehung verhindern (Bild 7.4).

• Dauer und
Profitabilität der
Kundenbeziehung

Die Höhe des realisierbaren Umsatzpotentials wird v. a.
durch die Dauer der Kundenbeziehung bestimmt. Empirischen Untersuchungen zufolge beeinflußt die Dauer der
Kundenbeziehung auch deren Rentabilität. Bei einer länger dauernden Geschäftsbeziehung resultiert die zunehmende Profitabilität eines Kunden aus ([REI90], S. 108):

Produktkategorie/ Branche	Potentieller Lebensumsatz/ Kunde (DM)[1]	Dauer der Kunden-beziehung (Jahre)	Realisierbarer Wert (DM)
Supermärkte[2]	350.000	4,5	39.375
Automobile	245.000	20	122.500
Telekommunikation	100.000	50	100.000
Bekleidung	49.000	10	12.250
Bankbeziehung	26.250	17	11.150
Haushaltsgeräte	26.250	20	13.125
Windeln[3]	3.500	5	3.500
Wochenzeitungen[2]	6.750	6	1.000

1) über 40 Jahre; Angaben pro Durchschnittshaushalt
2) pro Haushalt
3) bei 2 Kindern pro Haushalt

Bild 7.4 Realisierbares Umsatzpotential pro Kunde

– höheren Einzelumsätzen,
– gestiegener Kauffrequenz,
– geringeren kundenspezifischen Betriebskosten,
– zusätzlichen Erlösen aufgrund von Weiterempfehlungen,
– vom Kunden akzeptierten Preiserhöhungen.

Im Rahmen des CLCC sind im Unternehmen die Kosten der Abwanderung von Altkunden mit den Kosten der Neukundengewinnung zu vergleichen. Kosten der Altkundenabwanderung sind z. B. Erlösminderungen oder Aufwendungen zur Reklamationsbearbeitung. Ergänzend zu berücksichtigen sind Opportunitätskosten aufgrund von Imageeinbußen oder Marktanteilsverlusten. Kosten der Neukundengewinnung entstehen z. B. für Werbung, Beratung und Stammdatenverwaltung. Als Faustregel kann davon ausgegangen werden, daß die Kosten der Neukundengewinnung im Durchschnitt fünfmal so hoch sind wie die Kosten zur Betreuung von Altkunden ([BIA93], S. 41).

• Kosten für Altkundenbetreuung und Neukunden-gewinnung

7.3 Analyse von Fehlerfolgekosten

Als Fehlerfolgekosten werden alle Kosten bezeichnet, die durch die Wirkungen von Fehlern, verstanden als Soll-Ist-Abweichung bezüglich einer Qualitätsanforderung, kurz-, mittel- und langfristig im Unternehmen entstehen. Fehler-

• Begriff der Fehlerfolgekosten

folgekosten beinhalten - im Gegensatz zu den traditionellen Fehlerkosten - nicht die Kosten der unmittelbaren Fehlerbeseitigung, sondern alle zusätzlichen Erfolgswirkungen ([DIE90], S. 125). Dies können z. B. Aufwendungen in Zusammenhang mit der Produkthaftung, dem Erstellen von Gutachten sowie den Anwalts- und Prozeßkosten sein. Gleiches gilt für Kosten zu hoher Vorratsbestände, die auf Qualitätsmängel im Unternehmen zurückzuführen sind, sowie Kapitalbindungskosten von überhöhten Vorräten, Verschrottung von Material- und Fertigerzeugnisbeständen, Kosten nicht ausgelasteter Kapazitäten, Kosten für Verwürfe von Material- und Fertigerzeugnisbeständen, Kosten von ausfallbedingten Maschinenstillstandszeiten sowie Aufwendungen für Produktänderungen ([HUT92], S. 40; [MUN92], S. 35ff.). Ergänzend wären auch Veränderungen der Marktposition anderer Produkte infolge von Qualitätsmängeln als Fehlerfolgekosten eines Produktes zu erfassen („Carry.-over"-"-Effekte). Bezüglich der Analyse von Fehlerfolgekosten besteht in der Unternehmenspraxis im besonderen Maße Handlungsbedarf. Eine Befragung von 173 Unternehmen ergab, daß nur 17 (9,8%) der antwortenden Unternehmen Kostenelemente erfassen, die als Fehlerfolgekosten zu klassifizieren sind ([SEG92], S. 55).

Als Begründung für die fehlende Ermittlung dieser Kosten wird angeführt, daß sie vergleichsweise schwierig monetär zu bewerten sind ([ALBR92], S. 20). Da unzufriedene Kunden ihre Erfahrungen zehn bis fünfzehn weiteren Personen mitteilen, während zufriedene Kunden im Durchschnitt nur drei bis fünf anderen Personen von ihren positiven Erfahrungen berichten ([BER89], S. 9; [BIA93], S. 41), können sich aus der Nichterfassung von Fehlerfolgekosten gravierende Fehlsteuerungen im Unternehmen ergeben.

Das Auftreten von Fehlerfolgekosten, die sich auf das Dreifache der 'normalen' Qualitätskosten belaufen können ([ATK91], S. 66), setzt die Entstehung von Qualitätsmängeln, deren Entdeckung sowie die Sanktionierung durch den Kunden voraus ([FRÖ93a], S. 104). Zur monetären Bewertung der Fehlerfolgekosten bieten sich folgende Konzepte an:

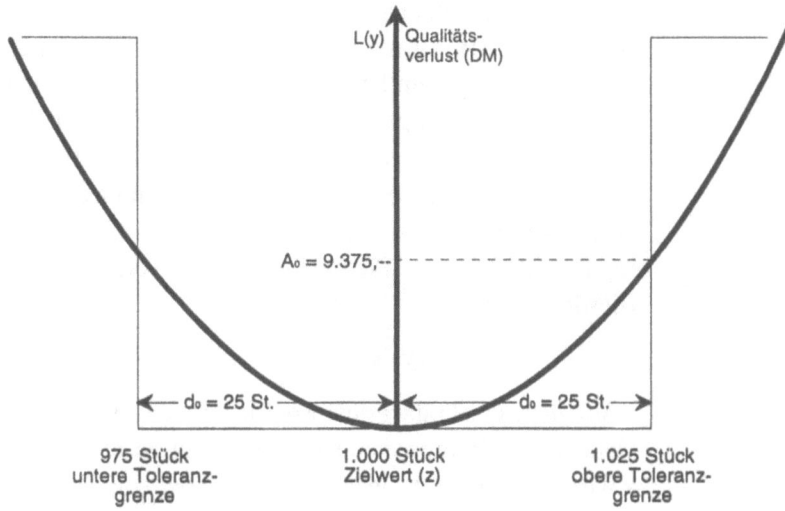

L(y) Qualitäts-
verlust (DM)

$A_0 = 9.375,--$

$d_0 = 25$ St. $d_0 = 25$ St.

975 Stück   1.000 Stück   1.025 Stück
untere Toleranz-   Zielwert (z)   obere Toleranzgrenze   grenze

Bild 7.5: Verlustfunktion nach Taguchi

– Multiplikator für die im Unternehmen erfaßten Fehlerkosten. Bei der Westinghouse Electric Corp. gilt z. B.
das Drei- bis Vierfache der erfaßten Fehlerkosten als
Anhaltspunkt für die zusätzlich aufgetretenen „hidden
quality costs" (vgl. Quality Costs Committee (1990), S.
10, zit. nach [ALBR92], S. 20).
– Unternehmensinterne Auftretens- und kundenseitige
Entdeckungs- bzw. Sanktionswahrscheinlichkeiten zur
Bewertung fehlerbehafteter Absatzmengen bzw. Um-
satzerlöse ([FRÖ93a], S. 105f.; [FRÖ93b], S. 553 f.).
– Barwert zukünftig entgehender Deckungsbeiträge aufgrund von qualitätsbedingten Kundenverlusten ([FRÖ-
93a], S. 107ff.; [HEA91], S. 67).
– Verlustfunktion ([TAG89], S. 31ff.).

Im folgenden wird die Anwendung der *Verlustfunktion*
zur Bestimmung von Fehlerfolgekosten näher untersucht.
Nach Taguchi entstehen Qualitätsverluste bei jeder Abweichung zwischen dem Istwert und dem vorgegebenen
Zielwert eines bestimmten Merkmals, d. h. auch bei Abweichungen innerhalb vorgegebener Toleranzen. Die Verluste wachsen progressiv mit der Höhe der realisierten
Abweichungen vom Zielwert an. Die angestrebte Qualität
gilt immer dann als erreicht, wenn weder beim Kunden

• Verlustfunktion nach
Taguchi

noch im Unternehmen eine Qualitätsabweichung auftritt ([TAG89], S. 31ff.). L sei der Verlust, der aufgrund der Differenz zwischen dem Istwert y und dem Zielwert z eines bestimmten Leistungsmerkmales entsteht. Für den Fall, daß positive bzw. negative Abweichungen des Istwerts y vom Zielwert z möglich sind und gleichermaßen zu einem Verlust führen, läßt sich die Verlustfunktion L(y) darstellen als (Bild 7.5; zu Sonderformen der Verlustfunktion [KIM94], S. 10ff.):

$$L(y) = k(y - z)^2.$$

Mit dem Qualitätsverlust-Koeffizienten k werden entstehende Verluste monetär bewertet. Zur Ermittlung von k wird der Verlust A_0 geschätzt, der an der sog. Spezifikationsgrenze des untersuchten Merkmals aufgrund von Reparaturen, Ersatzteilen, Ausfallzeiten, Transportkosten usw. entsteht. Dieser wird durch die quadrierte Differenz zwischen Zielwert und Spezifikationsgrenze des untersuchten Merkmals $(d_0)^2$ dividiert ([PHA90], S. 21f.; [ALBR92], S. 23):

$$k = A_0 / (d_0)^2.$$

Ein Beispiel soll die Anwendung der quadratischen Verlustfunktion zur Abschätzung von Fehlerfolgekosten verdeutlichen. Es wurde vereinbart, daß ein Kunde elektronische Bauelemente jeweils in Teillieferungen von z = 1.000 Stück erhalten soll. Ferner sei angenommen, daß von der vereinbarten Auftragsgröße höchstens um d_0 = 25 Stück abgewichen werden darf. Durch Lieferungen, die entweder mehr als 1.025 Stück oder weniger als 975 Stück enthalten, entstehen Fehlerfolgekosten für Rücksendung, Lagerung, Transport und Bearbeitung von A_0 = 9.375,– DM. Der Qualitätsverlust-Koeffizient k ergibt sich damit zu k = $A_0 / (d_0)^2$ = 9375 / 25^2 = 15,– DM pro Teillieferung ([ALBR94], S. 23).

Die ermittelten Ausprägungen des untersuchten Merkmals (z. B. Liefermengen der Teillieferungen) stellen Zufallsvariablen dar. Falls deren Verteilungsfunktion bekannt ist, läßt sich der erwartete Verlust pro Einheit des untersuchten Merkmals bestimmen. Kann bezüglich der Verteilungsfunktion der Merkmalsausprägungen von ei-

• Abweichung zwischen Ist- und Zielwert

• Qualitätsverlustkoeffizient

• Durchschnittlicher Verlust pro Einheit

ner Normalverteilung mit Erwartungswert μ und Varianz σ2 ausgegangen werden, so ergibt sich für diskrete Merkmalsausprägungen der erwartete Verlust pro Einheit (z. B. Teillieferung, Auftrag) als durchschnittlicher Verlust Lø(y) zu ([BAR90], S. 19f. und [PHA90], S. 29f.):

$$L\varnothing(y) = k \cdot \left[\sigma^2 + (\mu - z)^2 \right]$$

Die Interpretation der Formel zur Bestimmung des durchschnittlichen Verlusts Lø(y) zeigt, daß der erwartete Qualitätsverlust durch zwei Stellhebel verringert werden kann ([PHA90], S. 30):

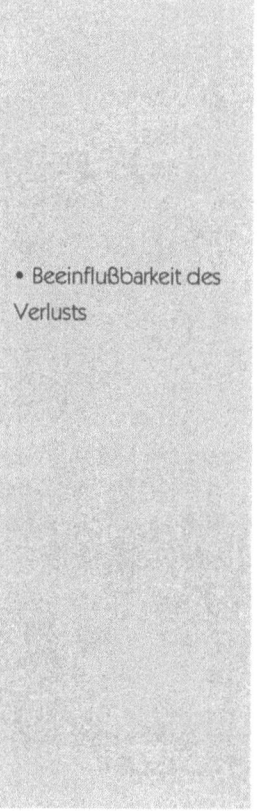

• Beeinflußbarkeit des Verlusts

– durch eine Verringerung der Varianz σ^2 des Funktionskennwertes y und
– durch eine Angleichung des Erwartungswertes μ an den Zielwert z.

Im Unternehmen dürfte es einfacher zu bewerkstelligen sein, den Einfluß der zweiten Komponente zu verringern bzw. völlig zu eliminieren. Die Beseitigung des Einflusses der ersten Komponente erfordert mehr Aufwand ([TAG 90], S. 67f.).

In Fortführung des Beispiels zeigen zehn zufällig ausgewählte Lieferungen folgende Liefermengen y_i (Bild 7.6).

Lieferung Nr.	Liefer-menge y_i	Abw. vom Zielwert $(y_i - z)$	Quadrierte Mittelw.-Abw. $\left(y_i - \overline{y} \right)^2$	Quadrierte Zielw.-Abw. $(y_i - z)^2$	Verlust pro Lieferung
1	1.010	10	9	100	1.500
2	1.025	25	324	625	9.375
3	1.015	15	64	225	3.375
4	1.005	5	4	25	375
5	992	-8	225	64	960
6	1.008	8	1	64	960
7	1.021	21	196	441	6.615
8	976	24	961	576	8.640
9	1.007	7	0	49	735
10	1.011	11	16	121	1.815
	(∅) 1.007		(Σ) 1.800	(Σ) 2.290	(Σ) 34.350

Bild 7.6: Daten zur Lieferung von Bauelementen

• Bestimmung des
Verlusts aufgrund von
Qualitätsschwankun-
gen (Beispiel)

Für die erste Teillieferung im Beispiel ergibt sich ein Verlust von

$$L(1010) = 15\,(1010 - 1000)^2 = 1.500{,}- DM.$$

Zur Bestimmung des durchschnittlichen Verlusts $L\varnothing(y)$ müssen Erwartungswert und Varianz der untersuchten Merkmalsausprägungen bekannt sein. Wird für die hier betrachteten Teillieferungen eine Normalverteilung angenommen, so ist, da im Beispiel der Stichprobenumfang $n < 30$ beträgt, die Stichprobenvarianz S^2 als erwartungstreue Schätzung für die Varianz δ^2 zu verwenden. Als erwartungstreue Schätzung für den Erwartungswert μ dient das arithmetische Mittel $\bar{y}$ der untersuchten Merkmalsausprägungen ([BAM93], S. 147f.). Der zu erwartende Verlust einer Teillieferung kann damit im Beispiel anhand folgender Rechnung geschätzt werden:

$$\begin{aligned}
L_{\varnothing}(y) &= k\,[S^2 + (\bar{y} - z)^2]\\
&= 15\,[(1/9)\,1800 + (1007 - 1000)^2]\\
&= 3.735{,}- DM.
\end{aligned}$$

• Marktanteilsverluste
als Bestandteil von
Fehlerfolgekosten

Grundsätzlich sollten als Fehlerfolgekosten neben den kurzfristigen Ergebniseinbußen auch langfristige Erfolgsänderungen infolge von Marktanteilsverlusten des Unternehmens berücksichtigt werden. Hierfür wäre z. B. eine Marktanteils-Reaktionsfunktion zu schätzen, die Auswirkungen von Qualitätsänderungen auf den bisherigen Marktanteil erkennen läßt ([ALBE92], S. 201).

7.4 Qualitätsbezogene Transaktionskosten im Beschaffungs- und Absatzbereich

• Qualitätsbezogene
Transaktionskosten

Zur Erfüllung der vom Kunden gewünschten Qualitätsanforderungen trägt das gesamte Wertschöpfungssystem ([POR86], S. 59f.) vom Zulieferer bis zum Endabnehmer bei. Dies erfordert, im Beschaffungs- und Absatzbereich diejenigen Kosten zu erfassen, die bei der Klärung und Vereinbarung von Qualitätsaspekten des betreffenden Leistungstausches entstehen. Die Kosten der Information und Kommunikation für Anbahnung, Vereinbarung, Abwicklung, Kontrolle, Anpassung und Beendigung der arbeitsteiligen Erstellung einer bestimmten Leistung werden als Transaktionskosten bezeichnet ([PIC91], S. 344; [BEN93], S. 80). In der traditionellen Qualitätskostenrechnung werden Transaktionskosten bislang nicht ausgewiesen.

Transaktionskostenorientierte Untersuchungen könnten sich im Rahmen des Qualitätscontrolling z. B. auf folgende Aspekte richten:

- Beurteilung der Wirksamkeit verschiedener Gestaltungsformen von Qualitätsaspekten in der Beziehung von Zulieferer und Abnehmer ([BAU90]; [WIL92b]),
- Entscheidung zwischen Eigenerstellung und Fremdbezug qualitätsbezogener Aufgaben ([WIL93a]),
- Gestaltung der Qualitätsorganisation im Unternehmen ([WIL93b]),
- Analyse von Kundenbeziehungen ([TAK93]).

Bild 7.7 verdeutlicht wesentliche Bestandteile qualitätsbezogener Transaktionskostenarten (zur Systematisierung der Bestandteile von Transaktionskosten [BEN93], S. 79ff. und [ALB88], S. 1160). Nach der Häufigkeit ihres Auftretens sind einmalige von regelmäßig wiederkehrenden Transaktionen zu unterscheiden ([WEG81], S. 21). Zu letzteren gehören neben den direkten Tauschkosten alle Kosten, die während einer Austauschbeziehung in Form von Durchsetzungs- und Kontrollkosten anfallen. Die Transaktionskostenarten (1) bis (4) entstehen vor Vertragsabschluß („ex ante"); sie wären als *Übereinstimmungskosten* zu qualifizieren. Die Transaktionskostenarten (5) bis (9) entstehen nach Vertragsabschluß („ex post") und wären (bis auf die Transaktionskostenart (9)) folglich als qualitätsbezogene *Abweichungskosten* zu qualifizieren. Es wird deutlich, daß zwischen den ex ante-Transaktionskosten ((1) - (4)) und den ex post-Transaktionskosten ((5) - (8)) eine Austauschbeziehung vorliegt. Je höher ex ante-Kosten eingegangen werden (im Extremfall sind dies die Kosten einer Integration), desto geringer sind die ex post-Kosten.

Neben der Erfasssung qualitätsbezogener Transaktionen ist deren Bewertung ein weiteres Problem. Für diesen Zweck reicht das betriebliche Kostenrechnungssy-

*• Anwendungsfelder der Transaktionsko- stenanalyse

*• Qualitätsbezogene Transaktionskostenar- ten

*• Bewertung qualitätsbezogener Transaktionen

Transaktionskostenarten	einmalig	regelmäßig	Betrag (DM)
(1) Suchkosten			
• Informationssammlung	●		
• Kontaktaufnahme	●		
(2) Verhandlungskosten			
• Anfrage/Angebot	●		
• Verhandlungen	●		
• Vertragsausfertigung	●		
(3) Absicherungskosten			
• Vorgaben	●		
• FuE-/QS-Aktivitäten	●	●	
(4) Tauschkosten			
• Logistik-Aktivitäten	●	●	
(5) Kontrollkosten			
• Audit		●	
• Erstmusterprüfung	●		
• Wareneingang		●	
• Endprüfung		●	
• Reklamationen		●	
(6) Anpassungskosten			
• Abruf und Bestätigung		●	
• Datenaktualisierung		●	
(7) Kosten ex post suboptimaler Vertragsbedingungen			
• Unterauslastung	●		
• Forderung nachträgl. Preisnachlässe	●		
• Umfeldunsicherheit	●		
(8) Opportunitätskosten für entgangene strategische Position			
(9) Beendigungskosten			
• Abfindungen	●		
• Entlassungen	●		
• Beglaubigungen	●		

Bild 7.7: Qualitätsbezogene Transaktionskosten

stem im allgemeinen nicht aus, da die einzelnen Transaktionskostenarten i. d. R. dort nicht ausgewiesen werden. Dieses Defizit wirkt um so schwerwiegender, als heute vielfach aus dem Massengeschäft mit weitgehend standardisierten, homogenen Produkten eine Vielzahl kundenindividueller Einzelgeschäfte geworden ist. Dadurch

nimmt die Häufigkeit kundenbezogener Markttransak-
tionen zu. Die Notwendigkeit von Kostentransparenz (s.
Kap. 7.6.1) wird dadurch verstärkt, daß sich die Unternehmen in der Qualität der angebotenen Leistung häufig
an neue Kundenwünsche anpassen müssen.

Zusammenfassend gilt: Je geringer (größer) die Spezi-   • Ableitung von
fität einer Leistung, desto höher (niedriger) wird der Stan-   Gestaltungsempfeh-
dardisierungsgrad und desto geringer (höher) die zuge-   lungen
hörigen Transaktionskosten. Um die Transaktionskosten
zu minimieren, sollte für alle Qualitätsleistungen, die hohe Spezifität, strategische Relevanz und Unsicherheit aufweisen sowie häufig anfallen, ein hoher Integrationsgrad
gewählt werden (Tendenz zur internen Erstellung). Je
standardisierter eine Qualitätsleistung, je geringer die
strategische Relevanz, je weniger unsicher und häufig die
Inanspruchnahme der betreffenden Qualitätsleistung,
desto niedriger kann der Integrationsgrad gewählt werden (Tendenz zur externen Erstellung) ([PIC91], S. 348f.).

7.5 Qualitätsbezogene Kennzahlen

Qualitätsbezogene Kennzahlen sind bislang vor allem un-   • Verknüpfung
ter technischen Aspekten erhoben worden. Im Rahmen   finanzieller und nicht-
des Qualitätscontrolling besteht jedoch die Notwendig-   finanzieller
keit, zusätzlich die Erfolgswirkungen aufgrund von Verän-   Qualitätskennzahlen
derungen technischer Qualitätsparameter abzubilden.
Deshalb sind im Unternehmen finanzielle und nicht-finan-
zielle qualitätsbezogene Kennzahlen zu erheben und miteinander zu verknüpfen.

7.5.1 Finanzielle und nichtfinanzielle Kennzahlen

Ausgangspunkt für eine derartige Analyseperspektive   • Nichtfinanzielle
könnte z. B. das Kennzahlenschema des amerikanischen   Qualitätsparameter
Unternehmens Du Pont sein. Hierbei wird die Hauptkenn-
zahl „Return on Investment (RoI)" bis zur Ebene einzelner
Vermögens-, Erlös- und Primärkostenarten aufgespalten.
Hier setzen nun die nichtfinanziellen Qualitätsparameter
als Stellhebel an, wie z. B. die Anzahl der Fehllieferungen
in der laufenden Periode (t), z. B. Monat, Quartal, Jahr,

und der entsprechenden Vorperiode (t-1), Veränderung der Prozeßausbeuten oder die Dispositionsfehler im Vorrätebereich (Bild 7.8). Ein Anwendungsbeispiel soll diese Überlegung verdeutlichen: Erhöht (verringert) sich die Ausbeute in den einzelnen betrieblichen Leistungsprozessen, so führt dies zu einem Rückgang (Anstieg) der in den betreffenden Leistungsprozessen zusätzlich gebundenen betrieblichen Ressourcen und damit auch der betreffenden Kosten. Es ist damit unmittelbar einsichtig, daß ein Anstieg (Rückgang) der Prozeßausbeuten zu positiven (negativen) Auswirkungen auf beispielsweise den RoI des Geschäftsbereichs oder Unternehmens führt.

- Modifizierte Kennzahlenpyramide

Mit einer derart modifizierten Kennzahlenpyramide könnten im Unternehmen verschiedene durch Qualitätsschwankungen bedingte Erfolgsveränderungen simuliert werden. Ausgehend von der nichtfinanzwirtschaftlichen „Treiberebene", die sich z. B. anhand von Fehllieferungen, Prozeßausbeuten oder Dispositionsfehlern beschreiben läßt, können auf der betrieblichen „Werteebene" Szenarien entwickelt werden, mit denen die günstigste und die schlechteste Entwicklung von betrieblichen Qualitätsveränderungen und deren Auswirkungen auf den RoI simuliert werden kann.

- Kundenperspektive im Kennzahlensystem

Ausgangspunkt der Analyse qualitätsbezogener Kennzahlen sollte, wie bereits betont wurde, die Kundenperspektive sein. Folglich sollten Parameter wie z. B. Kundenzufriedenheit, die unmittelbarer Qualitätsindikator der vom Unternehmen gebotenen Leistung ist, möglichst in das Kennzahlensystem integriert werden. Die erreichte Unternehmensposition und die relative Stellung zu den Wettbewerbern hinsichtlich der erhobenen Kennzahlen zur Kundenzufriedenheit und Kundenbindung kann für Analysezwecke zu Kundenprofilen verdichtet werden. Dabei werden für jeden Anbieter in einer bestimmten Branche bei den untersuchten Parametern (z. B. Globalzufriedenheit, Wiederwahl, Weiterempfehlung etc.) dessen Abweichungen zum jeweiligen Mittelwert des Branchendurchschnitts dargestellt ([DEU94], S. 75). Durch die Einbindung nichtfinanzwirtschaftlicher Qualitätskennzahlen in ein Rentabilitätskennzahlensystem wird insbesondere die Controllingperspektive einer qualitätsbezo-

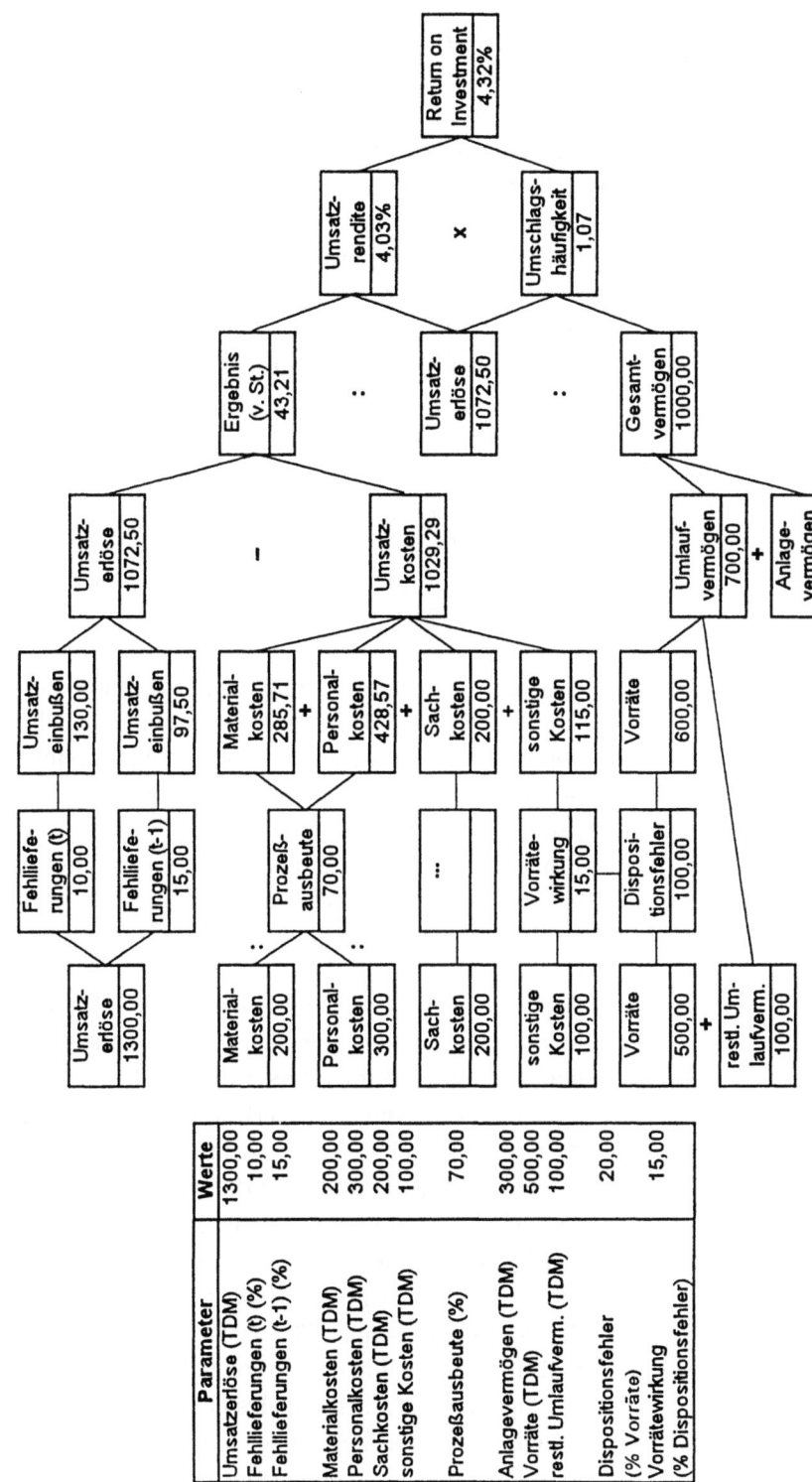

Bild 7.8: Verknüpfung finanzieller und nichtfinanzieller Kennzahlen

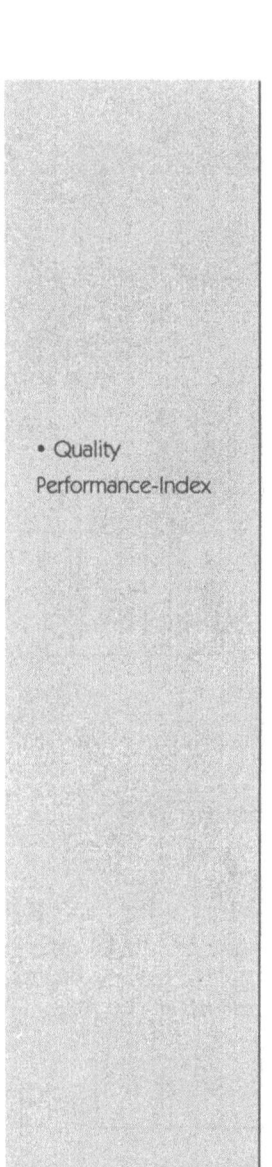

• Quality
Performance-Index

genen Bewertung im Unternehmen erweitert. Dies ermöglicht eine gezielte Qualitätssteuerung, die bis zum einzelnen Arbeitsplatz verfeinert werden kann. Hieraus können betriebliche Anreizsysteme entwickelt werden, die direkt an den „Qualitätstreibern" anknüpfen. Daher sollte die Qualität der Unternehmensleistung aus möglichst unterschiedlichen Perspektiven dokumentiert werden, z. B. aus Personal-, Organisations- und Kundenperspektive ([KAP92], S. 71ff.).

Für die Erfüllung der betrieblichen Steuerungsaufgaben erscheint es zweckmäßig, die Veränderungen der untersuchten Leistungsmaßstäbe in geeigneter Form zu dokumentieren. In einem der Nutzwert-Analyse vergleichbaren Verfahren kann ein sog. Quality Performance-Index für die betreffende Organisationseinheit ermittelt werden ([LEE92], S. 62ff.). Folgende Schritte sind hierbei durchzuführen (Bild 7.9):

- Auswahl geeigneter nichtfinanzwirtschaftlicher Leistungsmaßstäbe, für deren Entwicklung möglichst eindeutige organisatorische Verantwortungsbereiche vorliegen, z. B. Steuerung der Lieferfähigkeit durch ein Auftragszentrum im Unternehmen.
- Ermitteln unternehmensspezifischer Bandbreiten für die einzelnen Leistungsmaßstäbe, z. B. Lieferfähigkeit von 90-100 %. Der Zielwert könnte dabei z. B. über einen Unternehmensvergleich (Benchmarking) ermittelt werden.
- Der Bereich zwischen den angestrebten Minimal- und Maximalwerten des jeweiligen nichtfinanzwirtschaftlichen Leistungsparameters wird durch einen Performance-Index in Intervalle zerlegt. Zusätzlich kann auch die vom Unternehmen gewünschte Normalleistung festgelegt werden, z. B. eine Lieferfähigkeit von 95 %.
- Aktuelle Istwerte der betrachteten Leistungsparameter werden mit dem hierfür vorgesehenen Performance-Index bewertet. Der Lieferfähigkeit von 94 % könnte z. B. der Performance-Index PI = 4 zugewiesen werden.
- Falls im Unternehmen mehrere nichtfinanzwirtschaftliche Leistungsparameter analysiert werden, könnten die jeweils erreichten Performance-Indizes durch (subjektive) Gewichtung zu einem Gesamtindex (im Beispiel:

	Quality Performance Index (QPI)	Lieferfähigkeit (%)	Lieferzeit (Std.)	Reklamationen (%)
optimal	10	100	2	0,0
	9	99	6	0,5
	8	98	10	1,0
	7	97	15	1,5
	6	96	18	2,0
normal	5	95	21	2,5
	4	94	25	3,0
	3	93	28	3,5
	2	92	30	4,0
	1	91	34	4,5
minimal	0	90	40	5,0
Istwerte		95	18	1,5
Performance-Index		5	6	7
Gewichtung		0,4	0,2	0,4
QPI (gesamt)	6,0	2,0	1,2	2,8

Bild 7.9: Messung des Quality Performance-Index (QPI)

2,0 + 1,2 + 2,8 = 6,0) zusammengefaßt werden.
Die praktische Anwendung der beschriebenen Vorgehensweise beinhaltet gewisse methodische Probleme und Schwächen, die z. B. auf den unterschiedlichen Skalierungen der untersuchten Leistungsparameter beruhen. Dennoch kann dieses Konzept dazu beitragen, die Bedeutung der nichtfinanziellen „Treiberebene" für den finanziellen Unternehmenserfolg nachhaltig zu betonen.

• Beurteilung

7.5.2 Dynamische Zielvorgaben für Qualitätskennzahlen

Qualitätskennzahlen sollen insbesondere dazu beitragen, den Verbesserungsbedarf von betrieblichen Leistungsparametern (z. B. Durchlaufzeiten, Fehllieferungen) fortlaufend zu dokumentieren. Für ein kontinuierliches Controlling des Verbesserungsbedarfes kann das sog. Halbwertszeit-Konzept verwendet werden ([FIS94a], S. 196ff.). Dieses empirisch bestätigte Konzept beinhaltet, daß sich der im Unternehmen identifizierte Verbesserungsbedarf von betrieblichen Leistungsparametern, der als Differenz vom Ausgangswert des betreffenden Parameters (Y_{t_0}) und dem angestrebten minimalen Zielwert (Y_{min}) defi-

• Halbwertszeit-Konzept

niert wird ([SCH88], S. 53), jeweils innerhalb einer konstanten Zeitspanne – der sog. Halbwertszeit t_H – halbiert. Der aktuelle Wert eines betrieblichen Leistungsparameters (Y_t) ergibt sich in Abhängigkeit von der Anzahl i der bereits durchlaufenen Halbwertszyklen aus der Gleichung:

$$Y_t = \left(\frac{1}{2}\right)^i Y_{t_0}$$

Mit $i = \dfrac{t - t_0}{t_H}$ (t = Beobachtungszeitpunkt, t_0 =

Ausgangszeitpunkt; $i \in R_0^+$) erhält man:

$$Y_t = \left(\frac{1}{2}\right)^{\left(\frac{t-t_0}{t_H}\right)} Y_{t_0}$$

• Anwendungs-
beispiel

Mit einem Beispiel soll die Anwendung des Halbwertszeit-Konzeptes demonstriert werden. Ein Unternehmen stellt im Januar ($t_0 = 1$) fest, daß die Anzahl der monatlichen Fehllieferungen $Y_{t_0} = 1000$ beträgt. Angestrebt werden $Y_{min} = 10$ Fehllieferungen pro Monat. Im Juli (t = 7) ist die Anzahl der Fehllieferungen auf $Y_t = 125$ gesunken.

– Wie hoch ist die Halbwertszeit t_H?

$$t_H = \frac{\left(t-t_0\right)\left(\ln\frac{1}{2}\right)}{\ln Y_t - \ln Y_{t_0}} = \frac{(7-1)\left(\ln\frac{1}{2}\right)}{\ln 125 - \ln 1000} = 2,0 \text{ Monate}$$

– Wieviele Halbwertszyklen (HWZ) konnte das Unternehmen realisieren?

$$i = \frac{t-t_0}{t_H} = \frac{(7-1)}{2} = \frac{\ln 125 - \ln 1000}{\ln\frac{1}{2}} = 3 \text{ HWZ}$$

– Wieviele Fehllieferungen sind im November (t=11) zu erwarten?

$$Y_t = \frac{1}{2}^{\left(\frac{t-t_0}{t_H}\right)} Y_{t_0} = \frac{1}{2}^{\left(\frac{11-1}{2}\right)} 1000 \approx 31 \text{ Fehllieferungen}$$

Auch wenn die Ergebnisse nur als Trendaussagen zu bewerten sind, bietet das Halbwertszeit-Konzept dennoch nützliche Informationen für das innerbetriebliche und un-

ternehmensübergreifende Controlling von Maßnahmen
zur kontinuierlichen Qualitätsverbesserung.

7.6   Implementierung im Unternehmen

Die Qualität der vom Unternehmen angebotenen Leistung
wird im Zusammenwirken mit den Zulieferern und Kunden realisiert. Eine solche horizontale Ablaufperspektive
legt es nahe, die Erfüllung qualitätsbezogener Aufgaben
und die damit verbundenen Kosten prozeßorientiert zu
analysieren. Vor diesem Hintergrund ergeben sich bei der
Festlegung der Inhalte qualitätsbezogener Kosten und
Kennzahlen weitere spezifische Auswahlkriterien.

• Prozeßorientierung
im Qualitäts-
controlling

7.6.1   Prozeßorientierte Analyseperspektive

Folgende Anwendungsschwerpunkte kennzeichnen eine
prozeßorientierte Qualitätskostenanalyse:

- Qualität als Bestandteil betrieblicher Wertschöpfung
  kann explizit in der Kalkulation nachgebildet werden.
- Die Wirtschaftlichkeit qualitätssichernder Maßnahmen
  kann durch die Bildung innerbetrieblicher Verrech-
  nungspreise im Rahmen der Prozeßkostenrechnung gesteigert werden.
- Durch die Leistungsmessung können aus den Prozeß-
  kostensätzen Anregungen für die Gestaltung kontinuierlicher Prozeßverbesserungsmaßnahmen im Unternehmen gewonnen werden.

• Prozeßorientierte
Qualitätskosten-
analyse

Die betrieblichen Prozesse sind fortlaufend daraufhin zu
untersuchen, inwieweit sie für den zu schaffenden Kun-
dennutzen von Bedeutung sind. Als Analyseinstrument
kann hierzu die sog. Prozeß-Wert-Analyse eingesetzt werden ([FIS94b], S. 63). Hieraus ergeben sich Ansatzpunkte,
wie die im Unternehmen ablaufenden Prozesse künftig
noch effizienter gestaltet werden können. Für den Haupt-
prozeß „Kunden betreuen" könnten z. B. mögliche Fehler-
ursachen dokumentiert werden: falsche Termine, falsche
Menge, falsche Ware oder Betriebsfehler. Letztere könnten wiederum weiter untersucht werden bezüglich der

• Prozeß-Wert-
Analyse

durch Rohmaterial, durch Maschinentoleranz, durch falsche Arbeitsanweisungen oder durch Werkzeug bedingten Fehler.

7.6.2   Auswertung von Kennzahlen

• Auswahlkriterien für
Qualitätskennzahlen

In Abhängigkeit von der Branchenzugehörigkeit und betriebsspezifischen Gegebenheiten existieren unterschiedliche qualitätsbezogene Einflußgrößen. Zur Auswahl geeigneter Kennzahlen sind spezifische Kriterien erforderlich, die z. B. wie folgt zusammengefaßt werden können ([THO91], S. 91):

1. Im Unternehmen bereits verwendete Kennzahlen erheben.

• Anforderungen an
Qualitätskennzahlen

2. Zusätzlich erforderliche Kennzahlen definieren.
3. Hinterfragen jeder Kennzahl: „Führt eine Verbesserung dieser Kennzahl zu einer Leistungsverbesserung aus Kundensicht?"
4. Rangordnung der Kennzahlen bilden.
5. Pro Bereich maximal zehn Kennzahlen auswählen.

Wird dieser Methodik gefolgt, so können weitere grundlegende Anforderungen an die Bildung qualitätsorientierter Kennzahlen im Unternehmen gestellt werden. Qualitätskennzahlen sollten

– eine anerkannte Entscheidungsgrundlage bieten,
– allgemein verständlich sein,
– ebenenübergreifend anwendbar sein (d. h. auf Geschäftsbereichs-, Werks-, Abteilungs- und Kostenstellenebene),
– einheitlich interpretierbar sein,
– wirtschaftlich im Unternehmen erfaßbar und
– eindeutig beeinflußbar sein.

• Interpretierbarkeit
und Beeinflußbarkeit

Das Kriterium „einheitliche Interpretierbarkeit" setzt voraus, daß auf verschiedenen Hierarchieebenen im Unternehmen Kennzahlen gleichen Inhalts verwendet werden, die z. B. auf Hauptprozeß- und Teilprozeßebene weiter verfeinert und aufgeschlüsselt werden. Das Kriterium „eindeutige Beeinflußbarkeit"erfordert, daß für jede zu realisierende Kundenanforderung gleichzeitig für die internen Leistungsträger ein entsprechender Bewertungsmaßstab definiert wird. Das Qualitätsmerkmal „Reaktionsschnelligkeit" könnte beispielsweise durch die Anzahl der von den Vertriebsmitarbeitern fristgerecht abgegebenen Angebote gemessen werden ([KOR94], S. 68).

Durch ein umfassendes System zur Analyse qualitätsbezogener Kosten und Kennzahlen wird gewährleistet, daß die in Kapitel 2 dargestellte Wirkungskette „höhere Qualität = höhere Produktivität = höherer Erfolg" nicht nur zum Inhalt sondern auch Ergebnis des Qualitätscontrolling im Unternehmen wird.

Literatur

[ALB88], Albach, H. (1988): Kosten, Transaktionen und externe Effekte im betrieblichen Rechnungswesen, in: Zeitschrift für Betriebswirtschaft, 58. Jg., 11/1988, S. 1143 - 1170.

[ALBE92], Albers, S. (1992): Ursachenanalyse von marketingbedingten IST-SOLL-Deckungsbeitragsabweichungen, in: Zeitschrift für Betriebswirtschaft, 62. Jg., 2/1992, S. 199 - 223.

[ALBR92], Albright, Th. L. / Roth, H. P. (1992): The Measurement of Quality Costs - An Alternative Paradigm, in: Accounting Horizons, June 1992, S. 15 - 27.

[ALBR94], Albright, Th. L. / Roth, H. P. (1994): Managing Quality Through the Quality Loss Function, in: Journal of Cost Management, Vol. 7, No. 4, Winter 1994, S. 20 - 28.

[ATK91], Atkinson, J. H. / Hohner, G. / Mundt, B. / Troxel, R. B. / Winchell, W. (1991): Current Trends in Cost of Quality - Linking the Cost of Quality and Continuous Improvement, Montvale (NJ) 1991.

[BAM93], Bamberg, G. / Baur, F. (1993): Statistik, 8. Aufl., München, Wien 1993.

[BAR90], Barker, Th. B. (1990): Engineering Quality by Design - Interpreting the Taguchi Approach, New York 1990.

[BAU90], Baur, C. (1990): Make-or-buy-Entscheidungen in einem Unternehmen der Automobilindustrie - Empirische Analyse und Gestaltung der Fertigungstiefe aus transaktionskostentheoretischer Sicht, München 1990.

[BEN93], Benkenstein, M. / Henke, N. (1993): Der Grad vertikaler Integration als strategisches Entscheidungsproblem, in: Die Betriebswirtschaft, 53. Jg., 1/1993, S. 77 - 91.

[BER89], Berry, L. L. / Bennett, D. R. / Brown, C. W. (1989): Service Quality - A Profit Strategy for Financial Institutions, Homewood (Ill.) 1989.

[BIA93], Biallo, H. (1993): Beschwerden - Fünfmal so teuer, in: Wirtschaftswoche, Nr. 16 v. 16.4.1993, S. 40 - 41.

[COE94], Coenenberg, A. G. / Fischer, Th. M. / Schmitz, J. (1994): Target Costing und Life Cycle Costing als Instrumente des Kostenmanagements, in: Zeitschrift für Planung, 5. Jg., 1/1994, S. 1 - 38.

[DEU94], Deutsche Marketing-Vereinigung e.V. (Hrsg.) (1994): Das Deutsche Kundenbarometer 1994 - Eine Studie zur Kundenzufriedenheit in der Bundesrepublik Deutschland, Düsseldorf 1994.

[DIE90], Diebel, A. / Niemand, S. / Renner, A. / Ruthsatz, O. (1990): Baustein des operativen Qualitätscontrolling - Qualitätskostenrechnung, in: Horváth, P. / Urban, G. (Hrsg.) (1990): Qualitätscontrolling, Stuttgart 1990, S. 115 - 171.

[ECK94], Eckel, G. (1994): Qualitätskosten - neu betrachtet, in: Wildemann, H. (Hrsg.) (1994): Qualität und Produktivität - Erfolgsfaktoren im Wettbewerb, Frankfurt a. M. 1994, S. 183 - 197.

[FIS94a], Fischer, Th. M. / Schmitz, J. (1994a): Ansätze zur Messung von kontinuierlichen Prozeßverbesserungen, in: Controlling, 6. Jg., 4/1994, S. 196 - 203.

[FIS94b], Fischer, Th. M. / Schmitz, J. (1994b): Marktorientierte Kosten- und Qualitätsziele gleichzeitig erreichen, in: IO Management-Zeitschrift, 63. Jg., 10/1994, S. 63 - 68.

[FRÖ93a], Fröhling, O. (1993a): Strategische Qualitätsfehlerfolgekosten - Ein Beispiel zur Ermittlung entgehender Deckungsbeiträge, in: Kostenrechnungspraxis, 2/1993, S. 101 - 110.

[FRÖ93b], Fröhling, O. (1993b): Zur Ermittlung von Folgekosten aufgrund von Qualitätsmängeln, in: Zeitschrift für Betriebswirtschaft, 63. Jg., 6/1993, S. 543 - 568.

[HEA91], Heagy, C. D. (1991): Determining Optimal Quality Costs by Considering Cost of Lost Sales, in: Journal of Cost Management, 5. Jg., Nr. 3, Fall 1991, S. 64 - 72.

[HOR94], Horngren, C. T. / Foster, G. / Datar, S. M. (1994): Cost Accounting - A Managerial Emphasis, 8. Aufl., Englewood Cliffs (NJ) 1994.

[HOW87], Howell, R. A. / Soucy, S. R. (1987): Operating Controls in the New Manufacturing Environment, in: Management Accounting, 69. Jg., 4/1987, S. 25 -31.

[HUT92], Hutchins, D. (1992): Achieve Total Quality, Cambridge 1992.

[KAM90], Kamiske, G. F. / Tomys, A.-K. (1990): Qualitäts- und Fehlerkosten in einer neuen Betrachtungsweise, in: Zeitschrift für wirtschaftliche Fertigung (ZwF), 85. Jg., 8/1990, S. 444 - 447.

[KAP92], Kaplan, R. S. / Norton, D. P. (1992): The Balanced Scorecard - Measures that Drive Performance, in: Harvard Business Review, 70. Jg., 1/1992, S. 71 - 79.

[KIM94], Kim, M. W. / Liao, W. M. (1994): Estimating Hidden Quality Costs with Quality Loss Functions, in: Accounting Horizons, 8. Jg., No. 1, March 1994, S. 8 - 18.

[KOR94], Kordupleski, R. E. et al. (1994): Qualitätsmanager vergessen zu oft den Kunden, in: Harvard-Manager, 16. Jg., 1/1994, S.65-72.

[LEE92], Lee, J. Y. (1992): How to Make Financial and Nonfinancial Data Add Up, in: Journal of Accountancy, Bd. 174, 9/1992, S. 62 - 66.

[MAS57], Masser, W. J. (1957): The Quality Manager and Quality Costs, in: Industrial Quality Control, 14. Jg., 4/1957, S. 5 - 8.

[MUN92], Munro-Faure, L. / Munro-Faure, M. (1992): Implementing Total Quality Management, London 1992.

[PHA90], Phadke, M. S. (1990): Quality Engineering Using Robust Design, dt. Übersetzung von G. Liesegang u.a., München 1990.

[PIC91], Picot, A. (1991): Ein neuer Ansatz zur Gestaltung der Leistungstiefe, in: Zeitschrift für betriebswirtschaftliche Forschung, 43. Jg., 4/1991, S. 336 - 357.

[POR86], Porter, M. E. (1986): Wettbewerbsvorteile - Spitzenleistungen erreichen und behaupten, Frankfurt a. M., New York 1986.

[RAP94], Rapp, R. (1994): Kundenzufriedenheit durch Servicequalität, Enschede 1994.

[REI90], Reichheld, F. F. / Sasser, W. Earl (1990): Zero Defections - Quality Comes to Services, in: Harvard Business Review, 68. Jg., 5/1990, S. 105 - 111.

[REI94], Reichmann, T./Fröhling, O. (1994): Produktlebenszyklusorientierte Planungs- und Kontrollrechnungen als Bausteine eines dynamischen Kosten- und Erfolgscontrolling, in: Dellmann, K./Franz, K. P. (Hrsg.): Neuere Entwicklungen im Kostenmanagement, Bern u.a. 1994, S. 281 - 333.

[SCH88], Schneiderman, A. M. (1988): Setting Quality Goals, in: Quality Progress, 4/1988, S. 51 - 57.

[SEG92], Seghezzi, H. D. / Fries, S. / Reiner, Th. (1992): Es ist noch ein weiter Weg zum Qualitätsmanagement, in: IO Management Zeitschrift, 61. Jg., 5/1992, S. 52 - 56.

[TAG89], Taguchi, G. (1989): Einführung in Quality Engineering, dt. Übersetzung der amerikan. Ausgabe „Introduction to Quality Engineering" von W. Schweitzer / C. Baumgartner, München 1989.

[TAG90], Taguchi, G. / Clausing, D. (1990): Robust Quality, in: Harvard Business Review, 68. Jg., 1/1990, S. 65 - 75.

[TAK93], Takeuchi, H. / Quelch, J. A. (1993): Quality Is More Than Making a Good Product, in: Sviokla, J. J. / Shapiro, B. P. (Hrsg.) (1993): Keeping Customers, Boston (Mass.), S. 137 - 149.

[THO91], Thomas, Ph. R. (1991): Getting Competitive, New York et al. 1991, S. 118

[WEG81], Wegehenkel, L. (1981): Gleichgewicht, Transaktionskosten und Evolution - Eine Analyse der Koordinierungseffizienz unterschiedlicher Wirtschaftssysteme, Tübingen 1981.

[WIL92a], Wildemann, H. (1992a): Kosten- und Leistungsbeurteilung von Qualitätssicherungssystemen, in: Zeitschrift für Betriebswirtschaft, 62. Jg., 7/1992, S. 761 - 782.

[WIL92b], Wildemann, H. (1992b): Unter Herstellern und Zulieferern wird die Arbeit neu verteilt, in: Harvard-Manager, 14. Jg., 2/1992, S. 82 - 93.

[WIL93a], Wildemann, H. (1993a): Unternehmensqualität - Einführung einer kontinuierlichen Qualitätsverbesserung, München 1993.

[WIL93b], Wildemann, H. (1993b): Eine transaktionskostentheoretische Betrachtung zur Gestaltung der Qualitätsorganisation im Unternehmen, unveröffentl. Manuskript, München 1993.

8 Einführungsstrategien des Qualitätscontrollings als Erfolgsvoraussetzung

HORST WILDEMANN
MITARBEIT: STEFAN KELLER

8.1 Aufgabenwahrnehmung und Stellenbildung

Ausgangspunkt einer Einführung des Qualitätscontrollings ist die Überlegung, daß es nicht ausreicht, das Qualitätscontrolling lediglich als Teil eines funktionsorientierten Controllingsystem zu definieren, das beispielsweise das Personal-Controlling, Logistik-Controlling, F&E-Controlling oder Vertriebs- und Beteiligungscontrolling umfaßt. Auch ein lediglich auf die Durchführung von Qualitätsaudits und den Aufbau einer Qualitätskosten- und leistungsrechnung ausgerichtetes Qualitätscontrolling greift zu kurz, da damit die umfassende qualitätsorientierte Ausrichtung der Unternehmensaktivitäten nicht hinreichend unterstützt wird. Die primäre Aufgabe des Qualitätscontrollings, nämlich die Unterstützung einer qualitätsorientierten Unternehmensführung, erfordert einen umfassenden, über funktionale Abgrenzungen hinausgehenden Ansatz (Bild 8.1).

Für die Einführung des Qualitätscontrollings ist daher der Stand des Qualitätsmanagements wie auch des Controllings maßgeblich. Beide Funktionen zeichnen sich durch eine hohe Entwicklungsdynamik in bezug auf ihre organisatorische Eingliederung aus ([KÜP95, S. 426f.; [DIX94], S. 96). Die Rahmenbedingungen für die Einführung des Qualitätscontrollings ergeben sich aus aktuellen Anforderungen an das Controlling ([WIL94], S. 29ff.): Integration von operativem und strategischem Controlling, Unterstützung kontinuierlicher Verbesserungen, prozeßbezogenes Produktivitätsverständnis, stärkere Markt- und Kundenorientierung, mehrdimensionales Kosten- und Lei-

* Qualitätscontrolling ist nicht funktionsorientiert

* Alle Unternehmensaktivitäten müssen unterstützt werden

* Aktuelle Anforderungen an das Controlling

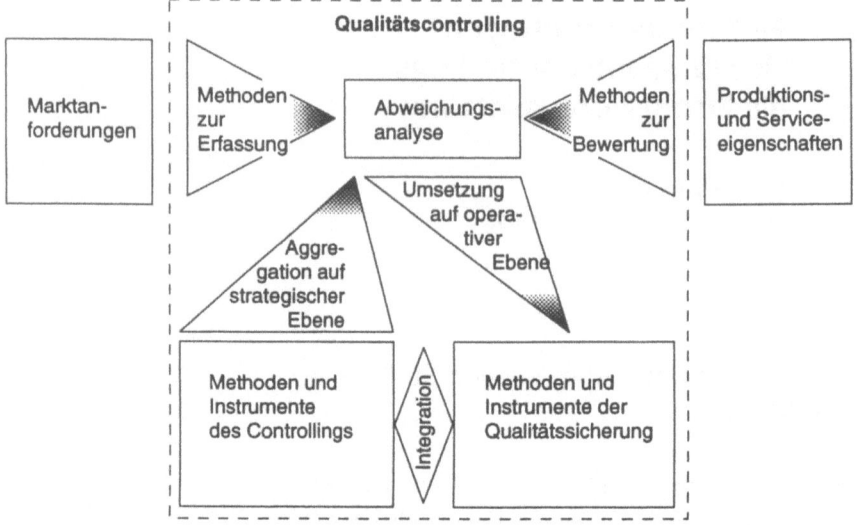

Bild 8.1 Aufgaben und Methodenintegration im Qualitätscontrolling

• Für das Qualitäts-
controlling lassen sich
keine allgemein ver-
bindlichen Aufgaben-
inhalte festlegen

• Die Aufgaben
können vom Con-
trolling, der Qualitäts-
abteilung, Linien- und
Stabsfunktionen und
in einer Sekundär-
organisation wahr-
genommen werden

stungscontrolling, Veränderungen im Selbstverständnis zu einem führungsunterstützenden Controlling auf Vertrauensbasis und Neuorganisation der Controllingaufgaben auf Basis des Selbstcontrollings. Jedoch lassen sich für ein Qualitätscontrolling keine idealtypischen Aufgabenkataloge definieren. Die Aufgaben werden vielmehr durch situative Faktoren wie Art und Umfang der Unternehmensleistung, Unternehmensgröße, Organisationsstruktur und Entwicklungsstand der Controllingkonzeption und des Qualitätsmanagements bestimmt. Die durchzuführenden Aufgaben sind so zusammenzufassen, daß sie sinnvoll organisatorischen Einheiten zugeordnet werden können. Mögliche Aufgabenträger sind die Primärorganisation, die Controllingorganisation, die institutionalisierte Qualitätsmanagementfunktion und Projektgruppen oder Kollegien im Sinne einer Sekundärorganisation.

Das Verhältnis der Aufgabenzuordnung zwischen diesen potentiellen Aufgabenträgern läßt sich in Form von organisatorischen Basistypen beschreiben. Die Grundidee der Zentralorganisation besteht darin, parallel zur Primärorganisation eine Organisation aufzubauen, innerhalb derer alle Aufgaben des Qualitätscontrollings konzentriert wahrgenommen werden. Die Verantwortung für die Erfüllung von Zielen wie Kostenminimierung, Termineinhaltung und Durchlaufzeiten obliegt der Primärorganisation. Controllingfunktionen würden im Rahmen von stark arbeitsteilig geprägten Zentralorganisationen etwa einem Prüfmeister zugeordnet, der neben den anderen Funktionsmeistern gegenüber den Werkern ein Weisungsrecht besitzt. Eine solche Zentralisierung eignet sich für Arbeitsaufgaben, die auf der ausführenden Ebene eine rein repetitive Maschinenbedienung erfordern, da die Koordinationskosten zwischen Controllingorganisation und Primärorganisation in diesem Fall relativ gering sind. In einer dualen Organisationsform arbeiten die Mitarbeiter gleichzeitig in der Primärorganisation und in einer Sekundärorganisation, die die Verantwortung für bestimmte Controllingaufgaben wahrnimmt. Die Sekundärorganisation konkretisiert sich in Projektteams, Kollegien oder Steuerungsausschüssen. In einer hybriden Organisation sind alle Mitglieder der Primärorganisation für den Controllingprozeß verantwortlich. Damit liegt eine vollständige Dezentralisierung vor. In der Reinform einer hybriden Struktur würden eigenständige Ressorts Controlling und Qualitätssicherung nicht mehr existieren. Für die maximale organisatorische Effizienz ist eine Mischform zwischen zentraler, dualer und hybrider Aufgabenverteilung zu finden (Bild 8.2).

Die Lebenszyklen unterschiedlicher Organisationsformen zeigen hybride Controllingorganisationen am Beginn der Wachstumsphase, wobei es nicht zu einer vollkommenen Ablösung der zentralen und dualen Organisation durch hybride Strukturen kommen kann. Umfangreiche Controllingaufgaben, die hochspezifisch sind, lassen sich nicht sinnvoll einer Person oder einer Gruppe zuzuordnen. Visualisierung oder die gegenseitige Auditierung dagegen, können in teilautonomen Arbeitsgruppen durchgeführt werden. Nach wie vor sind aber koordinierende Leitungsinstanzen erforderlich, die im wesentlichen drei Aufaben wahrnehmen:

– die Bereitstellung von Expertenwissen als Unterstützungsleistung, die Durchführung von Schulungsprogrammen und Weiterbildungsveranstaltungen mit einer Anregungsfunktion für kontinuierliche Verbesserungsaktivitäten,

• Die Zentralisierung der Aufgaben des Qualitätscontrollings ist nur bedingt geeignet

• Auch eine Auflösung der eigenständigen Ressorts Qualitätssicherung und Controlling ist denkbar

• Mischformen der Aufgabenwahrnehmung versprechen hohen Erfolg

• Koordinierende Leitungsinstanzen bleiben erforderlich

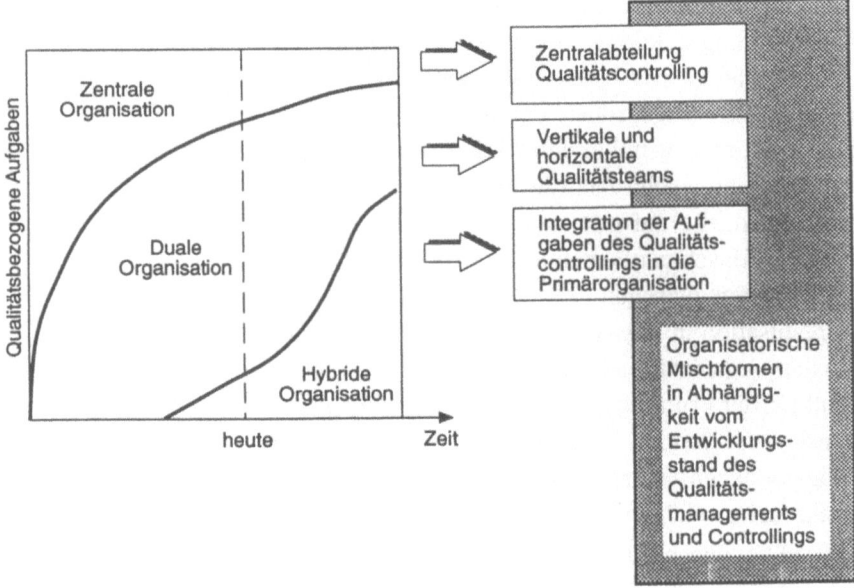

Bild 8.2 Organisatorische Verankerung der Qualitätscontrolling-Aufgaben

- die Entwicklung und Koordination von Informationssystemen und allgemeingültigen Standards und
- die Durchführung von Systemaudits.

• Qualitätscontrolling ist als Querschnittsfunktion zu verankern

Für die hierarchische Eingliederung der von zentraler Stelle durchgeführten Aufgaben ergeben sich unterschiedliche Möglichkeiten, etwa in Form von Stabsstellen, die unmittelbar an die Unternehmensleitung angebunden sind. Aufgrund der zentralen Bedeutung des Qualitätscontrollings ist es notwendig, die wahrzunehmenden Zentralfunktionen so in die Organisation einzugliedern, daß die funktionsübergreifende Aufgabenstellung und die umfassende Koordination am besten gewährleistet sind, also als Querschnittsfunktion in einer funktionalen oder divisionalen Struktur oder als übergreifende Funktion in einer Matrixorganisation.

8.2   Vorgehensweise bei der Einführung des Qualitätscontrollings

Die Einführung des Qualitätscontrollings ist in einen Prozeß der kontinuierlichen Qualitätsverbesserung zu inte-

Ausprägung Kriterium	Hoch	Mittel	Niedrig
Ressourcen-bedarf	●	◐	○
Flexibilität der Organisation	●	◐	○
Notwendiges Know-how	●	◐	○
Zeitbedarf	○	◐	●
Akzeptanz	◐		◐
Kapazitätsbedarf an Mitarbeitern	●	◐	○
Strategie	Sprunghafte Einführung	Stufenweise Einführung	Kontinuierliche Einführung

Bild 8.3 Entscheidungskriterien für Einführungsstrategien

grieren. Nur so ist sichergestellt, daß der Bedarf für Aufgaben des Qualitätscontrollings erkannt und die jeweils geeigneten Methoden und Vorgehensweisen gefunden werden können. Aus den Erfahrungen bei der Einführung einer umfassenden Qualitätsverbesserung ([WIL93], S. 232ff.) ist ein Top-down-Ansatz und eine stufenweises Vorgehen für einen erfolgreichen Einführungsprozeß maßgebend (Bild 8.3), wobei der Erfolg auch maßgeblich von einer geeigneten Projektorganisation der Verbesserungsmaßnahmen und der Schulung der Mitarbeiter abhängt ([BÜH93], S. 46).

Qualitätsbezogene Maßnahmen wie die Umsetzung der Kundenorientierung in allen Prozessen, Kooperationsprogramme mit Kunden und Lieferanten, die Einführung von Meßgrößen zur Kundenzufriedenheit, Training und Mitarbeiterausbildung sowie Auditierung und Zertifizierung sind in einen Veränderungs- und kontinuierlichen Verbesserungsprozeß einzubinden und mit Veränderungen im Controlling abzustimmen. Weniger wichtig ist dabei die Reihenfolge, in der einzelne Maßnahmenbausteine realisiert werden, als vielmehr die inhaltliche Gestaltung folgender Faktoren:

– Einbeziehen aller Mitarbeiter und Organisationsebenen in die Veränderungsprozesse,

• Es lassen sich die sprunghafte, stufenweise und kontinuierliche Einführung unterscheiden

• Eine stufenweise Einführung von oben nach unten ist aufgrund der hohen Erfolgswahrscheinlichkeit zu empfehlen

• Die Einführung erfolgt im Rahmen eines umfassenden Veränderungs- und Verbesserungsprozesses

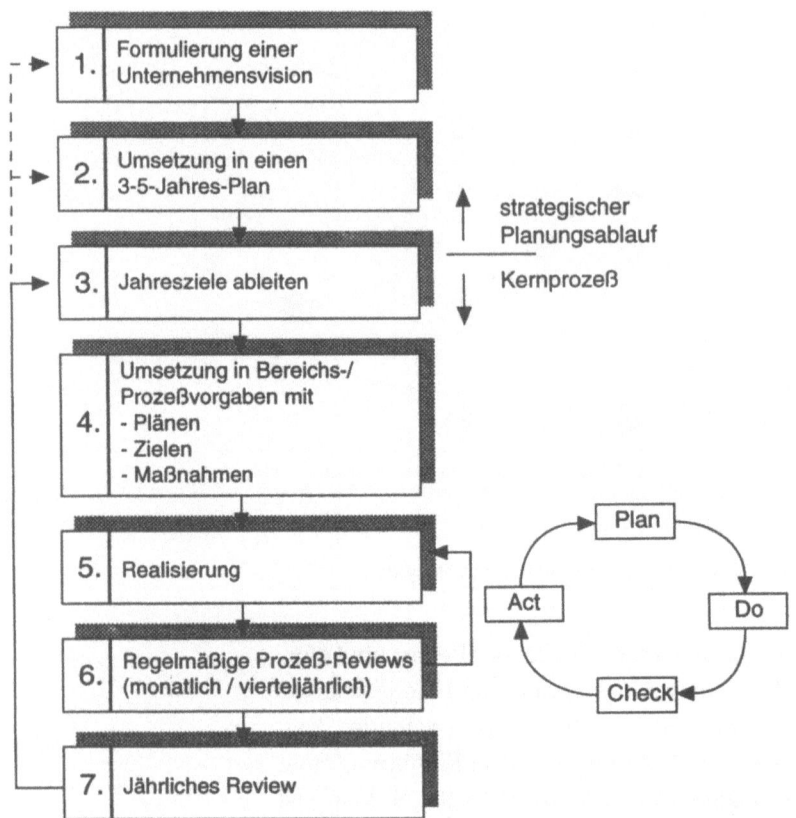

Bild 8.4 Strukturierter Planungsprozeß zur kontinuierlichen Verbesserung der Unternehmensqualität

- Erfolgsfaktoren der Veränderung

– klare Definition von Effektivitäts- und Effizienzzielen,
– strukturierter Planungsprozeß für Ziele und Maßnahmen,Entfaltung und Nutzung der Kreativität, Einsatz standardisierter Methoden,
– Qualifikation und Training für alle Mitarbeiter,
– kontinuierliche Verbesserung in allen Prozessen,
– regelmäßige Fortschrittskontrolle und
– aktive Teilnahme von Management und Mitarbeitern.

Eine wichtige Voraussetzung ist die Verankerung der ständigen Qualitätsverbesserung als Unternehmensziel ([MOS91], S. 121). Im Rahmen der Primärorganisation erfolgt in einem strukturierten Planungsprozeß ([GOA90], S. 3f.) die jährliche Planung von Qualitätszielen, die auf ihre Erreichung hin zu kontrollieren sind (Bild 8.4).

Ausgangspunkt ist eine Unternehmensvision, die allen Mitarbeitern transparent gemacht wird, sowie die Identifizierung der Lücken zur Erreichung der Vision. In einem Drei- bis Fünfjahresplan werden die zur Realisierung der Vision notwendigen Schritte aufgezeigt. Auf Basis von Jahreszielen wird der Plan in einem partizipativen Prozeß in Bereichs- und Prozeßvorgaben umgesetzt. Wichtiger Bestandteil des strukturierten Planungsprozesses ist, bei der Formulierung von Jahreszielen sich auf wenige, in der Regel drei übergeordnete Ziele zu beschränken, um eine Fokussierung der Aktivitäten und Bündelung der Problemlösungskapazitäten zu erreichen. Die Realisierung wird anhand regelmäßiger Prozeß-Reviews überprüft, die sich an der Regelkreissystematik des Deming-Cycle orientieren. In einem jährlichen Review wird der Gesamterfolg und die Erreichung der anspruchsvollen Ziele kontrolliert, dessen Ergebnisse in die Planung des Folgejahres eingehen. Die Anwendung eines solchen Vorgehens als Rahmenkonzept des Qualitätscontrollings sichert die Kontinuität des Verbesserungsprozesses, macht das Management direkt für das Erreichen von Qualitätszielen verantwortlich und sorgt für eine Konzentration der Problemlösungskräfte auf wenige entscheidende Punkte. Mögliche Probleme sind bei dieser ergebnisorientierten Vorgehensweise, daß die Ressourcen zur Verwirklichung der Ziele vernachlässigt werden. Daher ist als Ergänzung die kontinuierliche Verbesserung auf Basis der Prozeß- und Mitarbeiterorientierung zu verfolgen. Die Elemente, die durch das Qualitätscontrolling mitgetragen werden sollen, sind eine umfassende Kulturveränderung, die Verbesserung in vielen kleinen und überschaubaren Schritten, die funktionsübergreifende Veränderung, die Nutzung der Problemlösungsfähigkeit aller Mitarbeiter und die Sicherstellung und Verbesserung von Arbeitsstandards. Durch die Integration von Ergebnis- und Prozeßorientierung im Rahmen des Qualitätscontrollings werden die Nachteile der vielfach zu beobachtenden Aktionsorientierung, die sich in der fehlenden Meßbarkeit der Aktivitäten und der mangelnden Ausrichtung an einem Gesamtkonzept zeigen, vermieden ([SCHAF92], S. 82f.). Eine bedeutende Aufgabe des Qualitätscontrollings ist, si-

- Ein strukturierter Planungsprozeß gibt den Rahmen der Einführung auf Basis klarer Ziele vor

- Der Planungsprozeß ist um die Komponente der Mitarbeiterorientierung zu ergänzen

- Prozeß- und Ergebnisorientierung werden integriert, wodurch Teiloptimierungen vermieden werden

• Durch regelmäßige,
gegenseitige Audi-
tierung kann der
erforderliche Wissens-
transfer sichergestellt
werden

cherzustellen, daß das im Unternehmen vorhandene Wissen übergreifend genutzt werden kann, also die Duplizierung von Know-How und die Transformation auf andere Unternehmensbereiche. Dies wird durch eine regelmäßige, gegenseitige Auditierung von Organisationseinheiten und Geschäftsprozessen sichergestellt. Das Qualitätscontrolling umfaßt, daß Organisationseinheiten regelmäßig bezüglich der Qualitätsfähigkeit der Leistungsprozesse auditiert werden. Durch die Vorgehensweise bei der Einführung des Qualitätscontrollings, bestehend aus der Aufgabendefinition und der organisatorischen Ansiedlung der Aktivitäten auf Basis situativer Faktoren, einem strukturierten Planungsprozeß von oben nach unten sowie der Unterstützung der kontinuierlichen Verbesserung und der regelmäßigen Auditierung ist ein Informationstransfer hinsichtlich innovativer Methoden, Konzepte und Verfahren ebenso gewährleistet wie die Weiterentwicklung des Qualitätsniveaus zur nachhaltigen Sicherung der Wettbewerbsfähigkeit.

Literatur

[BÜH93]   Bühner, R.: Der Mitarbeiter in Total Quality Management, Stuttgart 1993

[DIX94]   Dixon, J.R.; Arnold, P.; Heineke, J.; Kin, J,S.; Mulligan, P.: Business Process Reen-gineering: Improving in New Strategie Directions, in: California Management Review, Summer 1994, S. 93-108

[GOA90]   GOAL/QPC (Hrsg.): Hoshin Planning: A Planning System for Implementing Total Quality Management (TQM), Methuen 1989

[KÜP 95]   Küpper, H.-U.: Controlling – Konzeption, Aufgaben, Instrumente, Stuttgart 1995

[MOS91]   Moss Kanter, R.: Championing Change: An Interview with Bell Atlantic's CEO Raymond Smith, in: Harvard Business Review 69 (1991) 1, S. 119-130

[SCHAF92] Schaffer, R.H.; Thomson, H.A.: Successful Change Programs Begin with Results, in: Harvard Business Review 70 (1992) 1, S. 80-89

[WIL93]   Wildemann, H.: Unternehmensqualität: Einführung einer kontinuierlichen Qualitätsverbesserung, München 1993

[WIL94]   Wildemann, H.: Produktionscontrolling: systemorientiertes Controlling schlanker Produktionsstrukturen, 2. Aufl., München 1994

Zusammenfassung und Ausblick

HORST WILDEMANN

In der Unternehmenspraxis ist zu erkennen, daß eine hohe Qualität im Sinne der Erfüllung von Kundenanforderungen nicht mit hohen Kosten verbunden ist, sondern durch eine präventive Qualitätssicherungsstrategie in allen Funktionen und Prozessen Fehler- und Fehlerfolgekosten vermieden und Produktivitätspotentiale erschlossen werden können. Qualität ist dazu aus Kundenanforderungen abzuleiten und in differenzierter Ausprägung als Zielgröße für alle unternehmerischen Aktivitäten vorzugeben. Für die Ermittlung von Zielgrößen, ihre Umsetzung in operative Vorgaben und die Steuerung der Leistungserstellung unter Qualitätsgesichtspunkten sind zwei betriebliche Führungs- und Steuerungsinstrumentarien in Teilbereichen zu kombinieren und zu integrieren, nämlich Controlling und das Qualitätsmanagement zu einem systemorientierten Qualitätscontrolling. Ziel des Qualitätscontrollings ist neben der Versorgung mit qualitätsbezogenen Informationen auf allen Ebenen der Leistungserstellung auch die Planung und Steuerung von Maßnahmen zur Qualitätsverbesserung und die Koordination der dazu eingesetzten Ressourcen.

Ausgangspunkt ist ein systemorientiertes Verständnis für die Einzelelemente des Qualitätscontrollings. Um eine qualitätsorientierte Unternehmensgesamtleistung zu realisieren, sind Elemente wie Prozeß- und Mitarbeiterorientierung, Kunden-, Lieferanten und Konkurrenzorientierung sowie Prävention, kontinuierliche Verbesserung und Meßkonzepte in einem ganzheitlichen Konzept zu integrieren. Qualitätscontrolling bezieht sich gleichermaßen auf das Produkt und die Prozeßgestaltung, strategische und operative Ziele und die Planung, Steuerung und Bewertung der qualitätsrelevanten Aktivitäten. Mittels geeigneter Methoden und Techniken läßt sich der Qualitätsgedanke im Unternehmen erfolgreich umsetzen. Dabei kommt es in erster Linie auf die jeweils geeignete, aufgabenindividuelle Kombination der Methoden an, da eine Methode alleine nicht in der Lage ist, eine durchgängige Umsetzung strategischer Qualitätsziele auf die Handlungsebene zu gewährleisten. Wichtig ist in diesem Zusammenhang für das Qualitätscontrolling der empirische Nachweis, daß die Methoden zu Qualitätsverbesserungen, Kostensenkungen und Zeiteinsparungen beitragen und auch positive Motivationseffekte resultieren.

Ein weiteres, tragendes Element qualitätsorientierter Unternehmensführung ist die Zufriedenstellung der Kunden. Bislang wurde nur auf wenige, weiterentwickelte Methoden des Marketing zurückgegriffen, um die Erfassung der Kundenwünsche und ihre Umsetzung in Produktmerkmale zu realisieren. Für die Produktqualität ist es notwendig, ihre Steuerungsgrößen und den Kaufentscheidungsprozeß differenziert zu beurteilen. Die Messung der Qualitätswirkungen beim Kunden kann auf Ebene der Einstellungen, Präferenzen und Zufriedenheit mit verschiedenen Methoden erfolgen, die in das Qualitätscontrolling integriert werden müssen.

Ein hohes Verbesserungspotential läßt sich über die Transparenz von wertschöpfenden und nicht wertschöpfenden Tätigkeiten auf Mitarbeiterebene realisieren. Zudem beeinflussen Humanfaktoren wie Ausbildung und Arbeitsstrukturen die Qualitätsleistung in hohem Maß. Bislang sind jedoch sowohl im Qualitätsmanagement als auch im Controlling Defizite bezüglich der Steuerung der Mitarbeiterressourcen vorhanden. Mit einem qualitätsorientierten Personalcontrolling auf verschiedenen Ebenen soll dieses Defizit beseitigt werden. Der dazu entwickelte Ansatz umfaßt Steuerungsgrößen zu Investitionen in Mitarbeiter und Arbeitsstrukturen ebenso wie Größen zur Beurteilung der Qualitätsleistung auf Arbeitsplatz- und Mitarbeiterebene. Mit einer gegenseitigen Auditierung lassen sich Verbesserungspotentiale aufdecken und zudem eine dezentrale Controllingorganisation realisieren.

Das Qualitätscontrolling muß die anforderungsgerechte Gestaltung aller betrieblichen Prozesse unterstützen. Dazu ist es notwendig, Leistungsprozesse zu charakterisieren und ein Meßmodell anzuwenden, mit dem Verbesserungsbedarf erkannt und erzielte Verbesserungen nachgewiesen werden können. Zur Verbesserung der Prozesse sind die Elemente Schwachstellenanalyse, Auditierung, Standardisierung, Visualisierung, Selbstabstimmung in Teilprozessen, Beeinflussung der Abweichungshäufigkeit, Substitution der Prozeßregelung durch -steuerung und der Einsatz von Methoden der präventiven Qualitätssicherung anzuwenden. Auch die Neugestaltung von Leistungsprozessen muß durch ein methodisches Vorgehen unterstützt werden, bei dem ausgehend von Zielvorgaben bis hin zur Realisierung eine stringente Planungsmethodik verfolgt wird. Von hoher Bedeutung ist die Entstörung betrieblicher Prozesse, mit der Abweichungsursachen präventiv vermieden und kontinuierliche Prozeßverbesserungen ermöglicht werden.

Um die angestrebten Qualitätsziele wirtschaftlich zu erreichen, ist eine Qualitätskostenrechnung und der Einsatz von Kennzahlen unabdingbar. Ausgehend von der Neuaufteilung qualitätsbezogener Kosten in Kosten der Abweichung und Kosten der Übereinstimmung gilt es, Instrumente zur Planung und Beeinflussung qualitätsbezogener Kosten einzusetzen. Mit einem qualitätsbezogenen Zielkostenmanagement in Verbindung mit QFD und einer lebenszyklusbezogenen Qualitätskostenrechnung lassen sich markt- und wettbewerbsfähige Übereinstimmungskosten realisieren. Wichtig ist zudem eine korrekte Erfassung der Fehlerfolgekosten, zu ihrer Abschätzung kann die Verlustfunktion von Taguchi eingesetzt werden. Ein weiterer Kostenbestandteil sind Transaktionskosten im Absatz- und Beschaffungsbereich, mit denen die Ansiedlung qualitätsbezogener Aufgaben in der Beziehung Zulieferer-Abnehmer und die Qualitätsorganisation optimiert werden können. Ferner sind qualitätsbezogene Kennzahlensysteme aufzubauen, wobei eine dynamische Zielvorgabe zur Steuerung der Qualitätsverbesserung erforderlich ist.

Die Verbesserung der Qualitätsposition auf allen Ebenen der Leistungserstellung und die konsequente Umsetzung von Kundenanforderungen ist erst möglich, wenn die Elemente des Qualitätscontrollings sinnvoll kombiniert und in einer geeigneten Einführungssystematik angewandt werden. Dazu sind die Aufgaben des Qualitätscontrollings in Abhängigkeit der Controllingorganisation und des Stands des Qualitätsmanagements organisatorisch zuzuordnen und festzulegen. Leitlinie ist hier die Zusammenführung von Ausführungs- und Planungs- und Steuerungsaufgaben. Die Einführung muß über einen strukturierten Prozeß erfolgen, der eine kontinuierliche Verbesserung in selbststeuernden Regelkreisen ermöglicht.

Auf dieser Basis ist es möglich, die Bausteine des Qualitätscontrollings sinnvoll zu kombinieren und in der Praxis einzuführen. Es stehen vielfältige Methoden zur Verfügung, die die erforderliche Abstimmung und Integration von Qualitätsmanagement und Controlling ermöglichen und die Planung und Durchführung von Maßnahmen zur Qualitätsverbesserung und Minimierung von Fehlleistungen unterstützen. Es wird in dieser Entwicklungslinie nicht der Anspruch vertreten, bereits sämtliche Probleme bei der Zusammenführung von Aufgaben des Qualitätsmanagements und Controllings bereits gelöst zu haben. Allerdings sind Anregungen für grundsätzliche Veränderungen im betrieblichen Führungs- und Controllingsystem gegeben, um Qualitätsverbesserungen als Existenzgrundlage von Unternehmen, die dauerhaft vorangetrieben werden müssen, zu ermöglichen. Daher ist eine schnelle Umsetzung der Vorschläge und die Sammlung von eigenen Erfahrungen angezeigt, damit individuelle, intelligente Lösungen entwickelt werden, die zur Stärkung der Wettbewerbsfähigkeit führen.

Autoren

Prof. Dr. Friedhelm Bliemel

Universität Kaiserslautern
Lehrstuhl für Betriebswirtschaftslehre mit Schwerpunkt Marketing
Gottlieb-Daimler-Straße, Geb. 42
67663 Kaiserslautern

Geboren 1941, Abitur in Frankfurt, Humanistisches Heinrich-von-Gagern-Gymnasium; Maschinenbaustudium an der TH Darmstadt mit Abschluß Dipl.-Ing.; M.S.I.A. (Master of Science in Industrial Administration) an der Krannert Graduate School of Management, Purdue University; Ph. D. (Doktor) an der Krannert Graduate School of Management, Purdue University; Professur für Management insbesondere Marketing am IMD, Lausanne, Schweiz; Professur für Management/Marketing, Queen´s University, Kingston, Kanada; Marketing-Direktor und Mitglied der Geschäftsleitung der Blaue Quellen AG, Nestlé Gruppe Deutschland, seit 1987 Lehrstuhl für Betriebswirtschaftslehre insbesondere Marketing an der Universität Kaiserslautern.

Dipl.-Kfm. Daniela Breitkopf

Universität Passau
Lehrstuhl für Betriebswirtschaftslehre mit Schwerpunkt Organisation und Personalwesen
Innstraße 27
94032 Passau

Jahrgang 1967, studierte Betriebswirtschaftslehre mit den Hauptrichtungen Organisation und Personalwesen sowie Absatzwirtschaft und Handel an der Universität Passau. Seit Februar 1993 ist sie wissenschaftliche Mitarbeiterin am Lehrstuhl für Betriebswirtschaftslehre mit Schwerpunkt Organisation und Personalwesen von Prof. Dr. Rolf Bühner und in der Forschergruppe "Qualitätscontrolling" des BMBF tätig.

Prof. Dr. Rolf Bühner

Universität Passau
Lehrstuhl für Betriebswirtschaftslehre mit Schwerpunkt Organisation
und Personalwesen
Innstraße 27
94032 Passau

Geboren 1944, Promotion und Habilitation an der Universität Augsburg. Seine Forschungsschwerpunkte liegen auf dem Gebiet strategischer Wertfragen sowie im Organisations-, Technologie- und Personalbereich. Auf diesen Gebieten ist er beratend tätig und arbeitet mit der Praxis zusammen. Seine Lehr- und Forschungstätigkeiten führten ihn nach Australien, Japan und in die Vereinigten Staaten.

Prof. Dr. Adolf G. Coenenberg

Universität Ausgburg
Lehrstuhl für Wirtschaftsprüfung und Controlling
Universitätsstraße 16
86159 Augsburg

Adolf Gerhard Coenenberg, Jahrgang 1938, ist Professor für Betriebswirtschaftslehre, insbesondere Wirtschaftsprüfung und Controlling, an der Universität Augsburg. Neben theoretischen Fragestellungen hat er sich in den letzten Jahren insbesondere mit anwendungsbezogenen Fragen der Betriebswirtschaftslehre auseinandergesetzt. Hier hat er an zahlreichen Kooperationsprojekten mit der Praxis zusammengearbeitet, so im Bereich der Erfolgsfaktorenforschung, in der Elektronikindustrie, im Bereich des Strategischen Controlling, im Bereich des Ökologiemanagements sowie im Bereich der Externen Rechnungslegung und der Wirtschaftsprüfung. Er ist Vorsitzender des Wissenschaftlichen Beirats des Universitätsseminars der Wirtschaft, das er insgesamt sechs Jahre als Wissenschaftlicher Direktor geführt hat. Gastprofessuren haben ihn an englische, amerikanische, japanische und australische Universitäten geführt.

Dipl.-Wirtsch.-Ing. Stefan Filip

Universität Kaiserlautern
Lerhstuhl für Betriebswirtschaftlehre mit Schwerpunkt Marketing
Gottfried-Daimler-Straße
67663 Kaiserslautern

Jahrgang 1967; Studium des Wirtschaftsingenieurwesens mit den Schwerpunkten Marketing, Organisation, Produktion und Konstruktion an der Universität Kaiserslautern. Von 1992-1993 Nachwuchsgruppe der Mercedes Benz AG. Seit 1993 Wissenschaftlicher Mitarbeiter von Prof. Dr. Bliemel am Lehrstuhl für Betriebswirtschaftslehre mit Schwerpunkt Marketing im Forschungsprojekt "Qualitätscontrolling" des BMBF.

Dr. rer. pol. Dipl.-Oec. Thomas M. Fischer

Universität Ausgburg
Lehrstuhl für Wirtschaftsprüfung und Controlling
Universitätsstraße 16
86159 Augsburg

Jahrgang 1961, Stammhauslehre zum Industriekaufmann bei der Siemens AG (Geschäftsbereich Halbleiter), von 1983-1987 Studium der Betriebswirtschaftslehre an der Universität Ausgburg, 1988 bis 1992 wissenschaftlicher Mitarbeiter am Lehrstuhl für Wirtschaftsprüfung und Controlling, 1992 Promotion, 1993 bis 1995 wissenschaftlicher Mitarbeiter im Forschungsprojekt "Qualitätscontrollingsystem" (Förderung durch BMBF), seit 1996 Habilitationsstipenidat der DFG.

Prof. Dr.-Ing. G.F. Kamiske

TU Berlin
Institut für Werkzeugmaschinen und Fabrikbetrieb, Bereich Qualitätswissenschaft
Pascalstraße 8/9
10587 Berlin

Jahrgang 1932. Prof. Dr.-Ing. Gerd F. Kamiske sammelte in über dreißigjähriger Industriepraxis, besonders auf dem Qualitätsgebiet in leitender Funktion, vielschichtige Erfahrungen im In und Ausland. Aus der Position des Leiters Qualitätssicherung im Volkswagenwerk Wolfsburg folgte er 1988 dem Ruf an die Technische Universität Berlin zum Aufbau des neugegründeten Lehrstuhls Qualitätswissenschaft.

Dipl.-Ing., Dipl.-Wirtsch.-Ing. Stefan Keller

TU München
Lehrstuhl für Betriebswirtschaftslehre mit Schwerpunkt Logistik
Leopoldstraße 145
80804 München

Jahrgang 1964, Studiengänge Maschinenbau mit Schwerpunkt Konstruktion und Entwicklung und Arbeits- und Wirtschaftswissenschaftliches Aufbaustudium (AWA) an der Technischen Universität München. Von 1991 bis 1995 war er wissenschaftlicher Mitarbeiter am Lehrstuhl für Betriebswirtschaftslehre mit Schwerpunkt Logistik. Er übernahm 1993 die Projektkoordination der Forschergruppe 7 "Qualitätscontrolling" und ist seit 1994 Bereichsleiter für Innovations- und Technologiemanagement. In Industrieprojekten befaßte er sich mit Innovationsmanagement, Restrukturierung, Prozeßoptimierung in Produktion und Logistik, TQM sowie Benchmarking und Kostenmanagement in verschiedenen Branchen.

Dr.-Ing. Falk Mikosch

Forschungszentrum Karlsruhe Gmbh
Projektträger für Fertigungstechnik und Qualitätssicherung
Postfach 36 40
76021 Karlsruhe

Jahrgang 1945, studierte Physik an der Universität Karlsruhe und erhielt 1972 sein Diplom. Seit 1972 ist er Mitarbeiter des Forschungszentrums Karlsruhe GmbH, wo er zunächst in einem Forschungsprojekt zur Entwicklung eines Neutralteilcheninjektors für Fusionsexperimente mitarbeitete. 1975 promovierte er an der Fakultät für Maschinenbau der Universität Karlsruhe und arbeitete seitdem in einer Vielzahl von Forschungsprojekten auf dem Gebiet der angewandten Gasdynamik und bei der Entwicklung neuer Fertigungstechnologien für extrem kleine mechanische Bauelemente und für neue Materialien. 1985 wurde er Referent des Vorstandes und war u.a. verantwortlich für die Koordination der Datenverarbeitung und der Baumaßnahmen im Forschungszentrum Karlsruhe. Er initiierte den neuen Arbeitsschwerpunkt Mikrosystemtechnik und baute ihn auf. Seit 1991 ist er bei der Projektträgerschaft Fertigungstechnik und Qualitätssicherung im Forschungszentrum. Er ist Leiter der Abteilung, die für Projekte auf dem Gebiet der Grundlagenforschung, der Normung und der Einführung von Qualitätsmanagementsystemen, der Informationstechnik und Logistik für die Produktion und neue Produktionsverfahren zuständig ist. Seine Abteilung übernimmt außerdem das Projektmanagement für europäische Projekte. Seit 1992 ist er als Projektmanager verantwortlich für das ESPRIT-Projekt InterRob.

Dr. rer.pol. Dipl.-Kfm. Jochen Schmitz

Universität Ausgburg
Lehrstuhl für Wirtschaftsprüfung und Controlling
Universitätsstraße 16
86159 Augsburg

Jahrgang 1966, absolvierte eine Ausbildung zum Fachgehilfen in steuer- und wirtschaftsberatenden Berufen und studierte Betriebswirtschaftslehre an der Universität Augsburg. Von 1993 bis 1995 war er wissenschaftlicher Mitarbeiter am Lehrstuhl für Wirtschaftsprüfung und Controlling an der Universität Augsburg bei Professor Coenenberg. Sein Themenschwerpunkt war strategisches Qualitätsmanagement, über das er 1995 promovierte. Seit 1996 ist Jochen Schmitz bei der Siemens AG in der Zentralabteilung Finanzen beschäftigt.

Dipl.-Kfm. Michael Schnerring
TU München
Lehrstuhl für Betriebswirtschaftslehre mit Schwerpunkt Logistik
Leopoldstraße 145
80804 München

Geboren 1965, studierte er Betriebswirtschaftslehre mit den Hauptrichtungen Organisation und Personalwesen, Fertigungswirtschaft und Informatik an der Univesität Passau. Von 1993 bis 1995 war er wissenschaftlicher Mitarbeiter am Lehrstuhl für Betriebswirtschaftslehre mit Schwerpunkt Logistik in der Forschergruppe "Qualitätscontrolling". Seit Ende 1995 ist er im Lebensmittelgroßhandel tätig.

Dipl.-Kfm. Patrik Stahl
Universität Passau
Lehrstuhl für Betriebswirtschaftlehre mit Schwerpunkt Organisation
und Personalwesen
Innstraße 27
94032 Passau

Jahrgang 1964, studierte Betriebswirtschafstlehre an der Universität Passau, absolvierte 1985-1987 eine Ausbildung bei Mercedes-Benz AG und arbeitete als freiberuflicher Trainer. Seit Anfang 1993 ist er wissenschaftlicher Mitarbeiter am Lehrstuhl von Prof. Bühner in Passau und in der Forschergruppe "Qualitätscontrolling" des BMBF tätig.

Dr. oec. Dipl.-Kfm. Dieter Strich
Technische Universität München
Leopoldstraße 145
80804 München

Jahrgang 1966, studierte von 1986 bis 1991 Betriebswirtschaft an der Universität Passau. Von 1991 bis 1995 war er wissenschaftlicher Mitarbeiter und Doktorand bei Prof. Dr. Horst Wildemann, Lehrstuhl für Betriebswirtschaftslehre mit Schwerpunkt Logistik der Technischen Universität München. Er arbeitete an mehreren Forschungsvorhaben und zahlreichen Beratungsprojekten in namhaften Industrieunternehmen mit den Schwerpunkten Geschäftsprozeßoptimierung in Produktion und Administration, Leistungstiefe, Organisation und Qualitätsmanagement. Seit 1996 ist er bei der Schweizerischen Industriegesellschaft in Neuhausen am Rheinfall beschäftigt.

Dipl.-Ing. Philipp Theden
TU Berlin
Institut für Werkzeugmaschinen und Fabrikbetrieb, Bereich Qualitäts-
wissenschaft
Pascalstraße 8/9
10587 Berlin

Jahrgang 1965, studierte Wirtschaftsingenierwesen mit der Fachrich-
tung Maschinenwesen an der Technischen Universität Berlin und ist
hier seit Anfang 1993 am Institut für Werkzeugmaschinen und Fabrikbetrieb im Bereich Qualitätswissenschaft von Prof. Dr.-Ing. G. Kamiske als
wissenschaftlicher Mitarbeiter tätig. Sein Aufgabengebiet ist die Forschergruppe "Qualitätscontrolling" des BMBF.

Prof. Dr. Horst Wildemann
TU München
Lehrstuhl für Betriebswirtschaftslehre mit Schwerpunkt Logistik
Leopoldstraße 145
80804 München

Horst Wildemann, geboren 1941, studierte in Aachen und Köln Maschinenbau und Betriebswirtschaftlehre. Nach einer mehrjährigen prakti-
schen Tätigkeit als Ingenieur in der Autoindustrie promovierte er 1974
zum Dr. rer. pol., Auslandsaufenthalte am Internationalen Management
Institut in Brüssel und an amerikanischen Universitäten schlossen sich
an. 1980 habilitierte er an der Universität Köln. Seit 1980 lehrt er als or-
dentlicher Professor für Betriebswirtschaftslehre in Bayreuth, Passau
und seit 1989 an der TU-München. Neben seiner Lehrtätigkeit steht Prof.
Wildemann einem Forschungsinstitut der TU-München für Unternehmensplanung und Logistik vor. Seine Forschungen, die in engem Kon-
takt mit der Praxis entstanden sind, zeigen neue Wege für die wirtschaftliche Gestaltung von Unternehmen auf. Im Bereich Qualitätsmanagement ist er als Initiator und Promotor des Bayerischen Qualitätspreises
aktiv.

Sachwortverzeichnis

Qualitätsmanagement

W. Eversheim (Hrsg.)
Qualitätsmanagement für Dienstleister
Grundlagen - Selbstanalyse -
Umsetzungshilfen
1996. Geb. ISBN 3-540-60967-9

H. Hirsch-Kreinsen (Hrsg.)
Qualitätsorganisation
1996. Etwa 200 S. 120 Abb. Geb.
ISBN 3-540-60970-9

T. Pfeifer (Hrsg.)
Wissensbasierte Systeme in der Qualitätssicherung
Methoden zur
Nutzung verteilten Wissens
1996. Etwa 250 S. 56 Abb. Geb. **DM 78,-**;
öS 569,40; sFr 75,- ISBN 3-540-60493-6

A.-W. Scheer, H. Trumpold (Hrsg.)
Qualitäts-informationssysteme
Modell und
technische Implementierung
Mit Beiträgen von **H. Thrum, R. Woll, V. Klein-
haus, H. Ganster, O. Reim, G. Schildheuer,
M. Möbus, C. Troll, K. Leheis, J. Moro, B. Wen-
zel, W. Hoffmann, A. Gücker, H. Schmidt,
H.J. Warnecke**
1996. XVIII, 277 S. 120 Abb. Geb. **DM 78,-**;
öS 569,40; sFr 75,- ISBN 3-540-60524-X

E. Westkämper (Hrsg.)
Null-Fehler-Produktion in Prozeßketten
Maßnahmen zur
Fehlervermeidung und -kompensation
Mit Beiträgen von **H. Behrend, U. Böhm, K. Brüg-
gemann, K. Hennig, H. Hinkenhuis, K. Jeschke,
G. Kappmeyer, A. Tuete-Kwam, E. Nicolaysen,
D. Schömig, Sterrenberg, B. Schröder**
1996. Etwa 250 S. 135 Abb., 6 Tab. Geb. **DM 78,-**;
öS 569,40; sFr 75,- ISBN 3-540-60504-5

H.-P. Wiendahl (Hrsg.)
Erfolgsfaktor Logistikqualität
Vorgehen, Methoden und Werkzeuge
zur Verbesserung der Logistikleistung
1996. XII, 358 S. 132 Abb. Geb. **DM 78,-**;
öS 569,40; sFr 75,- ISBN 3-540-59400-0

H. Wildemann (Hrsg.)
Qualitätscontrolling
1996. Etwa 200 S. 86 Abb. Geb. ISBN 3-540-60969-5

K. Zink (Hrsg.)
Umsetzung von Qualitätswissen
1996. Etwa 200 S. 120 Abb. Geb.
ISBN 3-540-60968-7

■ ■ ■ ■ ■ ■ ■ ■ ■ ■

Springer

Preisänderungen vorbehalten

Springer-Verlag, Postfach 31 13 40, D-10643 Berlin, Fax 0 30 / 8 27 87 - 3 01 / 4 48, e-mail: orders@springer.de   BA96.03.08

Springer-Verlag und Umwelt

Als internationaler wissenschaftlicher Verlag sind wir uns unserer besonderen Verpflichtung der Umwelt gegenüber bewußt und beziehen umweltorientierte Grundsätze in Unternehmensentscheidungen mit ein.

Von unseren Geschäftspartnern (Druckereien, Papierfabriken, Verpackungsherstellern usw.) verlangen wir, daß sie sowohl beim Herstellungsprozeß selbst als auch beim Einsatz der zur Verwendung kommenden Materialien ökologische Gesichtspunkte berücksichtigen.

Das für dieses Buch verwendete Papier ist aus chlorfrei bzw. chlorarm hergestelltem Zellstoff gefertigt und im pH-Wert neutral.

MIX
Papier aus verantwortungsvollen Quellen
Paper from responsible sources
FSC® C105338

If you have any concerns about our products,
you can contact us on
ProductSafety@springernature.com

In case Publisher is established outside the EU,
the EU authorized representative is:
Springer Nature Customer Service Center GmbH
Europaplatz 3, 69115 Heidelberg, Germany

Printed by Libri Plureos GmbH
in Hamburg, Germany